Jörg Hartmann

600 Jahre Husum

Eine kleine Wirtschaftsgeschichte

Husum

Umschlag Vorderseite: „Husum Hafen Gewerbe", Quelle: Pixabay

Bibliografische Information der Deutschen Nationalbibliothek

Die Deutsche Nationalbibliothek verzeichnet diese Publikation in der Deutschen Nationalbibliografie; detaillierte bibliografische Daten sind im Internet über http://dnb.dnb.de abrufbar.

Gesamtherstellung: Husum Druck- und Verlagsgesellschaft
Postfach 1480, D-25804 Husum – www.verlagsgruppe.de
ISBN: 978-3-96717-133-4

Inhaltsverzeichnis

Vorbemerkung: Was ist das Anliegen dieses Buches?

Beschrieben wird das jahrhundertealte Netzwerk der Husumer Wirtschaft aus Rinderzucht, Rindervermarktung, Landwirtschaft, Kaufmannschaft, Hafen und Handwerk und deren Auswirkungen auf Sozialstruktur, Bildung, Architektur, Kultur, Stadtentwicklung und Tourismus. Schlüsselfragen gliedern die Aspekte des Themas. Der Verfasser aus Husum war Lehrer für Deutsch, Geschichte, Geografie, Darstellendes Spiel, ist Stadt- und Museumsführer, Mitarbeiter im Museumsverbund Nordfriesland, Theodor Storm-Museum und der VHS Husum; seit Jahrzehnten befasst mit unserer Regionalgeschichte. Außer der umfangreichen, großformatigen „Geschichte Husums" der Gesellschaft für Husumer Stadtgeschichte von 2003 zum 400-jährigen Stadtjubiläum, von sieben Hauptautoren in getrennten Kapiteln verfasst, fehlt eine ganzheitliche Sicht auf Husum im Geflecht seiner Wirtschafts- und Sozialgeschichte in Form eines griffigen Taschenbuches. Das soll hiermit versucht werden.
Obacht: Verwendete Maskulina schließen ohne Genderformen mögliche Feminina mit ein.

A Nordfriesland, Utlande, Harden, Königs- und Herzogfriesen

Husum mit etwa 23.500 Einwohner ist seit Jahrhunderten die wichtigste Handelsstadt an der Westküste, gehörte im 17. Jahrhundert zum souveränen Herzogtum Schleswig-Holstein-Gottorf, 1721 bis 1864 zum Dänischen Gesamtstaat (Königreich Dänemark), ab 1871 zum Deutschen Reich. In dänischen Zeiten war Husum Kjöbstaden, Kaufmanns- und Handelsstadt, wie Hadersleben, Apenrade, Flensburg, Tondern und die Nachbarstadt Tönning. Diese hatte vor Husum Stadtrecht und ein Schloss der Gottorfer Herzöge. Tönnings Hafen war zunächst bedeutender. Husum war Zentrum für Handel, Markt und Viehmarkt, wurde wohlhabend, später ein wichtiger Werftstandort mit um 1975 noch 750 Werftarbeitern und Schiffbauern. Um 1970 war nach 600 Jahren Schluss mit dem Husumer Viehmarkt und seinem Handelsnetzwerk rund um die Nordsee. Die größte Wirtschafts- und Kulturblüte reichte vom 15. bis zum Beginn des 17. Jahrhunderts. Man kann von einer frühen Globalisierung für Husum und Nordfriesland über Dänemark hinaus sprechen, bis Südnorwegen, Südschweden, über die Ostsee bis zum Baltikum, in die Frieslande und Niederlande bis England, Schottland und Flandern. Ackerbau, Getreideanbau, Viehzucht, Viehmarkt, Hafen, Handel und Handwerk waren der Motor für Husums Bedeutung als dänisch-friesische Kaufstadt. Die Landwirtschaft rundherum erzeugte meist Überschüsse für

Export und Handel und brachte Husums frühen Aufstieg, auch nach schweren Rückschlägen. Die gab es mit der verheerenden Sturmflut, der „Groten Mandränke" 1634, mit Naturkatastrophen, Heimsuchungen durch Seuchen, viele Kriege und politische Wirren über Jahrhunderte. Die Lage Husums am Schnittpunkt wichtiger Handelswege im Verbund mit Erträgen aus profitabler Landwirtschaft und Viehzucht, aus denen eine rege Handwerker- und Kaufmannschaft ihren Lebensunterhalt schöpfte, bestimmte Husums Diversität an sicheren Arbeitsplätzen und eine Wirtschaftskraft, die sich bis heute im Stadtbild und in der kulturellen Vielfalt zeigt. Der Kreis Nordfriesland, gegründet 1970, hat heute 166.000 Einwohner, ist 2.083 qkm groß, hat neun Städte, acht Ämter und verwaltet seit 2008 das Amt Pellworm mit. Husum hat eine große Dichte an Kulturdenkmälern und Museen, eine lebendige Kunstszene und den Nationalpark Wattenmeer als Teil der 1362 versunkenen Utlande. Zur Utlande **(Abb. 1)** zählen Eiderstedt, der zusammenhängende „Strand" der Strandfriesen mit Edomsharde, Pellwormharde, Wyriksharde, Beltringharde, Lundenbergharde. Nördlich folgen Föhr, Amrum, Sylt, die Horsebyharde und Bökingharde bis zur Wiedau. Das „Jordbog", Erdbuch, von 1231 nennt noch 13 Harden. Die „Königsfriesen", „Frysones de lege Frysonica", waren unterm Friesenrecht der Utlande bis 1386 königlich dänisch und König Waldemar II. steuer- und kriegsdienstpflichtig. Später wurden sie herzoglich bis auf die königlichen Enklaven, „kongerigske enklaver", Sylt-Listland, Teile von Föhr, Römö, Amrum und Ballum. Die Utlande gehörten kirchlich zu drei „Präposituræ", Probsteien, politisch zum Ellumsyssel und Istedsyssel. Die Herzogfriesen der Karrharde, Norder- und Südergoesharde waren schleswigsche Untertanen. Die Utlandefriesen festigten ihre Emanzipation Dänemark gegenüber 1426 mit der „Siebenhardenbeliebung" in der St. Nicolaikirche von Boldixum auf Föhr.

Die Siebenharden waren: 1. Pellwormharde, 2. Beltringharde, 3. Wirikshardé, 4. Föhr, 5. Sylt, 6. Horsebyharde, 7. Bökingharde.

1362 versank die Edomsharde mit dem Handelsplatz Rungholt; die 1362 zerteilte Lundenbergharde wurde 1495 endgültig durch die Hever abgetrennt vom Strand.

Erst ab 1551 umschloss wieder ein „Goldener Ring" von Deichen den Strand – bis zur nächsten „Groten Mandränke" 1634, die den Strand unwiederbringlich zerstörte.

Das älteste, niederdeutsch verfasste Eiderstedter Landrecht von 1426 war die Dreihardenbeliebung „De Krone der rechten Wahrheit" für die drei Eiderstedter Harden Utholm, Eyderstede und Everschop. Sie setzten sich damit von den anderen Nordfriesen ab. 1572 erschien es erneuert auf Niederdeutsch von Herzog Adolf, dann 1591 auf Hochdeutsch von Herzog Johann Adolf, erweitert durch ein Polizeigesetz. Vor 1426 gab es viel Streit zwischen Dithmarschern, Eiderstedtern und Strandingern. 1404 brandschatzten Dithmarscher, bischöflich zu Bremen gehörig, in einem Rachefeldzug über bischöflich-Schleswiger Gebiet Rödemis, Rantrum, die Mildstedter Kirche und die größte Wassermühle an der Mühlenau. Sie mussten nach päpstlicher

Intervention den Mildstedtern die neue St. Lambertikirche bezahlen. Um das seit 1268 bischöfliche Schwabstedt sowie Stapelholm gab es Raubzüge. Es stritten sich friesische Harden miteinander, mit dem Herzog in Schleswig, dem dänischen König, der

Abb. 1: Friesische Utlande im Königreich Dänemark

Kirche. Es wurde gebrandschatzt und überfallen. Schleswig-Gottorf wurde eigenständiges Herzogtum im Königreich Dänemark. Festlandfriesen lebten als Teil Dänemarks nach dem Lege Danica, dem jütischen Recht – Jydske Lov. Kirchlich gehörten sie zur „präposita major", Vorläufer des Bistums Schleswig, politisch waren sie zwischen

Abb. 2: Nordfriesland 1240 (die Umrisse heute sind farbig).

Eider und Schlei Untertanen des Herzogs von Schleswig. Nördlich von Tondern lag das älteste Bistum Ribe, östlich von Ribe und Schleswig das Bistum Odense.
Um Husum, dem größten Ort der Südergoesharde, lagen südwestlich das friesische Eiderstedt, westlich die Utlande und der Strand, nördlich die Nordergoesharde. Husum wurde mit eigener Kirche 1431 Hauptort der Südergoesharde, Mildstedt verlor den Status als Hauptort. Husum erhielt vor 1455 (*Beccau*, S. 13) den ersten Buvogt, d. h. Gemeindevogt, dänisch Byvogt, mit zwölf ehrbaren Bürgern als Beisitzer – ein weiterer Schritt zur Eigenständigkeit Husums, dem dann der Herzog das Römische Recht erteilte als Voraussetzung für Husum als Handelsstadt. Eng waren die Beziehungen der drei Frieslande untereinander über die Nordsee, dem Mare Frisonicum, Friesisches Meer, auf dem die Friesen bis zum Beginn der Neuzeit den Handel beherrschten. Zuerst Frisia Major – Friesland, wir sagen Westfriesland, mit der Hauptstadt Ljouwert, Leeuwarden, und Städten wie Enkhuizen, Hoorn, Medemblik, Harlingen. Ostfriesland mit Jever, Leer und Emden, um 1700 der wichtigste Reedereiort an der Nordsee. Dann das dänische Nordfriesland, schon vor Mitte des 15. Jahrhunderts mit dem aufblühenden Wirtschaftszentrum Husum, 1603 mit Stadtrecht. Husums Kontakte reichten von Dänemark mit Norwegen in die südlichen Frieslande, die niederländischen Provinzen, Flandern, Schottland, England und zur Ostsee. Danzig war wichtiger Handelspartner Flensburgs und Husums. Seit Jahrhunderten behauptet sich Husum als Handelsstadt und heute Mittelzentrum mit Teilfunktionen eines Oberzentrums für Kultur, Krankenhauswesen, Schulen und LKN-SH, Landesbetrieb für Nationalpark, Küsten- und Naturschutz-Schleswig-Holstein. Den Wochenmarkt am Donnerstag, den größten an der Westküste, gibt's rund 500 Jahre, Sonnabends einen kleinen Wochenmarkt, im Sommer weitere Handwerker- und Kunstgewerbemärkte. Husum ist zentraler Berufsschulstandort mit rund 3700 Schülern, Standort von Gymnasien, Schulen aller Art und einer bedeutenden Volkshochschule. Husum ist zudem Messestadt für Ausstellungen, Veranstaltungen, jahreszeitliche Events, Konzerte, Theater, Modeschauen. „Messe Husum & Congress" hebt Husums Wert als Messestadt mit einer New Energy-Messe für Alternative Energien. Husum richtete bis 2012 die weltgrößte Windmesse Husum Wind aus, die dann nach Hamburg zog. Husumer Kaufleute, Handwerker, Bürger, Unternehmerfamilien haben Husum aufgebaut, 900 Jahre in Symbiose mit Dänemark, und seitdem für blühende Wirtschaft und Kultur gesorgt. Der dänische Windenergiekonzern Vestas hat in Husum eine Hauptvertretung. Husum und die Region hat etliche umsatzstarke Unternehmen aller Wirtschaftssektoren: In Tönning die weltweit tätige Firma Nissen Verkehrsleittechnik; sodann die früher auf Nordstrand, nun auf Sylt beheimatete Touristik-Reederei Adler-Schiffe, die Wyker Dampfschiffreederei WDR und die Neue Pellwormer Dampfschifffahrtsgesellschaft NPDG. Husum ist traditionelle Garnisonsstadt mit zwei Kasernen. Seit Herbst 2019 hat Husum mit dem Einkaufscenter „THEO" eine große Shopping-Mall,

Einkaufsmagnet für Husum und für die Rückgewinnung von Kundenströmen, die nach Flensburg abgewandert waren. Das Gewerbegebiet Husum Ost, um 1970 gegründet, ist ein Beweis für den Wert und die Kraft des Standorts Husum, ragt im Vergleich mit anderen Städten heraus und wird ständig weiter ausgebaut. 2022 gab es dort um die 3000 Arbeitsplätze aus allen Wirtschaftssektoren von Großhandel, Metallbau, Handel, Handwerk, Gastronomie, Dienstleistungen, immer mehr aus dem New Energy-Sektor. Husums Museenlandschaft – Nordfriesland-Museum Nissenhaus, Schifffahrtsmuseum Nordfriesland, Ostenfelder Haus als ältestes deutsches Freilichtmuseum, das Museum Weihnachtshaus, das Theodor Storm Museum mit Theodor-Storm-Gesellschaft und Stormarchiv als internationale Literaturgesellschaft und Stätte der Storm-Forschung sind anerkannt. Um die Erhaltung historischer Bauten und des Stadtbildes kümmern sich Vereine wie die Gesellschaft für Husumer Stadtgeschichte und Freundeskreise der Museen. Die TSMH Touristik- und Stadtmarketing Husum fördert mit einer aktiven Stadtführerschaft den Tourismus als bedeutendsten Wirtschaftsfaktor. Am Hafen steht das Nationalparkhaus, ein „Monitoring-Schaufenster" für den Nationalpark, vor der Küste liegt der Weltnaturerbe Nationalpark Wattenmeer als größter Nationalpark Europas; Tönning hat mit dem Multimar Wattforum und Nationalparkamt anerkannte Einrichtungen. Unsere Grenzregion „Schleswig-Sönderjylland" entstand wegen dänischer Vorbehalte erst 1999, Jahrzehnte nach den Grenzregionen von Emden bis Konstanz. Heute ist bei uns in sieben Regionen von Schleswig-Sönderjylland die traditionelle Beziehung zu Dänemark ein Beispiel für ein florierendes Miteinander von Handel, Kultur, Arbeitsmarkt und Tourismus. Ein „Regionskontor" regelt den wechselseitigen Grenzpendler-Arbeitsmarkt. Diese Region unterhält seit 2013 einen Grenzen übergreifenden, jeweils für vier Jahre gültigen Kulturetat von z. Z. 667.000 Euro pro Jahr, allerdings mit größerem dänischen Anteil (HN 16.9.2022). Davon profitieren auch Husum und Nordfriesland, das Nordfriisk Instituut und die dänisch-deutschen Minderheiten, Gemeinschaftsschulen und Gymnasien in Flensburg, Schleswig, Tondern und Niebüll. Die Bezeichnung „Vier-Sprachen-Land Nordfriesland" ist Ausdruck eines gemeinsamen Kultur- und Sprachraumes, mitgetragen vom Nordfriisk-Instituut Bredstedt, dem SSF als Südslesvigsk Foreningen, den bilingualen Europaschulen Tondern und Niebüll und dem Niederdeutschen Zentrum Leck.

B Über 600 Jahre Handelsplatz Husum

Grenzen überschreitender Handel, Geschichte, Wandel und Wirtschaft in Schleswig-Holstein und im Grenzland zu Dänemark sind vielfältig beschrieben, aber es fehlte ein besonderer Blick auf Husum als Wirtschaftszentrum im Netzwerk der umgebenden Küstenregionen.

1. Wie war Husum in dieses Netzwerk rund um die Nordsee eingewoben?
2. Welche klimatischen, geografischen und soziokulturellen Standortfaktoren gibt es?
3 Wieso gelangte gerade Husum zu so einer erfolgreichen Marktposition?
4. Wie lassen sich die Handelsbeziehungen über einen so langen Zeitraum gliedern?
5. Welche Handels- und Transportwege und Transportmittel dienten den Handelsbeziehungen zu Lande, zu Wasser und auf der Schiene seit dem Mittelalter?

B.1 Was waren die Voraussetzungen?

Rinderzucht, Rinder- und Pferdehandel, Getreide- und Ackerwirtschaft waren bis ins 20. Jahrhundert die vorherrschenden Wirtschaftszweige an der Nordseeküste. An der Ostküste lagen viele Adelsgüter. 1465 erhob König Christian I. den aufblühenden Handelsplatz Husum zum „Blecke", Flecken mit Wappen und Stadtwehr. Husum gedieh zusammen mit dem „Strand" und Eiderstedt, mit Hafen, Handel, Handwerk, erhielt 1582 ein Schloss als Nebenresidenz der Gottorfer Herzöge und das Marktrecht, 1601 das Rathaus, 1603/1608 das Stadtrecht.
Geofaktoren wie Bodenart, Bodengüte, Bodengestaltung, klimatische Bedingungen, Siedlungsdichte, Transportwege, Transportkosten zwischen Erzeuger- und Verbrauchermärkten in Verbindung mit vorhandenen Wirtschafts- und Herrschaftsstrukturen führten seit dem Mittelalter in Nordwesteuropa zu großräumigen Wirtschaftsformen mit vielerlei Verflechtungen und Arbeitsteilungen. Wichtigste Wirtschaftsform aus allen diesen Geofaktoren war der nordwesteuropäische Viehhandel. Eine Säule dessen war die marktferne Viehaufzucht auf mageren Böden Jütlands und auf dem Mittelrücken, der Verkauf von Magervieh und der anschließende Vieh-Lebendtransport zu geringen Kosten in die Viehmastgebiete der Nordseemarschen. Das ermöglichte dort als zweite Säule in den hervorragenden Marschgebieten südlich von Ripen und um Husum herum eine extensive Grünland-Viehmast. Seit dem Mittelalter entwickelte sich im Herzogtum Schleswig auf der Grundlage von Viehzucht, Grünlandmast, Viehhandel, Milchwirtschaft und Getreideanbau eine auffällige Ballung von großen und reichen Bauernhöfen an der Marschenküste Nordfrieslands von Tondern und Hoyer bis hinunter nach Eiderstedt und Stapelholm: Wohlhabende Bauern mit über 400 Mark (Lübsche Mark) Vermögen, an die 200 Höfe von Hoyer bis Stapelholm (*Poulsen* in *Pingel/Steensen*). Darunter gab es Bauern mit über 1.000 bis 2.000 Mark rund um Husum in der Südergoesharde, auf Altnordstrand, Eiderstedt und in Stapelholm **(siehe Abb. 3)**. Das waren Bauernfamilien mit großem sozialen und wirtschaftlichen Einfluss als Großbauern, Kaufleute und Schiffer. Die steuerkräftigsten Bauern im Königreich Dänemark hatte es schon vor der Groten

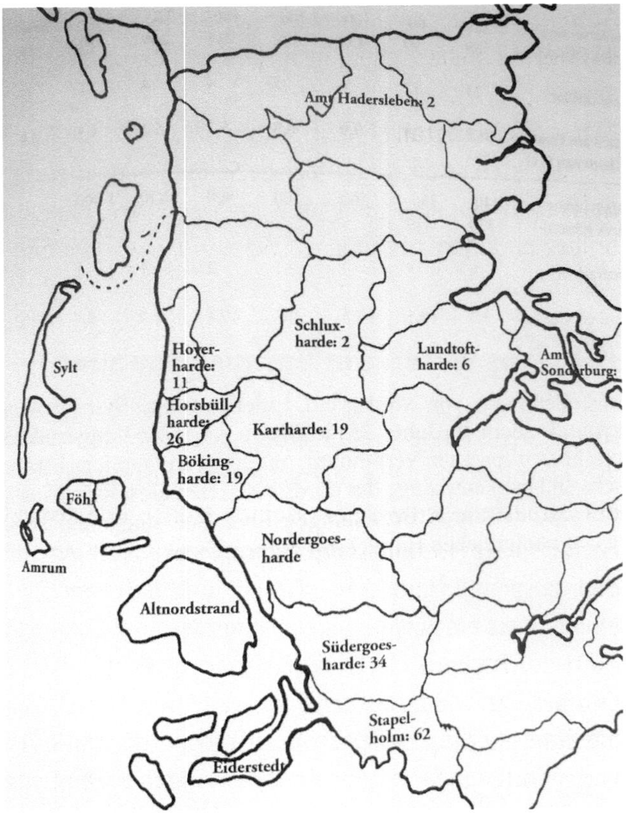

Abb. 3: Die steuerkräftigsten Bauern an der Westküste

Mandränke 1362 in den Harden der Utlande gegeben, siehe „Jordbog" von 1231. Die unbedeichte Utlande vor der Festlandküste war im Mittelalter steuerpflichtiger Besitz des dänischen Königs. Seinen Besitz erfasste 1231 König Waldemar II. im „Jordbog" als Liste der steuerpflichtigen Landbesitzer. Die Edomsharde mit Rungholt war die steuerkräftigste Harde, gefolgt von Pellwormharde und Beltringharde. Im Herzogtum Schleswig auf Eiderstedt und an der Küste, auf der Insel Alt-Nordstrand mit Pellworm saßen auf großen, mit Kapital aus Ackerbau, Viehzucht und Rinderhandel gewachsenen Höfen die reichen Bauern, auch in Stapelholm, um Husum in der Süder- und Nordergoesharde, der Karrharde nördlich Husums, der Böking-, Horsbüll- und Hoyerharde westlich von Tondern.

Im Amt Hadersleben gab es nur zwei wohlhabende Bauern, im Amt Sonderburg nur einen. Die wohlhabendsten Bauern der Küste waren oft auch Schiffseigner und verdienten an Vieh-, Getreide- und Schifffahrt (*Poulsen* in *Pingel/Steensen*). Die Wappen des früheren Kreises Eiderstedt und des Kreises Nordfriesland von 1971 zeigen in den drei aufgeführten Koggen diese Symbiose von Schifffahrt, Ochsenhandel und Ackerbau, dazu Fischfang.

Die Hever in der Mitte, die Eider unten, die damalige Nordereider unten rechts als Schifffahrtsweg über die Treene Richtung Osten am Bischofssitz Schwabstedt vorbei nach Hollingstedt, dem alten Wikinger-Stapelplatz zur Nordsee, von dort mit kurzem Landweg Richtung Schleswig, Schlei und Ostsee **(siehe Abb. 4)**. Links oben in der Karte Edomsharde/Rungholt. Die Grote Mandränke 1362 hat einerseits der zerrissenen Utlande große Menschen- und Landverluste gebracht, andererseits aber die Entwicklung Husums am festländischen Nordufer der Au ermöglicht. Durch die

Abtrennung der Lundenbergharde von Nordstrand beim Einbruch der Nordsee um 1300 und 1362 entstand die neue, tiefe Süderhever als Nordseearm bis zur Mündung der Husumer Au mit den Geestrand-Dörfern Wester- und Osterhusum. So wuchs der Markt Husum heran. Derzeit verschlickte der Hafen von Rödemis am Südufer der Au, wurde eingedeicht, es wurde ein Stapelplatz gegenüber an der Husumer Nordseite nötig. Die Hever bekam eine sichere Fahrrinne, der Hafen wurde mit einer Schiffbrücke attraktiv für Schiffer, der Damm nach Rödemis mit Brücke und Schleuse wurde 1486 verstärkt. Die wirtschaftlichen Folgen von Mandränke, Landverlusten und Landflucht waren unglaublich. Der Deich- und Sielbau erhielt durch die zerstörerischen Sturmfluten große Schübe. Husum wurde ab 1421, erweitert 1465, ein Bleek – Marktflecken – mit weit reichenden Handelsbeziehungen in Nordsee und Ostsee, mit einer wirtschaftlichen Blüte bis zum Dreißigjährigen Krieg.
Keineswegs lebten aber nur in Nordfriesland reiche Bauern. Es gab von Dithmarschen über Lunden, Wesselburen, Heide, Itzehoe, Glückstadt, Wedel in den Elbmarschen ebenfalls ein wohlhabendes Bauerntum. Dithmarschen war bis 1559 eine freie Bauernrepublik und weckte Begehrlichkeiten beim Adel. Unterschiede zwischen den wenigen Wohlhabenden, Reichen und vielen Armen zeigten sich in der wachsenden Armenfürsorge seit Mitte des 17. Jahrhunderts, in Kirchenbüchern und Steuerlisten, und bei der Feldaufteilung von 1777, der sogenannten Verkoppelung. Das brachte das Ende der jahrhundertealten Allmende, der gemeinsamen dörflichen Bewirtschaftung, und die Aufteilung der teils adeligen Ländereien an bis dahin untertänige

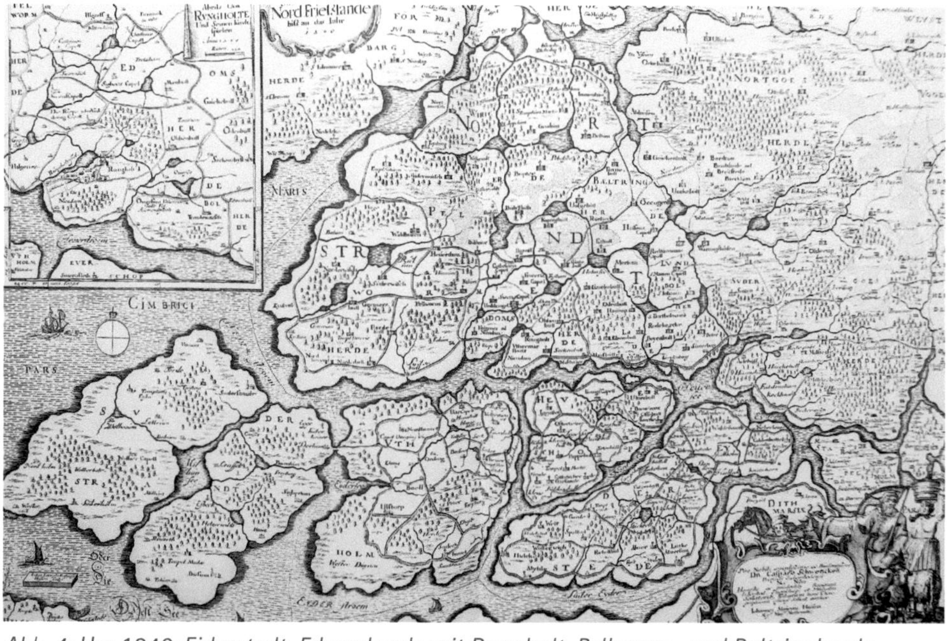

Abb. 4: Um 1240: Eiderstedt, Edomsharde mit Rungholt, Pellworm- und Beltringharde

Bauern, bevorzugte aber häufig die größeren Bauern. Abertausende blieben Kätner, Stavener, Insten, Tagelöhner. Die großen sozialen Unterschiede der nordfriesischen Gesellschaft vom Marschbauern, Knecht, Handwerksmeister, Kaufherren oder Deichgrafen beschreibt Theodor Storm in der Novelle „Der Schimmelreiter" von 1888. Schauplatz Storms ist stellvertretend der um 1500 eingedeichte Hattstedter Koog der Südergoesharde. Der Lundenberghof, ein imposanter friesischer Vierseithof und Vorbild Storms für den Deichgrafenhof, gehörte im 19. Jahrhundert dem tüchtigen Deichgrafen Iwersen-Schmidt, der dort dreißig Jahre bis 1875 wirkte; begraben an der Marienkirche in Hattstedt. Der Deichgraf wurde Vorbild Storms für Hauke Haien, die Handlung wurde fiktiv versetzt in die Zeit der Sturmflut 1756.

B.2 Welche Push-and-Pull-Faktoren bestimmten Husums Aufstieg?

Der herbstliche Viehverkauf der Mastochsen fand statt auf zentralen Großviehmärkten wie Husum, Itzehoe, Wedel. Der Lebend-Transport per Schiff oder Trift lief weiter in die Verbrauchermärkte der Marschen- und Hansestädte, der bevölkerungsreichen niederländischen Provinzen, der dort angesiedelten Seefahrt mit hohem Räucher- und Pökelfleischbedarf, bis nach Flandern und zur Themsemündung mit London. Die Arbeitslöhne und Transportkosten auf den Stationen der Marktkette waren bei Lebendtransport zu Lande und zur See gering, der Mehrwert war berechenbar. Ökonomisch war der Faktor Arbeit als Produktionsfaktor neben den Faktoren Boden und Kapital kein Handelshemmnis. Alle daran Beteiligten – Bauern, Gutsbesitzer, Viehhändler, Viehzüchter, Viehgräser und Viehverkäufer, Schiffseigner und Schiffe als Transportmittel, staatliche Akteure als Steuereinnehmer – wollten möglichst gute Profite mit möglichst wenig Einsatz und Kosten erzielen. Das zeigte sich besonders im ökonomischen Zusammenspiel dieser Geofaktoren und Handelsverflechtungen zwischen Dänemark, der Nordseeküste, in Nordfriesland, an der Westseite Schleswig-Holsteins und Jütlands und in den Verbrauchermärkten der Hanse und anderer Städte der Niederlande und Englands. Man könnte bei diesem ökonomische Wechselspiel von einer gegenseitigen Bedingtheit, von Push-and-Pull-Faktoren sprechen.

1. Im äußeren, dünn besiedelten und marktferneren Ring Dänemarks, Jütlands und der Schleswiger Geest lagen weite Gebiete mit geringeren Böden, die für extensive Weidewirtschaft und Getreideanbau nutzbar waren. Dort dominierte neben Getreideanbau eine extensive Weidewirtschaft, extensive Rinderaufzucht von Magervieh und Getreideanbau. Extensiv heißt Nutzbarkeit der gegebenen, verfügbaren Grundlagen wie Futtermittel, Bodenbeschaffenheit ohne zusätzliche Investitionen.

2. Die fruchtbaren, dicht besiedelten Marschen der Nordseeküste von Ripen/Ribe südwärts sicherten die Aufnahme von Magervieh aus den Randgebieten zum Zwecke extensiver Rindermast in Form von Gräsung auf der Grundlage des Angebots an hochwertigem Grünland für Grünlandmast als Veredelungswirtschaft. Die zweite Säule war Getreideanbau, meist Gerste, Roggen, Hafer, Weizen mit Überschüssen für den Export. Veredelung heißt die Erzeugung höherwertiger Produkte – hier Viehzucht und Ochsenmast – aus geringerwertigen, also aus Magerochsen, mit den vorhandenen Futtermitteln – sprich Gras. Das ergab am Standort Nordfriesland eine Milchwirtschaft mit Überschuss-Produktion von Butter und Käse, dann die Versorgung Nordwesteuropas rund um die Nordsee mit ihren wachsenden Hafen- und Handelsstädten – mit hochwertigem Rindfleisch und Molkereiprodukten.
3. Die verkehrs- und transportgünstige Lage dieser dicht besiedelten Küstenregionen Nordwesteuropas führte zu einer über 600 Jahre andauernden Rinderhaltung und zu profitablem Rinderhandel zwischen den Aufzuchtgebieten an den Rändern und den Mast-, Veredelungs- und Vermarktungsgebieten an den Küsten rund um Husum. Gleichsam im Schlepptau wurde seit dem Mittelalter profitabler Pferdehandel und Schafzucht betrieben.
4. Zwischen den marktferneren Aufzucht- und den küsten- und marktnahen Mast- und Veredelungsgebieten wurden die Transportvorgänge der Lebendware Vieh jahrhundertelang als Lebendtransport per Viehtrieb oder Seetransport gelöst. Viehtriften waren kostengünstig.
5. Die Mast- und Veredelungswirtschaft an den Küsten sicherte den Viehtransport in die wirtschaftlich blühenden Absatzmärkte der Hanse- und Hafenstädte, in die dicht besiedelten Absatzgebiete an der südlichen Nordseeküste bis nach Flandern und zu den Märkten Englands, die der Nordsee zugewandt lagen.
6. Schleswig-Holstein und Nordfriesland mit Husum lagen in verkehrsgünstiger Lage im Schnittpunkt damals international bestimmender Wirtschaftsräume und an einer leicht überbrückbaren Enge, nur 40 km bis Flensburg und an die Ostsee auch bei Schleswig, und konnten von den Gunstfaktoren viele Jahrhunderte profitieren.

B.3 Mit welchen Wirtschaftsräumen war Husum vernetzt?

B.3.1 Der Handelsraum Ostsee

Der Handelsraum umfasste Schwedens Süden ab Malmö, das dicht besiedelte Schonen, das lange zu Dänemark gehörte. Schweden besaß ab 1648 für 100 Jahre Rügen und Vorpommern. Zum Handelsraum gehörten die dänischen Inseln, Bornholm und die

Ostseeinseln Öland und Gotland mit der Hansestadt Visby; auch Husum hatte ab 1582 das Wisby-Seerecht und ein „volles" Seegericht mit zwölf Kapitänen; Habel hatte ein „halbes". Weiter zählen zum Handelsraum die Hansestädte Lübeck, Wismar, Rostock und Greifswald mit renommierten Universitäten und vielen Studierenden aus Husum und dem Umland. Die Hansestädte Stralsund und Stettin, der Hafen Danzig, Hauptort der Hanse und Exporthafen für Getreide, der viel Handel mit Flensburg und mit Husum trieb. Das Königreich Polen, regiert vom prächtigen Königsschloss Wawel im reichen Krakau, Cracovia, war zeitweise im Königreich der Jagellonier-Dynastie mit Ungarn und Litauen vereinigt. Polen war Kornkammer des Ostseeraumes, dort lagen die bedeutendste Universitätsstadt Krakau, die Universitätsstädte Königsberg, Breslau, Lodz, Posen. Östlich das Baltikum mit Estland und Lettland, Riga, Tallin; es folgt das Zarenreich Russland, seit 1700 mit der Hauptstadt St. Petersburg und mit der reichen Handelsstadt Nowgorod. Die Zaren der Linie Romanow-Holstein-Gottorf waren verwandt mit den Oldenburger Königen von Dänemark, den Herzögen von Schleswig-Holstein-Gottorf, Herren in Husum und Umland, ab 1559 in Dithmarschen, ab 1581 auch auf der reichen Insel Strand.

B.3.2 Wie sahen die Handels- und Transportwege aus?

Auf der Cimbrischen Halbinsel als Landbrücke mit der Landenge von Schleswig verliefen uralte Königswege und das Netz der Ochsenwege, dänisch „Hærvejen". Dieses Wegenetz reichte von Skagen und vom Limfjord nach Süden, über Aarhuus, Viborg, Aalborg, Kolding, Flensburg, Gottorf/Schleswig, Rendsburg, dann nach Ostholstein, Lübeck und Hamburg. Der westliche Zweig führte von Holstebro nach Ribe, Tondern und Husum, ein Querweg von Husum über Gottorf und Rendsburg, drittens der Ost-West-Ochsenweg von den dänischen Inseln. Kolding war Übergang ins Herzogtum Schleswig, Fredericia und Flensburg.

Es gab viele Querverbindungen. Ein älterer Handelsweg war der Friesen-Wikinger-Wasserweg Nordsee-Eider-Treene bis Hollingstedt und an die Schlei mit Haithabu, später Schleswig. Friesischer Einfluss gelangte bis an die südliche Ostsee. Im 18. Jahrhundert ersetzte der Eiderkanal von Tönning – Rendsburg – Kiel den historischen Eider-Treene-Schlei-Wasserweg, ab 1895 der Kaiser-Wilhelm-Kanal. Es fehlte lange an Infrastruktur, die Königswege wie der Hærvejen/Ochsenweg waren kaum befestigt, Chausseen gab es erst 1832. Die Handelswege wie das Ochsenwegenetz mit zahllosen Zollstellen machten den Handel zeitraubend und gefährlich. Ein besonderes Kapitel ist die Kaperfahrt und Seeräuberei. Deshalb die Anstrengung Husums und anderer Häfen, die Schiffswege 1561 mit einem Baken- und Seezeichenwesen abzusichern und die Seeräuberei zu bekämpfen, ebenso die Räuberei auf den Landwegen. Den Wasserwegen, Autobahnen des Mittelalters, fehlten aber Fähren und Brücken. Anfänglich gab es nur „Sorgbrück" über die Sorge und die „Hubrüch",

Aubrücke, über die Mühlenau bei der alten Zoll- und Gerichtsstätte der Südergoesharde. Spätere Brücken über die Husumer Au waren um 1500 die Zingelbrücke und dann um 1870 die Brücke in Höhe Lämmerfennen, um die Bebauung zwischen Rödemis und der Süderstraße zu ermöglichen. Die erste Chaussee wurde 1832, die erste Eisenbahnstrecke 1854 gebaut von englischen Ingenieuren von Tönning nach Husum bis Flensburg. Altona und Ribe waren ab 1887 mit der Schleswig-Holsteinischen Marschbahngesellschaft erreichbar. Seewege waren schneller, billiger, aber strittig zwischen der Hanse, Dänemark und Schweden. Die Spanischen Niederlande waren ein Konkurrent. Handelsgüter, z. B. Rinder, wurden über Seehäfen verfrachtet, z. B. im königlich dänischen Ribe, in Ballum, List und in Tondern, Husum, Tönning.

B.3.3 Der Handelsraum Nordsee

1389 erhielten friesische und dänische Händler vom Grafen Albrecht I. von Holland das Recht zum Handel mit Ochsen und Pferden auf dem Markt von Hoorn, neben Medemblik und Enkhuizen bedeutendster Handelsort an der Zuidersee (*Boon* in *Pingel/ Steensen*). Ausfuhrhäfen waren auf Föhr und der Hafen von Ripen, Wedstedtgaard. Der Hafen Hoorn war bevorzugt gegenüber Enkhuizen und Medemblik und um 1500 Ausgangspunkt von Schiffsexpeditionen zur Erforschung neuer Handelswege bis zur Südspitze Südamerikas, Kap Hoorn, benannt nach Hoorn. Um 1600 erhielt Enkhuizen die Vorrechte Hoorns und verlieh vielen dort angesiedelten Nordfriesen das Bürgerrecht. Der Ochsen- und Pferdehandel zwischen Friesland, Westfriesland und Nordfriesland gedieh stetig. 1461 verlieh König Christian I. holländisch-friesischen, Amsterdamer Kauffahrern das Stapelrecht in Husum, 1465 und 1582 bekam Husum mehr Marktrechte. „Wochenwagen", Frachtwagen, kursierten nach Flensburg.
Die Königsstadt Ripen, dänisch Ribe, dänische Enklave im Herzogtum Schleswig, im 9. Jahrhundert Wikingersiedlung und Seehandelstor Dänemarks zur Nordsee nach Flandern war Bischofsitz mit einem mächtigen Dom, in dem ab 860 Bischof Ansgar, der „Apostel des Nordens", wirkte. Zwischen Ribe und Husum gab es seit der Rungholtzeit Handel. Der Dom wurde derzeit zur einzigen fünfschiffigen Kirche Dänemarks ausgebaut. Ribe besaß königlich privilegierte Zollfreiheit, dort verkehrten ab 1507 niederländisch-friesische Vieh- und Salzhändler und Schmuggler, die die Zollfreiheit ausnutzten und Zollgrenzen umgingen. Ripen bekam nach dem Verbot des friesischen Salzhandels durch Kaiser Karl V. das Salzmonopol mit der Spanischen Salzkompanie für den Handel mit Friesensalz. Von Süden kamen die „Ripenfahrer" im Interessen-Verbund deutscher Viehhändler und Schiffer im Kaiserreich vor 1648 aus Köln und Emden. Spanien, vor 1648 Herr der Niederlande, wollte aus Nordfriesland und Schleswig-Holstein Getreide importieren und mit eigenen Schiffen abtransportieren. Das führte zum Konflikt mit England.

Norwegen, Teil des Königreichs „Tre Kroner" Dänemark, exportierte Magervieh, Fisch und Holz ins Herzogtum Schleswig. Die Seewege um Skagerrak und Kattegat waren zeitweise schwedisch kontrolliert, daher die Bestrebungen Dänemarks nach Handelswegen über Land und nach Möglichkeiten für neue Häfen an der jütisch-schleswig-holsteinischen Westküste als inländische Wasserwege. Davon profitierte Husum.
Großbritannien kaperte im 16./17. Jahrhundert Spanien-freundliche Handelsschiffe in der Nordsee. Es kam zu einem Konflikt mit Spanien. Die britische Königin Elisabeth I. mit engem Kontakt zu den Gottorfer Herzögen wollte einen Stützpunkt im Herzogtum, aber das misslang; Gottorf konnte nicht auf den Handel mit Spanien verzichten. Herzog Adolf von Gottorf lebte in jungen Jahren am Hof der Königin Elisabeth I., um Kenntnisse über Militärwesen, Landwirtschaft, Bauwesen zu erwerben. Er machte Elisabeth einen Heiratsantrag, den sie ablehnte, ihm aber als Zeichen ihrer Wertschätzung den höchsten britischen Orden verlieh, den Hosenbandorden mit der Inschrift „Honi soi qui mal y pense".
Die Hansestädte Hamburg, Bremen, Lüneburg, Stade und Lübeck kontrollierten die Wasserwege, handelten mit den Herzogtümern und den Nachbarn, waren Konkurrenten. Die Hanse beherrschte den England-Handel, London war Sitz eines Hansekontors. Alle Privilegien waren mit dem Ende der Hanse 1555 vorbei. Englands Tuchhandel lief mit Gottorfer Genehmigung bis Nordfriesland. Englische Kaufffahrteifahrer, „Merchant Adventurers", wurden 1597 vom Römisch-Deutschen Kaiser zum Schutz der Reichs-Tuchhändler ausgebremst, so dass die habsburgischen, Antwerpener Tuche die englischen verdrängten. Christian IV. gründete darum zum Handelsschutz die Dänische Tuchkompagnie.
Das Großherzogtum Oldenburg stellte ab 1459 die Könige in Dänemark.
Ostfriesland mit den Reichsstädten Emden und Jever war 1744–1815 preußisch. Ostfriesland war bis 1744 eng verbandelt mit West- und Nordfriesland.
Die Niederlande hatte z. Z. der Unabhängigkeitskriege mit den Spaniern sieben, ab 1648 zehn Provinzen (**Abb. 5**). Westfriesland beherrschte 200 Jahre die VOC, Vereinigte Ostindische Handelscompanie. In Amsterdam, Enhuizen, Medeblik und Hoorn als wichtige Handelspartner Nordfrieslands suchten Nordfriesen Arbeit als See- und Kaufleute, Vieh- und Pferdehändler. Viele Niederländer heirateten zugewanderte Nordfriesinnen. Viele Niederländer siedelten in den Herzogtümern, an der Elbe, der Eider und Nordseeküste, ob als Religionsflüchtling, als Handwerker, Bauer oder Kaufmann; so die Familien Reemtsma, Amsinck und andere, und schufen ihre Familienvermögen. Die Zujderzee, das IJsselmeer, entstand ab dem 9. Jahrhundert durch Sturmfluten, welche Frisia Major, das große Friesland, zerrissen. Die Niederlande mit Flandern als Nachfolger der Hanse erlebten eine Handels- und Kulturblüte. Mitte des 20. Jahrhunderts dämmten sie die Zuidersee zur Nordsee ab und schufen durch Eindeichungen die Provinz Flevoland, heute dicht besiedelt. Die Zuidersee wurde „IJsselmeer".

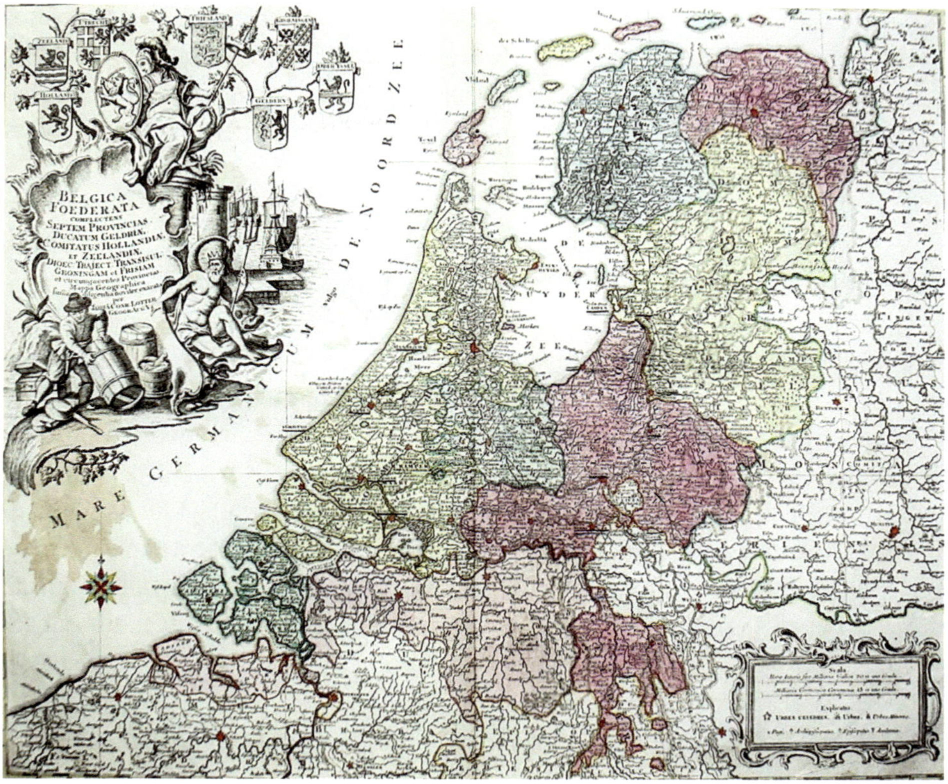

Abb. 5: Die Niederlande um 1700 mit 10 Provinzen

Die historischen Provinzen der Niederlande:

1) Groningen en Ommelande, 2) Friesland, mit Westfriesland westlich der Zujderzee mit Medemblik, Enkhuizen und Hoorn, 3) Drenthe, 4) Overijssel, 5) Gelderland, 6) Utrecht, 7) Holland, 8) Seeland, 9) Nordbrabant, 10) Limburg.

In den Freiheitskämpfen gegen die Spanier schlossen sich die Niederländer dem Calvinismus an. Fleiß wurde zur Lebensgrundlage, Luxus zur Sünde, sittenstrenge Lebensführung zur Pflicht. Calvinismus war Staatsreligion, ähnlich wie in Dänemark ab 1527 das Lutherische Bekenntnis. Die Minderheit der Remonstranten, d. h. Demonstranten, lehnte 1618 den Herrschaftsanspruch der Calvinisten und deren Prädestinationslehre ab, die besagt in etwa, dass für uns das Gute und Böse vorherbestimmt, prädestiniert, sei. Sie mussten emigrieren, viele wurden vom dänischen König und Herzog Friedrich aufgenommen. Sie bauten 1621 die Stadt Friedrichstadt mit auf und haben dort seitdem ihre einzige Remonstrantenkirche Deutschlands und Österreichs. Auf Eiderstedt und in Nordfriesland führten sie den Bauernhoftyp „Haubarg" ein, ebenso das Klootstockspringen und Boßeln, das in den drei Frieslanden bis heute als Brauchtum gepflegt wird.

Flandern, südlich der Scheldemündung gelegen, war ein Zankapfel zwischen Franzosen, Burgundern, Habsburgern und Niederländern. Eine wichtige Rolle der wirtschaftlichen Blüte in Flandern und den Niederlanden, auch an der Ostküste der USA, spielte seit der Reformation der Calvinismus mit seinem Streben nach Erfolg und Reichtum, nach Gottes Gunst.

B.4 Das Herzogtum Schleswig, bis 1864 dänisch

Das Herzogtum Schleswig reichte von einer Linie Ripen – Kleiner Belt-Kolding bis an die Eider und nach Levensau/Kiel **(Abb. 9)**. Das Grafentum Holstein, später Herzogtum, mit Schleswig seit dem Vertrag von Ripen 1460 vereint, erlebte mehrfache Teilungen:

1490 unter Herzog Friedrich von Gottorf und König Hans und die 1544 für das Herzogtum Gottorf bedeutendere mit Teilung der Herzogtümer zwischen dem König und zwei seiner jüngeren Brüder – und eine dritte Teilung 1581. Es entstand ein Flickenteppich mit wechselnden Zuständigkeiten im Handel und Transport. Die Hansestädte Lübeck

Abb. 6: Herzogtum Schleswig, hier dreigeteilt bis 1581, bis 1864 dänisch

und Hamburg hatten früh ihre Souveränität von den Holsteiner Herrschern erreicht und wurden landwirtschaftlich vom Herzogtum Holstein und Dithmarschen versorgt. Im Freiheitsbrief, dem Privileg von Ripen 1460, erhielten diese Hansestädte weitreichende Privilegien wie den freien Handel mit den Herzogtümern. Sie setzten die Umrechenbarkeit ihrer Münzen mit denen der Herzogtümer durch – also Lübsche Mark, Schilling, Couranttaler. Hamburg wurde meist aus Holstein und Dithmarschen versorgt, Lübeck bezog bis um 1800 noch Vieh und Getreide aus dem Herzogtum Schleswig und Nordfriesland. Das Herzogtum Schleswig exportierte seine Überschüsse an Getreide und Vieh meist in die Niederlande, Westfriesland, in der Rangfolge zuerst Roggen, dann Hafer, Gerste, Weizen, Bohnen.
Allein für die Pferde musste rund ein Viertel der örtlichen Getreideproduktion an Hafer vorgehalten werden. Am Getreidehandel verdienten wohlhabende Bauern und verdrängten die Kleineren. Reiche Bauern übernahmen oft den Schiffshandel mit eigenen Schiffen. Zu den Getreidehändlern gehörten die Husumer Kaufherren Feddersen und Woldsen. Zugewanderte Niederländer sorgten ab dem 16. Jahrhundert in Nordfriesland für leistungsfähige Holländereien und eine gewinnbringende Butter- und Käseproduktion für den Export. Heute kaum vorstellbar, aber z. B. 1583 produzierten die Holländereien auf den fetten Marschweiden Eiderstedts den Spitzenwert von 2.209.517 Pfund Käse für den Export über den Hafen Tönning an die südliche Nordseeküste und weiter nach Flandern.
Derzeit ging der Waldbestand der Herzogtümer stark zurück: Schiffbau, Kirchenbau, große Bauernhöfe, Holzkohleerzeugung, Holzdiebstahl brauchten Unmengen von Eichen- und anderen Hölzern. Wegen dieser Entwaldung wurde Schleswig-Holstein das waldärmste Gebiet in Deutschland. Schon bald kam es zu Engpässen beim Nachschub und zu einem Exportverbot von Holz in die Niederlande. Die Provinzen der Niederlande waren dicht bevölkert, unterhielten zehntausende Schiffe, mit denen sie den Handel beherrschten, und bauten früher meist in Holzbauweise ihre Häuser. Nach der „Holtz- und Jagdordnung" von 1737 galt das Gebot für Brautleute, zur Hochzeit 10 Eichen oder 15 Buchen zu pflanzen (*Hoffmann*, S. 115). Am Forst Langenhöft von Ostenfeld bei Husum gibt es die Brautkoppel noch.
Heinrich von Rantzau ließ um 1600 den ersten Nadelholzforst anpflanzen als nachwachsenden Rohstoff. Am Ende entstanden als Folge des Raubbaues auf abgeholzten Flächen des Mittelrückens ertragsarme Heidelandschaften, die kaum Landwirtschaft ermöglichten. Darum im 18. Jahrhundert die Maßnahme des Königs oder der Herzöge, durch Kolonisation, Ansiedlung von landlosen Tagelöhnern aus anderen Regionen wie Niedersachsen die Heide zu „kolonisieren", wirtschaftlich zu erschließen. Die Heidekolonisation auf dem Mittelrücken ist ein eigenes Kapitel der Geschichte Schleswig-Holsteins. Norwegen, Teil Dänemarks, wurde großer Holzexporteur von Eichenholz. Schleswig war bis 1864 Teil Dänemarks, Holstein ein Lehen des

deutschen Kaisers an den Dänenkönig. Das sicherte dem König in Personalunion die gleichzeitige Herrschaft über die Herzogtümer.
Auf europäische Belange hatten die Herzogtümer keinen Einfluss. Wegen der engen Verbindung mit Dänemark war das Herzogtum Schleswig im Vorteil mit besseren Regelungen als das Herzogtum Holstein im aufblühenden Schulwesen des Königreichs Dänemark nach dem Dreißigjährigen Krieg, die von den Gottorfer Herzögen übernommen wurden.
Das Östliche Hügelland war bis gegen 1800 geprägt von Adels-Gutswirtschaften mit Leibeigenschaft. Schon 1524 erhielt der Adel das „Hals- und Handgericht" über die Bauern mit dem Ziel, die Bauern nach dem Römische Recht abhängig und rechtlos zu machen. Ab 1614 wurde die regelrechte Leibeigenschaft zum Gesetz, nur an der Westküste mit Nordfriesland und Dithmarschen nicht. Es gab wohl über 100.000 Leibeigene mit ihren Familien, darüber gibt es keine genaue Zahl. Im 16./17. Jahrhundert setzte der Adel im Königreich, teils auch in den Herzogtümern, seine beherrschende Stellung im Außenhandel durch. Der Gottorfer Herzog war auch in Nordfriesland mit Statthaltern als Schiffseigner und Rinderhalter präsent.
Rendsburg an der Eider war eine der wichtigsten Zollstationen und dänische Festung.
Die Ostseeküste ist geomorphologisch eine Fördenküste: Haderslebener, Apenrader und Flensburger Förde, Schlei, Eckernförder Bucht, Kieler Förde, mit den dazu gehörigen Handelsstädten und „Kjöbstaden" Hadersleben, Apenrade, Sonderburg, Flensburg, Kappeln, Schleswig, Eckernförde, Kiel. In Kiel regelten die Adeligen ihren Handel im „Kieler Umschlag", aus dem der „Kieler Kaufmann", ein renommiertes Hotel, hervorging.
Eine besondere Rolle spielten die friesischen Utlande mit den bis 1362 drei reichsten Harden Edomsharde, Pellwormharde und Beltringharde. Dänisch-friesische Häfen waren List und Tondern, das friesische Helgoland war 1490 bis zum Nordischen Krieg 1714 Gottorfer Besitz, bis 1814 königlich dänisch, dann britisch und fiel nach dem Sansibar-Tauschvertrag1890 ans Deutsche Reich. In der Utlande herrschte die friesische Harden-Einteilung mit freien Bauern ohne Leibeigenschaft mit friesischen Rechtssystemen wie der Siebenhardenbeliebung von 1426, verfestigt im Eiderstedter und Nordstrander Landrecht von 1572. In der Horsbüll- und Bökingharde galt das Jydske Lov. Dieser Landstrich aus einem Marschenstreifen mit anschließenden hügeligen Moränen betrieb sowohl Viehzucht als auch Getreide- und Milchwirtschaft.
Östlich schließt sich die meist magere Geest des Mittelrückens an, Grundmoränen und Sanderflächen der Eiszeit.
Die Gottorfer führten 1608 in Husum und der Südergoesharde das Römische Recht ein, das brachte Rechtssicherheit im Handel zu Lande und zu Wasser mit dem Kaiserreich.

B.5 Wie funktionierte der traditionelle Viehhandel?

Diese Wirtschaftsform der Veredelung hatte sich über Jahrhunderte entwickelt aus den vorhandenen Geofaktoren, sichtbar in Aufzucht- und Mastgebieten in Nordeuropa.

1. Die marktfernen Aufzuchtgebiete auf mageren Böden des Mittelrückens und im Norden Jütlands um den Limfjord herum wurden seit dem Mittelalter von Klein- und Mittelbauern bewirtschaftet. Dort wurde robustes dänisches Magervieh einer kleinen Rasse gehalten und gezüchtet, die es nicht mehr gibt. Die Kälber gehörten zunächst Kleinbauern.
2. Diese Kälber und dann Jungtiere wurden drei bis fünf Jahre mit sogenannter „Fodernöd", Futternot, im Winter nur knapp mit Futter versorgt und als Magervieh aufgezogen. Im letzten Winter als Stall-Magervieh wurde dieses Vieh aus den Ställen der Kleinbauern von wirtschaftlich starken Gutshöfen aufgekauft. Der König erließ ein Gesetz, dass das Jungvieh im Winterhalbjahr vor dem Frühjahrsverkauf als Stallochse besser genährt sein sollte. Es konnte zum Zweck der Gewichtszunahme als Stallochse auf Guts- und Herrenhöfen besser gefüttert werden, hatte also im kommenden Frühjahr auf der strapaziösen Trift nach Süden noch zuzusetzen. Zu dem Gesetz wurde der König vom niederländischen Markt gedrängt, der nach gut genährten Ochsen verlangte.
3. Ein dänisches Gesetz verfügte, dass Viehaufkäufer aus Schleswig-Holstein und den Provinzen Friesland und Holland ihr Vieh vom dänischen Viehkaufmann vor Ort kaufen mussten, um dessen Profit zu gewährleisten. Aber die Viehaufkäufer vom Ausland wollten den Zwischenhandel ausschalten und ihr Vieh gleich auf den Gutshöfen kaufen.
   Der König musste im Marktinteresse die Monopolstellung der dänischen Viehkaufleute aufheben. Nun waren die schleswig-holsteinischen und niederländischen Viehhändler im Herbst zum Handelsabschluss bei den adeligen Gutsbesitzern gern gesehene Kunden: Die niederländischen Friesen und Holländer zahlten im Frühjahr mit schwerem Silber bar und deren Silber brauchte nur gewogen, nicht gezählt zu werden. Die adeligen Gutsbesitzer mussten nun also mit Bauern oder Schlachtern verhandeln. Nur in Ausnahmefällen stellte der adelige Gutsbesitzer Kreditbriefe oder Schuldscheine aus – mit 6 % Zinsen.
   Es galt: „De Rente is söß Daler vant Hundert" (s. *Wiese/Bölts*).
4. Das aufgekaufte dänische Vieh wurde auf Nord-Süd-Viehdriften von Jütland – Holstebro, Viborg, Aarhuus, Randers, Skanderborg, Kolding – auch von den dänischen Inseln Fünen und Seeland am Winterende im März bis zu drei Wochen zu den Märkten der Mastgebiete getrieben. Die wichigsten waren Husum, Wedel und Itzehoe. Aufnahmegebiete zur Ochsenmast mit extensiver Fettgräsung an

der Westküste waren die fruchtbaren Marschen südlich von Ribe, Tondern, Leck, Eiderstedt, die Utlande vor Husum, dann die Marschen von Dithmarschen bis zur Elbe. In Nordfriesland wurde auch Magervieh vom Geestrücken der Herzogtümer aufgenommen und über den Sommer fett gegräst. Auf den großen Ochsenmärkten wurde es im Herbst an Käufer aus weiteren Mastgebieten verkauft. Weiter ging es auf Triften und Ochsenwegen über Zollstellen nach Itzehoe und Wedel, dem bis 1837 wichtigsten Ochsenmarkt, oder in die Hansestädte Hamburg und Lübeck, sogar bis nach Soest oder in die Niederlande.

5. Auf den verfügbaren Flächen wurden gewinnbringend Milchwirtschaft und Getreideanbau mit hohen Überschüssen betrieben, häufig mit eigenen Schiffen direkt vermarktet.
6. Bis zum 16./17. Jahrhundert exportierte das Königreich Dänemark Getreide und ausgewachsene Ochsen, danach immer mehr junge Magerochsen zur weiteren Grünland-Mast in den Marschen an der Nordsee. Der Viehtransport im zeitigen Frühjahr z. B. vom Limfjord bis Nordfriesland über etliche Zollstellen lief kostengünstig als Viehtrift von Lebendvieh auf eigenen Beinen, weil zu Beginn der Neuzeit die Arbeitslöhne sehr niedrig waren. Auf Magerviehmärkten der Mastgebiete wurde im Frühjahr das Vieh an die Fettgräser verkauft, die das Vieh auf die fetten Weiden trieben.
7. Die eben genannten Mastgebiete lagen an der nordfriesischen und der südlich angrenzenden grasreichen Marsch in Marktnähe großer Städte und dicht besiedelter Regionen. Es waren Mastgebiete auf den fetten Marschweiden des jungen Kleibodens, deren Gras einen hohen Magnesium- und Mineralsalz-Anteil mit einem Nährwert wie Hafer aufwies – hervorragend für extensive Weidemast vom Frühjahr bis zum Herbst oder noch ein Jahr länger.
8. Die Viehmäster der Mastgebiete betrieben also extensive Viehmast und verkauften die Mastochsen im Herbst mit Gewicht zwischen etwa 10 und 15 Zentnern und mehr auf den Viehmärkten – der zentrale Viehmarkt der dänischen Westküste war Husum. Dort wurde das Fettvieh an kapitalkräftige Viehhändler für ihre Absatzmärkte verkauft.
9. Der Transport erfolgte als Lebendvieh zu Lande auf den traditionellen Ochsenwegen oder zu Wasser zu weiteren Viehmärkten nach Wedel, Itzehoe und in die Hansestädte, in die Niederlande, teils nach Flandern und ab Mitte des 19. Jahrhunderts nach England. Die wichtigsten Exporthäfen waren Ribe, Tondern, Husum und an der Spitze im 19. Jahrhundert Tönning. Eine wirtschaftliche Alternative war die Rinder-Veredelung von weiblichen Jungrindern. Die Weiterzucht als Milchvieh plus Käse- und Butterexport brachten auf Schleswig-Holstein-Gottorfer Gebiet mehr Gewinn als der Getreideanbau, so auf der Insel Strand, auf Pellworm und Eiderstedt.

Abb. 7: Aufzucht- und Mastgebiete in Nordwesteuropa

Punkte 1–9 im Zeitraffer: Mehrjährige Aufzucht auf kleineren Höfen als Magerochse in den marktfernen Gebieten der jütischen Halbinsel und auf dem Geestrücken des Herzogtums Schleswig. Verkauf an meist adelige Gutsherren, dort anschließende Weiteraufzucht mit einem letzten Winterhalbjahr als Stallochse. Verkauf im Herbst auf Vertrauen an auswärtige Viehhändler. Die holten dann im Frühjahr das Vieh ab und bezahlten. Organisation des Lebendtransports in Viehtriften über Zollstellen zu den leistungsfähigen Viehmärkten an der Nordsee. Dort, oft in Nordfriesland, Verkauf als Magervieh, dann den Sommer über die Fettgräsung zum Mastochsen. Zuletzt der Herbst-Verkauf als Mast- oder Schlachtochse für Verbrauchermärkte der südlichen Nordsee, der Niederlande und Englands. **Vieh- und Ochsenhandel waren über sechs**

Jahrhunderte wichtigster Wirschaftszweig Nordwesteuropas, und Nordfriesland blühte inmitten dieser Wirtschaftsregion.
Damalige Rinder waren nicht wie heute Schwarzbunte oder Rotbunte Friesen-Rinder, sondern bis 1800 noch vielfältig in Aussehen und Gewicht **(Abb. 8).** Unser heutiges, weltweit bekanntes Hochleistungsrind, das schwarz- oder rotbunte Rind der Rasse Black & White Friesian und Holstein Friesian, wurde erst im 20. Jahrhundert hochgezüchtet; heute mit großen Erfolgen in den USA und Großbritannien.
Dithmarschen war seit 1559 Teil Gottorfs; Dithmarscher Schiffe waren mit der Spanienfahrt am Getreidehandel beteiligt. Es gab beim Getreidehandel ständig Konkurrenz zwischen Spanien, England, den Niederlanden und Ostfriesland.
Im Viehhandel wurden die Herzogtümer mit Nordfriesland, Dithmarschen und Husum immer erfolgreicher. Diese Wirtschaftsform von Aufzucht- und Mastgebieten in verschiedenen Regionen Dänemarks und der Herzogtümer entwickelte sich seit dem 14. Jahrhundert, die erste Blüte war von 1500 rund 100 Jahre bis 1610.
Der Bedarf an Getreide, an Gerste, Hafer, Roggen als Brotgetreide war so groß, dass Roggen aus Polen über Danzig hierher verschifft wurde, auf dem Handelsweg Danzig – Flensburg – Husum, das zum Flensburger Nordsee-Hafen für den Westhandel zur südlichen Nordseeküste wurde. Spanien bevorzugte für seine Getreideeinfuhr aus dem Ostseeraum um 1600 Schiffe der Herzogtümer.
Im Viehhandel erwarben sich die Herzogtümer große Geschäftsanteile.

Abb. 8: Eiderstedter Viehrassen vor 1850 – vielfältigere Rinder- und Schafrassen

Auch wurde immer mehr Bier gebraut, es war mit geringerem Alkoholanteil auch ein sauberes Lebensmittel. Schon damals wurden Wochenwagen, Lastwagen, mit Malz von Flensburg nach Husum eingesetzt. Husum war schon früh ein Hauptzoll geworden; über Jahrhunderte wurden dadurch pro durchkommende Waren, pro Stück Vieh Zölle fällig. Ein Ochse kostete 4 Schilling 8 Pfennig Zoll, das summiert sich bei 50.000 Stück Vieh mit erklecklichen Beträgen für die Stadtkasse, früher für den Herzog oder König. Dieser Blüte folgte eine Agrardepression im 17. Jahrhundert bis etwa 1800. Es gab Einbrüche beim Rinderexport um 50 %, gepaart mit Viehseuchen wie der gefürchteten Maul- und Klauenseuche, denen (nach *Laß* 1752) von 1744 bis 1782 allein in den Herzogtümern und im Amt Tondern fast 150.000 Rinder erlagen, in ganz Nordwesteuropa insgesamt eine Million. Die bösartige Seuche galt als Strafgericht Gottes. Es wurden von den königlichen Behörden alle erdenklichen Maßnahmen zur Bekämpfung einschließlich Kadaverbeseitigung und Stalldesinfektion befohlen. Die tiermedizinischen Mittel dafür waren begrenzt, oft wirkungslose pflanzliche oder mineralische Rezepte. Die damals „Viehseuche" oder „Viehsterben" genannte Krankheit führte zu rigorosen Handels- und Verkehrsbeschränkungen, zu großen Problemen bei der Erkennung kranker Tiere, der Testierung und Entsorgung der Kadaver, sowohl des Fleisches als auch der Häute, und bei der Feststellung von befallenen Dörfern, Siedlungen, Höfen, Ställen. Dabei gibt es Parallelen zur Bekämpfung der Creutzfeldt-Jakob-Krankheit und BSE, Bovine Spongiforme Enzephalie, bekannt als Rinderwahnsinn um 1990, und zur Schweinepest ab 2018. Auch die Wege zur Bekämpfung der Maul- und Klauenseuche sind mit Maßnahmen gegen die Corona-Pandemie 2020/2021 vergleichbar: Quarantäne und Registrierung, strenge Hygieneregeln, Handels-, Transport- und Verkaufsverbote, Einreisesperren.
Darum wurde für die Gesamtbevölkerung 1748 per königlichem Dekret den Steuerpflichtigen 1/6 aller Steuern erlassen (*Laß* 1752). Das zunächst verschonte Pellworm öffnete sich 1746 erst auf königliche Order für Husumer Gräser, die zunächst trotz Testierung der Gesundheit ihr Vieh nicht dorthin geben durften. Allein die mühsame Desinfizierung der abgezogenen Tierhäute war bis ins Detail vorgeschrieben – unter heftigsten Strafen bis 200 Reichstaler, auch bei widerrechtlichem Fleischverkauf. So verliefen Viehzucht, Ackerbau, Getreidewirtschaft nicht stetig, sondern gestört und unterbrochen von Viehseuchen, Pestausbrüchen, Sturmfluten, harten Teuerungen mit Exportbeschränkungen, mit grassierender Armut.
So musste der König 1741 das andauernde Abschneiden von Pferdeschweifen und Mähnen verbieten, die gewinnbringend verkauft wurden, ebenso – immer wieder ein angesprochenes Problem – mit harten Bestrafungen das anhaltende Umgehen der Zollstellen.
Von etwa 1866 bis 1900 erlebte die Schaf- und Pferdezucht einen Aufschwung in Dänemark. Um 1900 wurden in Dänemark pro 1000 Einwohner 1500 Stück Großvieh

gehalten, im Kaiserreich Deutschland nicht einmal halb soviel, rund 700. Der Pferde-, Schaf- und Rinderhandel erreichte Spitzenwerte. Um 1865 importierte England allein 230.000 Stück Großvieh jährlich. Herkunftshäfen waren das westfriesische Harlingen, der Großmarkt Hamburg und der Husumer Viehmarkt, dessen dänisch-friesisches Vieh über Tönning verschifft wurde, dem größten Viehexporthafen des Herzogtums Schleswig und ab 1867/1871 des Deutschen Reiches. Wichtigster Londoner Viehmarkt für friesisch-dänisches Vieh war bis 1888 der Großviehmarkt Islington, doppelt so groß wie der Großviehmarkt Altona.
Es gibt nur wenige Zolllisten für acht Jahre Handel von 1553 bis 1604. Darum sind die Angaben (*Jürgens*, S. 259 ff.) nur beispielhaft. Hier eine ausgewählte Übersicht.

Tab. I: Handel laut Zoll Husum um 1600 (Maßeinheit Last: 1 Last = knapp 2 heutige Tonnen, also knapp 2000 kg)

Berechnungsjahre:	1553	1582	1583	1590	1595	1603
a) Bullen, Ochsen, Kühe, Kälber	597	939	466	2.322	438	307
b) Pferde, Fohlen	100	90	113	182	72	110
c) Schafe, Lämmer	190	321	199	289	23	1.264
d) Speck in Seiten	18	–	89	13	16	5
Speck in Schiffspfund	rd. 30	rd. 15	19	Pfd. 22.235		
e) Ochsenhäute (Decker)	–	144	263	176	449	326
u. Felle	–	u. 116 St.	u. 225 St.	29 Felle	–	11.863 Pfund
f) Käse in Stück	–	1.832	1.544	1.009	728	600
in Schiffspfund	744	–	–	–	4.259	4.258 $^1/_2$
g) Malz (Schiffslasten)	34	955	990	16	4	11
h) Schollen 1553 bis 1603: rund 160.000 Stück						
zu g) Vom Husumer Zoll erfasste Mengen: 1598: Malz 553 Lasten 84 t; 1604: Malz 308 ¼ Lasten 1 Schiffspfund, 59 t; Gerste: 19 t; Hafer : 2 Lasten 1.421 t; Weizen: 6 Lasten, 19 t; Roggen: 22 t, 5 Schiffspfund; Pfeffer: 260 Pfund						

Dann gab es Phasen mit Zunahme des Getreideanbaus, der dominierte von 1830–1860. Darauf folgte eine Phase des boomenden Ochsenhandels und der Fettgräsung von 1840–1914, gekoppelt mit der schnellen Bevölkerungszunahme des 19. Jahrhunderts. Die wachsenden Industrieregionen lagen an Rhein, Ruhr, in Sachsen oder in der Rhein-Main-Neckarregion, dann in den Niederlanden, Brabant, Flandern und Großbritannien. Die Herzogtümer Schleswig-Holstein, später Deutsches Reich, mit ihren fruchtbaren Marschgebieten waren führend bei Fettgräsung, sie versorgten als Überschussmarkt die großen Verbraucherzentren der dicht besiedelten Küsten und versorgten die Schifffahrt mit haltbarem Rindfleisch. Von 20.000 Schiffen in

Nordwesteuropa gehörten im 18. Jahrhundert über 16.000 den Niederlanden, West- und Ostfriesland und Flandern, da war ein großer Bedarf allein an Schiffsproviant. Westfriesland war mit der auf eigene Rechnung wirtschaftenden VOC, Vereinigte Ostindien-Handelsgesellschaft, bis gegen 1790 die herrschende Handelsmacht von Ceylon bis nach Borneo. Viele Nordfriesen suchten auf den Schiffen der VOC ihr Glück, aber viele Schiffe hatten wegen der überaus harten Seefahrt-Bedingungen einen zweifelhaften Ruf; manche braven Seeleute sind auf den Plantagen zu Grunde gegangen oder nicht wiedergekommen. Nach 1790 übernahm der niederländische Staat das VOC-Imperium als Kolonie „Batavia".
Wichtigster Abnehmer für Ochsen, teils für Käse und Butter aus den Herzogtümern mit Husum, wurde neben den Niederlanden und den Hansestädten der schnell wachsende Markt London. Die Öffnung Großbritanniens für dänisch-schleswig-holsteinisches Lebendvieh erfolgte nach langem Importverbot 1844. Diese Öffnung währte bis 1888 und führte zu einem rasanten englischen Import, z. B. 1865 mit 230.000 Rindern. Schleswig-Holstein lieferte auch jährlich 10.000 Stallochsen von der Geest zur Weidemast auf die Marschweiden vor allem Nordfrieslands. Der Transport geschah ab 1854 per Eisenbahnlinie ab Flensburg, dann von Husum nach Tönning und per Schiff nach Großbritannien. Ab 1887 dann gelangten mit der Marschenbahn zehntausende Stück Vieh vom Viehmarkt Husum per Bahntransport weiter nach Süden. Die wichtigsten Viehmärkte bis Mitte des 19. Jahrhunderts waren Ripen, Tondern, Leck, Husum, Itzehoe, Wedel, Aurich, Emden, Kampen, Zwolle im Gelderland. Der größte Ochsenmarkt Wedel schloss 1837, danach begann die

Abb. 9: Jütisches Magervieh auf dem Ochsenweg um 1800

größte Blütezeit des Husumer Viehmarktes. Der Fettviehmarkt in Leck war eine Konkurrenz für Husum, weil es dort kein geregeltes Marktrecht gab, das war ein Standortvorteil.

B.5.1 Wie sah die soziale Schichtung dieser Viehwirtschaft aus?

Beteiligt am Viehhandel, mit wechselnden Vorrechten, waren in folgender sozialer Stufung: Königsfamilie, Fürsten – Adel und Gutsbesitzer – Großbauern – Bauern.
Die Arbeit der Viehtriften blieb für die Viehhändler, Futterbeschaffer, Knechte, Treiber. Viehhändler waren angesehen, reisten mit Pferd und Wagen. Der Futterbeschaffer, dänisch „Foderskaffer", war der Reisemarschall, also Organisator. Er fuhr ein, zwei Tage vor der Trift her, besorgte Unterkunft in Krügen, beschaffte, bestellte Futter für die einige Tage später nachfolgende Trift. Das Futter wurde schon im Winter von den Knechten des Krugwirts vorbereitet, in Bündeln zu je einem Liespfund (rd. 7 kg). Dabei war das Heu nicht immer gut, sondern enthielt teils Disteln und ungenießbare Kräuter wie Schachtelhalm und Schierling von der Grabenkante – das Vieh hatte oft nicht genug, versuchte auf der Trift das Grünzeug vom Wegesrand zu fressen, was die Trift verlangsamte.
Eine Trift bestand aus mindestens 30–50 Ochsen plus 2–3 jütische Treiber. Dreiviertel aller Triften waren kleiner als 200 Ochsen, 10 % der Triften größer als 500, die waren aber in mehrere kleinere Herden geteilt. Die ersten 150 Jahre etwa bis 1650 waren sehr beschwerlich, weil noch die Übernachtungsmöglichkeiten fehlten. Dafür gab es nach dem Dreißigjährigen Krieg ein Netz von Krügen mit viel Land rundherum und Ruheflächen für teils über 500 Rinder.
Die Ochsenhändler im Krog wurden bevorzugt und höflich mit „Vær så god! – Sei so gut" bedient, den Ochsen-Treibern wurde ihr Essen mit einem knappen „Her har du det – Hier hast du es" vorgesetzt, Schweine-Treiber bekamen eher unfreundlich zu hören: „Tag og æd – Nimm und iss!"
Die Abtrift von Jütland Richtung Süden wurde am Winterende vorbereitet. Die großen Ochsenmärkte in Itzehoe und Wedel öffneten schon im März, Husum war etwas später dran. Zu bedenken ist auch, dass auf den Weiden erst ab der Osterzeit, ab Anfang April genug Gras wuchs, also die ersten Wochen konnten für das Vieh unangenehm werden. Wichtig war die Vermeidung von Bargeld wegen vieler Überfälle, daher entwickelte sich als sichere Bezahl-Methode das Kerbholz, mit Kerben versehen und bei Abrechnung vorgelegt – siehe „etwas auf dem Kerbholz haben". Vom jütischen Holstebro bis nach Husum brauchte es mindestens zwölf Tagesmärsche. Die Ochsentreiber mussten hart arbeiten, hatten Wetter-Unbilden zu ertragen, nur karge Kost, oft unzureichende Kleidung. Die jütländischen Viehtreiber trugen oft Holzschuhe und unpassende Kleidung, waren zu ständigen Nachtwachen verpflichtet, mussten ausgerissenes Vieh zurückholen. Viehtriften waren geprägt von rauen Umgangsformen,

Schnapskonsum. Viehtreiber verdienten besser als Tagelöhner, hatten die zwei bis drei Wochen der Trift ab Limfjord oder Fünen freies Logis/Verpflegung. Die Rückreise musste selbst bezahlt werden, man lief zu Fuß zurück, um Geld zu sparen.
Nun zur sozialen Schichtung beim Viehhandel:
Im Königreich Dänemark durften meist nur Adel und die Königsfamilie Ochsenmast betreiben. Gutswirtschaft war Domäne und Kapitalanlage des Adels. Ein Gesetz in Dänemark bestimmte: Nur der durfte Viehmast betreiben, der genügend eigene Futtermittel hatte. Der privilegierte Adel umging oft das Gesetz. Die Kaufmannsschaft erhielt zwar 1515/16 und 1521 das Handelsmonopol, verlor es aber im Streit mit Bauern und Adeligen. Bürger der Kjöbstaden/Kaufstädte im Königreich Dänemark durften für Adel und König Vieh aufstallen, nicht aber bei Bauern. Bauern und Priester durften meist Ochsen an Bürger verkaufen. Oft kam es zu Umgehungen der Gesetze, oft Bereicherungen auf allen Seiten, je nach Durchsetzungsfähigkeit, um die Vorrechte beim Ochsenhandel zwischen Kaufmannschaft, Adel und König.
Eine neue Entwicklung kam 1575: Nur König und Adel aus Dänemark als Monopolisten durften Vieh aufkaufen; dieses Monopol wurde aber schon 1583 wieder aufgehoben. Im Herzogtum Schleswig und in Nordfriesland war es auch Bauern erlaubt, Ochsenmast mit Verkauf von Ochsen zu betreiben, das war ein gewichtiger Standortvorteil gegenüber dem königlich dänischen Monopol und brachte einen Schub für den Husumer Viehmarkt.

Abb. 10: Ochsenweg um 1800

Dänemark gab 1788 den Viehhandel frei, beendete die Adelsprivilegien, die Zölle wurden gesenkt, um den Viehhandel zu stärken. In der napoleonischen Zeit nach 1800 kam es in Dänemark zu einer belastenden Edelmetallknappheit. Die Rigsbank Dänemark gab 1807 erstmals Papiergeld aus, Dänemark musste 1813 den Staatsbankrott erklären – siehe „Es ist etwas faul im Staate Dänemark". Der Viehhandel florierte aber infolge Bevölkerungsexplosion im 19. Jahrhundert, besonders der nordfriesische Viehhandel durch die Öffnung Englands 1844.
Husum, Hamburg und Berlin wurden größte deutsche Viehmärkte, Tönning der bedeutendste Vieh-Exporthafen. Mit dem Eisenbahnbau verlagerte sich der Absatz nordfriesischen Viehs nach 1871 zunehmend auf die Rheinlande und das Rhein-Main-Gebiet. Die Viehhändler passten sich an die neue Situation an, stellten Kommissäre als Vermittler zu den Banken und auswärtigen Kunden ein, änderten im Handel mit dem Ausland sogar den Zahlungsverkehr – es entstand die bargeldlose Zahlungsweise. Auf den Viehmärkten behielten die Viehhändler ihre wichtige Stellung bis zum Ende des Husumer Großviehmarktes um 1970. Seitdem gibt es diesen Typus des Viehhändlers, oft gleichzeitig Züchter, nicht mehr.
Heute gibt es eine in Rinderzucht und Kaufmannswissen grundlegend ausgebildete Zahl von Vertrauensleuten mit gut ausgebauten Beziehungen zu den Viehzüchtern und Bauern, teils mit familiären Wurzeln aus alten Viehhändlerfamilien, die das Vieh beim Bauern als Erzeuger direkt aufkaufen und mit LKW zum nächsten Schlachthof verfrachten, aber auch zu weiter entfernten Schlachthöfen, dabei sind die EU-Bestimmungen über zugelassene Entfernungen und Viehtransportvorschriften einzuhalten.

B.5.2 Wie war das Zollwesen zu Lande und zur See aufgestellt?

Die Hauptzollstellen waren Husum, Gottorf, Rendsburg, Flensburg, teils auf Gebiet der Gottorfer, teils anderer Herrscher. Dänische Zollrechnungen von den beiden Zoll-Hauptstellen Gottorf und Rendsburg sind erst ab 1484 – als älteste dänische Zollrechnung – erhalten (s. *Jürgens*). Zudem gibt es viele Lücken, daher fehlen präzise Zollabläufe über eine lange Zeitdauer. Erst ab 1540 existieren durchgängigere Rechnungsreihen.
Seit 1544 war Schleswig-Holstein dreigeteilt unterm Dänenkönig und zwei Brüdern, einer davon auf Gottorf, daher Gottorfer. Daneben gab es ein enges Netz von Brückenzöllen und Nebenzollstellen, z. B. in Koldenbüttel, Schwabstedt, Hollingstedt, Lunden, Albersdorf, Hanerau, Missunde. Diese Nebenzollstellen wurden oft nebenamtlich von Priestern u. a. verwaltet. Von etwa 1450 bis 1629 (Kriegswirren) gab es eine wirtschaftliche Blüte Husums. Wohlhabende Kaufleute mit vielen kleinen und bis zu 40 großen Schiffen (siehe bei *Laß*) befuhren die Meere, 1712 waren es noch 20. Hafen und Stadt wurden mit bedeutenden Bürgerhäusern im niederländisch-

norddeutschen Backsteinstil und mit dem Rathaus von 1601 ansehnlich ausgebaut. Das Schloss von 1582 zeugte von dieser Blüte, ebenso wurde der Viehhandel immer bedeutender. Der Dreißigjährige Krieg brachte den Niedergang Husums mit Pestausbruch 1603, mit dem kaiserlichen Krieg 1627–1629, verbunden mit Einquartierungen, gewaltigen Schatzungen, das waren die hohen Zwangseintreibungen, am meisten an die katholischen Truppen, und mit der Großen Mandränke 1634. Ähnlich Schlimmes geschah dann um 1700 herum im Nordischen Krieg mit gewaltigen Lasten für Husum.
Das Zollwesen war streng geregelt: Es herrschte Wegezwang mit einem Netz von 200 Zollstationen. Seit 1692 verwalteten Zollpächter mit Zollseglern das Zollwesen auf der Nordsee und erzielten durch die Pacht der Zollgerechtigkeit vom König hohe Zolleinnahmen – mit der Folge, dass der dänische König 1700 das Kreuzerzollwesen verstaatlichte. 1854 gab es insgesamt 37 Zollstationen, erst 1902 wurde das Kreuzerzollwesen aufgelöst, nur der Amrumer Zollkreuzer Elisabeth fuhr bis 1912.

B.5.3 Welche Bedeutung hatten die Ochsenwege bis zum Eisenbahnbau?

Als Folge unterschiedlicher Bodengüte und Bevölkerungsdichte schälte sich schon seit frühesten Zeiten ein bestimmtes Prinzip des Ochsenhandels auf einem uralten Netzwerk von Wegen heraus. Dieser großräumige Ochsenhandel brauchte in den Dörfern, Flecken und Städten ein gesichertes Wegenetz, das waren die „Hærvejen", Heerwege, Ochsenwege.
König und Adel schufen an den Ochsenwegen ein Netz von Zollstellen, um vom Handel von Getreide über Eichenholz bis v. a. Viehhandel mit Ochsen, Kühen, Schafen, Pferden, auch Schweinen zu Wasser und zu Lande Zoll abzuschöpfen. Von Kolding bis Gottorf gab es zeitweise elf Zollstellen. Dort wurden Zoll-Listen mit Zoll-Meldungen geführt und Zoll-Gebühren einkassiert. Diese Zoll-Einnahmen an den Hauptzollstellen waren die Bargeld-Haupteinnahme für König, Herzöge und Adel; in den Städten sprudelten die Marktgebühren und weitere Abgaben auch kräftig. Zoll-Listen sind daher unabdingbare Quellen der Wirtschaftsgeschichte. Das dänische Hauptzollamt Flensburg mit der königlich dänischen Zollflagge bestand bis 1864. Das gelbe Ziegelsteingebäude am Hafen ist heute noch da und Zeugnis des dänischen Zollwesens. Immer wieder gab es wegen der unzähligen Zollstellen und der vielen wechselnden Grenzen Streitigkeiten um Zölle – und daraus ergaben sich dann über Jahrhunderte Schmuggel und ebenso Raubüberfälle in unwegsamen Gebieten, zu Wasser und zu Lande. Schon 1252 wurde ein Zoll von 2 Schilling in Flandern auf friesische Rinder und Pferde aus Friesland und aus Ribe in Dänemark erhoben. Husum wurde 1480 Zollstätte. Ein Zollwesen zur See etablierte sich 1692, delegiert auf Zollpächter mit Zollgerechtigkeit und hohen Zolleinnahmen bis zur Verstaatlichung 1700. Dänemark profitierte davon noch 1854 mit 37 Haupt-Zollstationen.

Der Adel war bis 1788 zollfrei, aber nur als Händler für den Eigenbedarf, nicht als Verkäufer, das wurde vom Adel aber oft umgangen. Waren wurden als Geschenke oder Eigenbedarf ausgewiesen. Offensichtliche Täuschung führte gelegentlich zu Prozessen, z. B. vom Amtmann von Tondern gegen Adelige, die vorgaben, die auszuführenden Ochsen seien ja ihre und damit zollfrei. Manche Adelige wichen dann von Tondern auf den nahen Hafen nach Ballum aus, weil der Rantzau gehörte und Graf Rantzau Zollfreiheit gewährte.
Es gab ständige Zoll-Umgehungen in dünn besiedelten Gegenden oder an unwegsamen Lokalitäten an undurchdringlichen Wald-, Moor- und Heidelandschaften. Räuberische Wegelagerer, so bei Kroppersbusch, machten das Handeln auf den Ochsenwegen gefährlich, daher der Spruch „Du büst Kroppersbusch noch ni vörbi". Dieser Schmuggel vorbei an den Zollstellen wurden als Unterschleif bezeichnet oder als Vorbeitreiben, z. B. oft bei Hollingstedt und Schwabstedt über unwegsame Landschaften und Furten, und wurde hart bestraft. Es konnte die Todesstrafe verhängt werden, wie gegen den Viehhändler Albrecht Friese (s. *Jürgens*, S. 144). 1712 setzte der Gottorfer Herzog grundsätzlich für die sogenannte Umgehung des Heerweges auf einem verbotenen Nebenweg als Strafe den Tod durch Erhängen fest. Vor den Toren Husums waren dafür 1711 drei Galgen (siehe „Gallberg") vorm Norder-, Oster- und Südertor instandgesetzt und errichtet worden.
Die Hauptzollstellen an der Grenze zum Herzogtum Schleswig waren Ripen im Westen und Kolding für den Ausfuhrzoll ins Herzogtum Schleswig, sodann Flensburg, Husum, das übrigens leichter zu umgehen war. Von Norden aus Tondern oder auch von Ostenfeld und Winnert östlich von Husum kommende Pferde mussten in Husum verzollt werden, wer aber keinen Zollbeleg hatte, musste auf dem Weg nach Eiderstedt in Koldenbüttel zollen. Haupt-Zollstelle für den Hauptzweig von Viborg bis Wedel vor Hamburg war Gottorf. Dort gab es nach Süden nur einen engen Durchlass beim Rothenkrug durchs Danewerk, dessen Fahrspuren man bei Ausgrabungen des Archäologischen Landesamts im Sommer 2022 wieder entdeckte (HN, 24.8.2022). Ebenso wichtig war der Hauptzoll über die Eider von Rendsburg-Nübel. In Holstein lagen die Zollstellen Neumünster, Bramstedt, Segeberg, Itzehoe und Wedel im Herrschaftsbereich der Grafen von Rantzau auf Breitenburg bei Itzehoe.
Graf Rantzau brüstete sich: „My höret de Toll van de Elv bet an de Eider" – mir gehört der Zoll von der Elbe bis zur Eider. Graf Rantzau war auch Zollherr über den Viehexporthafen Ballum nördlich von Hoyer, das brachte ihm viele Einnahmen; Ballum hatte wie auch List im Gegensatz zu Tondern eine sichere Fahrrinne. Der Gutsherr von Ahlefeld herrschte in Angeln am Herrensitz Gelting mit umfangreichem Großgrundbesitz und war lange Zeit Grundherr in Schwabstedt. In Angeln und Schwansen lagen Domänen der Familien Rumohr, von Ahlefeld und von kirchlichen Gütern. Die Herrschaften wechselten im Laufe der Jahrhunderte, besaßen aber

adelige Privilegien, Großgrundbesitz mit Leibeigenschaft. Heute ist die Ostküste immer noch von Gutswirtschaft geprägt, oft im Besitz alter Adelsfamilien.
Es gab wenige Hauptzollstellen und viele Nebenzollstellen, teils „3-Pfennig-Zollstellen", verpachtet an z. B. Priester. Fährverbindungen über Treene und Eider waren verpachtet, in Koldenbüttel, Husum, Lunden, Schwabstedt, Fresendelf, Bredstedt, Hollingstedt, Treia. Die seit 1462 bezeugte bischöfliche Fresendelfer Fähre erhielt noch 1829 vom dänischen König die Fährgerechtigkeit für eine Prahmfähre zur Wohlder, Stapelholmer Seite als eine der Treenefähren. Süderstapels Zoll war der Übergang über die Eider nach Dithmarschen. 1559 fiel das reiche Norderdithmarschen mit Lunden und Wesselburen an den Gottorfer Herzog.
Um Husum wurde schon um 1400 Vieh- und Pferdehandel betrieben. 1384, kurz nach dem ersten dokumentierten Husumer Viehmarkt auf dem Quickmarkt, wurde am Hafen eine erste Brücke samt Schleuse nach Rödemis am Südufer der Au gebaut. „Quickmarkt" bedeutet „Lebendviehmarkt", wo damals der Ochsenweg nach Gottorf abzweigte. Ursprünglich gab es an der unbefestigten Schiffbrücke einen Weg mit Brücke in der Verlängerung der Hohlen Gasse, der bei einer Sturmflut beschädigt wurde.
Husum war Teil dieses Ochsenweges, dänisch „Hærvejen", als uralter Haupt-Handelsweg und Königsweg für Handel, Transport, Viehtrieb, Militär, Pilger. Der Begriff „Ochsenweg" erschien erstmals auf Niederdeutsch 1588 in der „Pinneberger Landtafel" von Daniel Frese: „Dit is de Ossenweg ... na Wedel". „Ossen" steht damals synonym für Rinder, Ochsen, Kühe, Jungtiere, Beesten. Die wichtigste Zollstelle an

Abb. 11: Husumer Viehmarkt Kamp um 1840

der Eider, Nübel bei Rendsburg, bezeugt: Mehr als 97 % der Rinder an der Zollstelle waren Ochsen, ein Beweis für die marktbeherrschende Stellung des Ochsenhandels. Das Netz der Ochsenwege wurde mit der Bevölkerungs- und Handelszunahme immer wichtiger. Der Östliche Ochsenweg war der wichtigste, von Aalborg und Viborg in Nordjütland nach Süden über Skanderborg und Kolding als Zollgrenze ins Herzogtum Schleswig und nach Falsterbro, Treffpunkt mit den Handelswegen von den Inseln nach Hadersleben, Flensburg, Schleswig-Gottorf bis Rendsburg.
Der Mittlere Ochsenweg begann in Skive, führte über die alte Domstadt Viborg, wo auch die Triften vom Limfjord und der Insel Mors sowie von der fruchtbaren Landschaft Thy eintrafen, weiter zur Grenze Königsau. Ribe wurde nicht direkt angefahren, sondern erhielt als Haupt-Zollstelle eine Zollmeldung. Weiter führte der Weg ins nordfriesische Tondern. Fremde, also deutsche und niederländische Händler, wurden vom König wegen erhoffter weiterer Zolleinnahmen zu Vieh-Sammelplätzen nach Ribe, Kolding, Falsterbro gelenkt, wo für das Königreich Zolleinnahmen fällig wurden.
Der Westliche Ochsenweg verlief vom Limfjord mit der Insel Mors über Holstebro nach Skærebæk im Herzogtum Schleswig. Von dort über weite Heideflächen nach Süderlügum, Leck, Bredstedt bis Husum. Die Viehtrift von Holstebro bis Husum dauerte zwölf Tagesmärsche. Von Husum aus konnten Ochsen und Pferde weiter nach Süden über verschiedene Wege und Zollstellen getrieben werden, nach Itzehoe und Wedel vor den Toren Hamburgs. Wedel war bis 1837 der größte Ochsenmarkt. In Bramstedt trafen sich die Ochsenwege von Norden, weiter zur Hauptzollstelle Ochsenzoll nach Hamburg zum großen Viehmarkt etwa bei dem heutigen Schanzenviertel. Weitere Ochsentriften führten in die Niederlande nach Friesland, ins Gelderland, nach Kampen, Zwolle, Deventer, das waren wohlhabende Reichsstädte, und in die Rheinlande, bis nach Soest.
Ein anderer Querweg verband Schleswig, Eckernförde und Kiel mit einer Fortführung auch über Neumünster nach Lübeck. Die für so weite Strecken nach Husum unabdingbare Viehversorgung wurde in den „Krügen" gewährleistet, das waren Landgasthöfe mit ausreichend Weide- und Übernachtungsplätzen, wo Vieh und Menschen versorgt wurden. Rund um Husum lag eine Reihe von Krügen: Augsburg, Engelsburg, Kielsburg, Häckelsburg, Feddersburg, Kronenburg, Königsmark, Hockensbüller Krog **(siehe Abb. 12).** Ebenfalls gab es viele Furten und Fähren mit Zollstellen, z. B. an der Königsau, in Toldstæd, über die Wiedau, die Treene bei Treia, die Treene bei Hollingstedt und in Schwabstedt. Eine uralte Verbindung vom jahrhundertelang bischöflichen Schwabstedt am Geestrand entlang über Hude, Süderhöft bis Fresendelf und dort über die Treene nach Bergenhusen, Wohlde, Stapelholm gab es in Fresendelf. Weitere Zoll- und Furtstellen waren in Lunden, die Saxfähre, die Eiderfähre Rendsburg-Nübel. An Brücken standen früher außer in Sorgbrück nur die

Husumer „Hubrüch", das bedeutet Aubrücke, am alten Gerichtsplatz und Zollstelle über die Mühlenau drei Kilometer östlich von Husum. Der frühere Handel von Jütland nach Süden schon mit verkaufsfertigem Fettvieh wurde nach dem Mittelalter als Folge des verstärkten Deichbaues und der Eindeichungen vieler neuer Köge in den Utlanden und an der Küste abgelöst durch den Handel mit Magervieh vom Limfjord, von Randers und den Inseln der westlichen Ostsee. Immer mehr Magervieh wurde vom Limfjord nach Süden getriftet. Husum wurde am Westküsten-Ochsenweg immer wichtiger. Das Netz der Ochsenwege und seiner Neben- und Querwege überzog unsere Lande. Eine wesentliche gesetzliche Hürde bestand darin, dass im Königreich Dänemark die Bauern über lange Zeit ihre Grasochsen, also ihr Magervieh, dem Adel zu verkaufen hatten. Die Bauern der Herzogtümer konnten an der Westküste und Dithmarschen aber ungezwungen und frei handeln. Die Westküste besaß die fetten Marschen zur Veredelung von Magervieh. Diese küsten- und marktnahen Marschen waren viel fruchtbarer als die Geest, davon profitierte Husum als Markt und Tor zu den Utlanden.

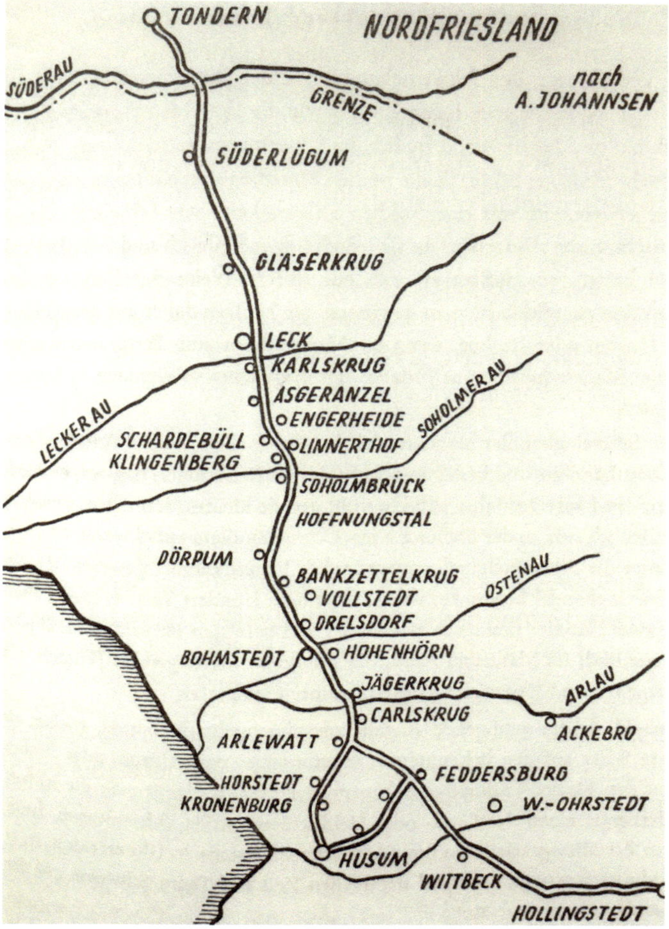

Abb. 12: Zollstellen und Krüge am nordfriesischen Ochsenweg

In den Danckwerth-Mejer-Karten von 1652 sind die Ochsenwege mit Abzweigungen verlässlich eingezeichnet und darum gut nachvollziehbar.
Überall an den Ochsenwegen gab es Schmuggel und Schleichwege zur Umgehung der Zollstellen – darauf stand zeitweise die Todesstrafe. Ripen galt um 1500 als Schmuggler-Hotspot. Im Frühjahr und Herbst gefährdeten oft bodenlose Wege,

baufällige Brücken und Fähren den Viehhandel. Gegen das Räuberunwesen gab es die Form der Geleitzüge und sogar bewaffneten Geleitschutz gegen Geld. Ein zeitweise bedeutender Nebenweg war der Weg von Strand (Nordstrand) über Husum und Ostenfeld nach Gottorf oder über Koldenbüttel-Fähre sowie der Weg nach den „Dreilanden", Eiderstedt, mit Wasserwegen, den Bootfahrten, dazwischen. 200 Zollstellen, Haupt- und Nebenzollstellen, Zölle auf Wasserwegen, waren gute Einnahmequellen. **Abb.13** zeigt eine Karte um 1700 mit Schwerpunkt östlicher Hærvejen von Nordjütland: Ab Skive, Viborg über Kolding, Hadersleben, Tollstæd/Apenrade, Flensburg bis Gottorf und Danewerk. Zusätzlich ist ein Handelsweg von Odense nach Kolding als Grenze und Hauptzoll zum Herzogtum Schleswig markiert. Der westliche Hærvejen kommt von Nordjütland, Skive und Holstebro über Herning, Varde, Ribe, Tondern bis Husum – mit Abzweigern von Flensburg sowie von Husum nach Gottorf/ Schleswig. Ein uralter Handelsweg mit Zollpflichten war auch die Salzstraße der frühen Neuzeit als Schiffsweg von Lüneburg über die Ilmenau zur Elbe bis Lauenburg, von dort per Planwagen über die gepflasterte Salzstraße zur Hansestadt Lübeck, Hauptabnehmer für nordfriesisches Vieh, das dorthin bis 1800 vom Husumer Viehhändler Harring getrieben wurde. Der alte Harringhof von 1754, vormaliger Hardesvogthof der Südergoesharde, liegt in Osterhusum.
Befestigte Chausseen gab es auf Betreiben der königlich dänischen Regierung erst ab 1832. Die Chausseen, auf der Grundlage des dänischen Wegebauplanes gut ausgebaut, verbanden die wichtigen Städte der Herzogtümer von Nord nach Süd zwischen Ribe und Husum, Kolding und Flensburg bis Altona. Von Ost nach West wurde Husum mit Flensburg und mit Schleswig bis nach Kiel verbunden, dann Heide mit Lübeck über Neumünster und Rendsburg, Die Ostküste war wegen der dichteren Besiedlung und des leichteren Chausseebaues besser vernetzt. Preußen übernahm daher ab 1864 ein dänisches, sehr gut ausgebautes Chausseenetz. Für den Viehhandel hatten diese Chausseen aber schon keine Bedeutung mehr, die Zeit der Viehtriften über Land waren vorbei; die Eisenbahn wurde dagegen wichtigster Verkehrsträger für den Viehhandel und Transport.
Grundsätzlich hinkten der Chausseebau als auch Eisenbahnbau in der Zeit der Industrialisierung und der Bevölkerungs- und Handelszunahme den Erfordernissen hinterher.

B.5.4 Welche Rolle spielten die See- und Wasserwege?

Der Transport per Schiff wurde nach 1500 wegen der kriegerischen Wirren zwischen den holländischen Grafen, den mächtigen Habsburgern und einheimischen Herrschern bedeutender und kostengünstiger als der Transport über die Ochsenwege. Die Karte (nach *Wiese/Bölts*, S. 112) zeigt schematisch auch die über fünf Jahrhunderte alten Seewege für den Ochsenhandel von Nordfriesland (Hoyer, Sylt, Inseln, Husum, Tönning,

Eidermündung) Richtung Niederlande und Westfriesland/IJsselmeer. Seit dem Mittelalter gab es den Seehandel mit Vieh, weil der Seetransport auf der Nordsee Richtung Westfriesland/Holland einfacher, zeitsparender und kostengünstiger war. Die Utlande verschifften Ochsen aus den dänisch-friesischen Seehäfen. Seehäfen waren Husum, Leck, Ockholm, Bredstedt, Tönning, Garding, auch Lunden aus Norderdithmarschen, das ab 1559 zu Gottorf gehörte, zur südlichen Nordseeküste, nach Westfriesland. Alte Seehäfen und Märkte dort waren Hoorn, Enkhuizen, Dordrecht, Utrecht, Campen, Deventer, Zwolle, Amsterdam sowie auf englischer Seite Hull und London, mit Verbindungen rund um die Nordsee. Hoorn am IJsselmeer hatte über 200 Jahre lang, von 1389 bis 1605, ein Zollprivileg für friesisch-dänisches Vieh und war enge Handelspartnerstadt für Husum. Der Seeweg war für den Viehhandel profitabler, einfacher und schneller, erst nach 1650 mit besseren Transportwegen wurde allmählich der Landweg wichtiger. Später verlor Hoorn einige Vorteile an Enkhuizen. Meist waren die Niederlande Viehimporteure, aber zu anfänglichen Zeiten vor etwa 1450 auch Exporteure. Warum wurde der Import so bedeutsam? Das lag an der schnell wachsenden Bevölkerung von Groningen, Friesland/Westfriesland, dem Gelderland mit dem Städte-Dreiergestirn Kampen-Zwolle-Deventer und in Holland. (West-)Frieslands Bevölkerung wuchs von etwa 55.000 zu Anfang des 14. Jahrhunderts auf fast 80.000 um 1500 (*Westrate* in *Pingel/Steensen*). Der Seetransport verlief per Segelschiff und Plattbodenschiff, „Dickbäuche", in die Niederlande-Provinzen. Dieser Seetransport mit Zollprivileg wurde erstmals dokumentiert ab 1389 von Föhr nach Hoorn/Westfriesland. Hoorn verlor 1605 sein Marktrecht für dänisch-nordfriesisches Vieh an die reiche westfriesische Hafenstadt Enkhuizen nördlich von Amsterdam – das brachte bis 50.000 Großvieh pro Jahr. Je weiter der Transportweg, desto günstiger war der Seeweg. Seehäfen und der Seehandel wurden gründlich bezollt.

Gefährliche Schiffswege wurden zu Schiffsfriedhöfen, z. B. das Skagerrak 1858–1895, auch die Insel- und Hallig-Wasserwege der Utlande. Gefährlich waren Sandbänke, Stürme, Eis, Nebel, Kaperfahrer. Im eingestürzten Kirchturm der Alten Kirche Pellworm hatten sich um 1400, zum Höhepunkt der Seeräuberei, „Likedeler", See- und Strandräuber, eingenistet und mit Signalfeuern Schiffe in die Irre geführt. Gekapert wurden auch nordfriesische Schiffe auf dem Weg nach Süden, Friesland/Westfriesland und ins IJsselmeer. 1718 verhängten Dänemark und das dänische Herzogtum Schleswig einen hohen Ausfuhrzoll von drei Speciesthalern je Ochsen. Die Niederländer antworteten mit einem Importzoll und 1770–1825 Importstopp für dänisch-nordfriesisches Vieh, fast ein kleiner Handelskrieg. Der Seeweg sparte Zoll: Es war nur einmalig ein Zoll von 4 ß (Schilling) pro Stück Großvieh zu entrichten. 48 Schilling waren ein Rigsdaler, niederländisch „Rijksdaalder". Wegen des verbreiteten Schmuggels kam die Ausweitung des See-Zollwesens (s.o.), später durch königliche Zollkreuzer, bis 1912 der letzte Zollkreuzer Elisabeth auf Amrum still gelegt wurde.

B.5.5 Welche Kanalprojekte dienten dem Ausbau des Handels?

Ein besonderes Kapitel ist das Bemühen der europäischen Landesherren, den Handel durch Kanalbauten, Kanäle und künstliche Wasserstraßen zu erleichtern. Siehe auch in Frankreich, in Preußen mit dem Merkantilismus als staatlich geförderte Wirtschaftsform. Das Bestreben der Herrschenden war es, Rohstoffe im eigenen Land zu behalten und zu wertvolleren Fertigwaren zu veredeln, fehlende Rohstoffe billig einzuführen. Durch den Ausbau aller Transportwege sollten Warenverkehr und Export erleichtert und durch Förderung des Exports die Steuereinnahmen verstärkt werden. Ein gut ausgebildeter Beamtenapparat sollte dem Herrscher ergeben dienen und wurde mit Vorrechten ausgestattet. Ein Berufsheer als Stehendes Heer sollte dem Herrscher schnell und gut gerüstet mit Einsatz des Lebens dienen.

Für Schleswig-Holstein und die Jütische Halbinsel waren Querverbindungen an den schmalen Landbrücken seit dem Friesen-Wikinger-Wasserweg wichtig gewesen.

Im 19. Jahrhundert, vor dem Bau des Nord-Ostsee-Kanals wurde die Seefahrt um das Skagerrak mit dem zunehmenden Schiffsverkehr gefährlicher. Allein zwischen 1858 und 1995 gab es (*Rachau*, S. 50 f.) 6.316 gelistete Schiffshavarien um die dänische „Jammerbugt" an der dänischen Nordwestküste, im Wortsinne „Jammerbucht". Zudem erschwerte der dänische Sundzoll seit Wikingerzeiten den reibungslosen Schiffshandel. Kanalbauten wurden über lange Zeiten verlangt, aber im Königreich Dänemark kaum verwirklicht, weil der Dänenkönig auf seinen lukrativen Sundzoll nicht verzichten wollte. Schon um 1600 gab es Gottorfer Planungen für Kanalbauten zwischen Husum und Eckernförde, zwischen Treene und Husumer Au, später auch für einen Kanal zwischen Ockholm und Flensburg.

Aber erst nach der Gottorfer Zeit um 1780 wurde der Eiderkanal zwischen der Eider bei Sehestedt und der Ostsee an der Kieler Förde fertig. Das war damals tatsächlich der bedeutendste Kanalbau Europas und beförderte auch den Handel in Nordfriesland mit dem Hafen Tönning.

Der Eiderkanal war 34 km lang, 3,45 m tief, hatte sechs Schleusen und zwei Brücken und brachte den Herrschenden hohe Zolleinnahmen. Lotsenstationen sicherten den Schiffsweg und Brieftauben die Nachrichtenübermittlung zwischen den Zoll- und Lotsenstationen. Der Kanalbau führte auch zum Bau von beeindruckend großen, im Norden einmaligen Packhäusern in Tönning, Rendsburg, Kiel-Holtenau, die wir heute noch bestaunen können. Der großräumige Handel und die Schifffahrt von Kiel-Holtenau und Tönning waren gewährleistet – mit Treideldienst über drei Tage von Tönning bis Holtenau und umgekehrt.

Ab 1785 gab es freie Kanalfahrt für alle, ab 1840 Bugsierdampfer für die Passage.

Weitere Kanäle gab es schon seit dem Ende des Mittelalters zwischen Lüneburg, der Elbe und der Stecknitz, später zwischen der Trave und der Hansestadt Lübeck. Der Stecknitz-Kanal,1391–98 gebaut, verlief von Lauenburg über einen Stichkanal zu

Elbe und Trave. Das damals sächsische Herzogtum Lauenburg bekam als Bezahlung für die Erlaubnis des Kanalbaues von der Hansestadt Lübeck 3.000 Lübsche Mark, das wären heute wohl um 500.000 Euro. Erst 1896 wurde der schnelle Elbe-Lübeck-Kanal fertig und ebenfalls der Kaiser-Wilhelm-Kanal 1895 von Brunsbüttel nach

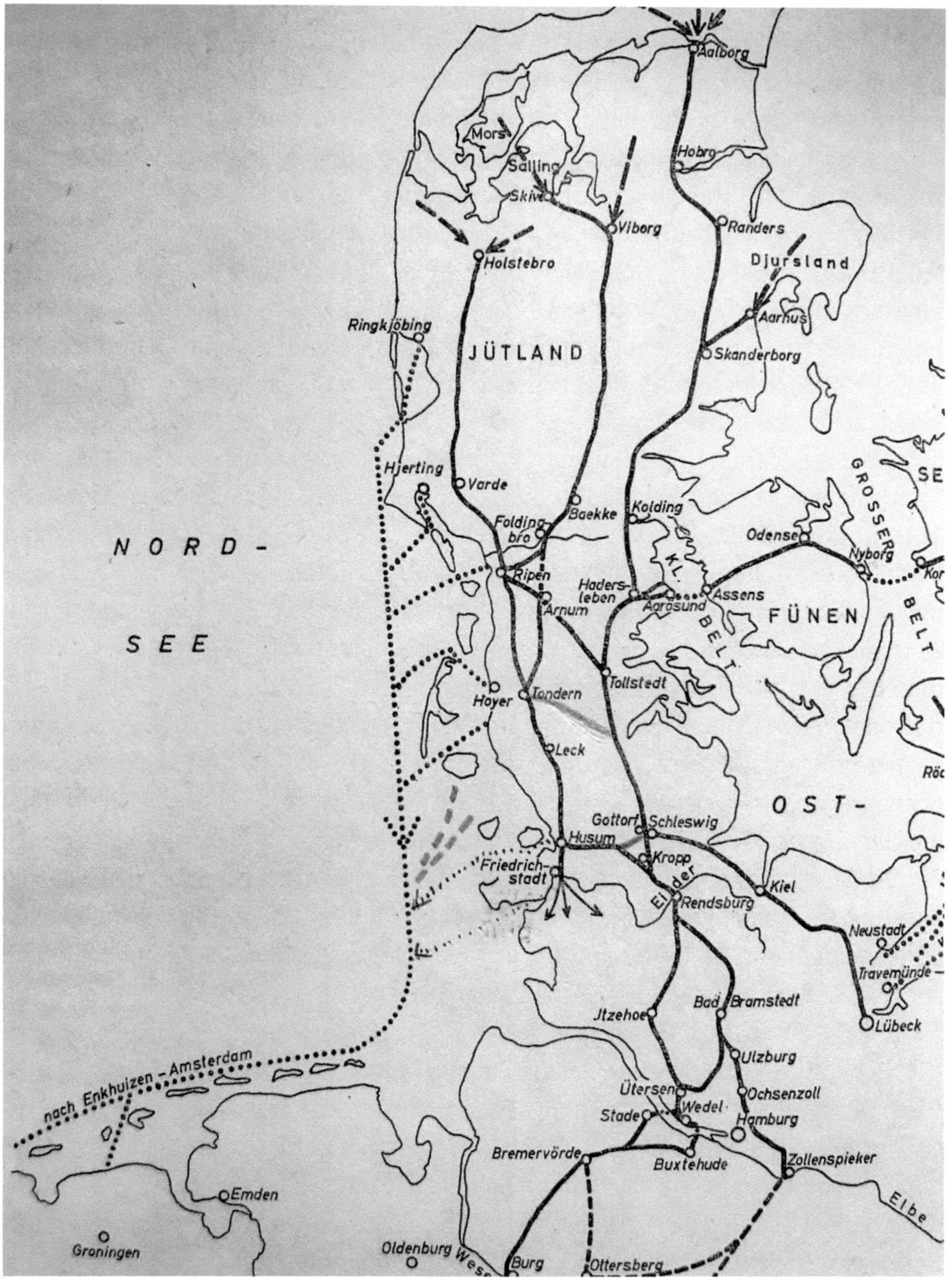

Abb. 13: Ochsenwege und Nordwesteuropäischer Ochsenhandel zu Lande und See

Holtenau gebaut, nach preußischen Plänen auch mit militärischen Begründungen. Ein späterer Wasserweg war z. B. in Nordfriesland die Schiffsverbindung von Hoyersluusen (Hoyerschleuse) nach Munkmarsch/Sylt bis 1927.

B.5.6 Wie entwickelte sich der Viehtransport mit Ochsenschiffen?

Schiffshandel gab es schon vor 1500 von Tönning, Husum, Tondern, List, Ripen, Ballum, Hoyer zweimal im Frühjahr hin zu den Niederlanden. Häufige Güter waren Getreide und Ochsen. Auf der Rückfahrt fuhren Frachtschiffe mit Massengut und Baumaterial wie Sandstein, Kalk, Fliesen, Dachpfannen aus Ostfriesland. Schiffe, die zurück kamen aus Holland und aus Westfrieslands Handels- und Hafenstädten wie Amsterdam, Enkhuizen, Harlingen/Harns, Hoorn, Campen, waren beladen mit Stoffen, Gewürzen, Sandstein, Mühlsteinen, Wein. Ein blühender, friesischer Handel mit Vieh und Getreide wird in dieser Darstellung mehrfach hervorgehoben. Der erste Höhepunkt friesischen Handels mit Vieh, Salz und Getreide zwischen Nordfriesland und der südlichen Nordsee war schon vom 15. bis 16. Jahrhundert. Die Händler waren keine ständischen Kaufleute, sondern, schon erwähnt, oft reiche Bauern, die auf eigene Rechnung mit eigenen Schiffen aus Husum, von Eiderstedt, der Insel Strand, von Föhr und Tondern unterwegs waren. Bezeugt sind allein aus Husum für 1510 rund 40 große und viele kleinere Schiffe (*Laß*, S. 164). Groß bedeutet damals bis zu 300 Lasten, jede Last zu knapp zwei heutigen Tonnen, also bis rund 600 Tonnen. Zunächst waren es meist die erwähnten „Dickbäuche", Koggen ohne Kiel, mit zwei eichenen Seitenrudern, den Schwertern, die beweglich an Schiffstauen hingen, rund 5 m lang, schwer und tropfenförmig gezimmert. Bei Bedarf wurden die Schwerter seitlich herabgelassen und festgetäut. Der Plattboden war die ideale Schiffsform wegen der niedrigen Wassertiefe im Wattenmeer, passend für den Handel und Transport in Küstennähe, später mit der fortschreitenden Entwicklung wurden auch größere Segelschiffe eingesetzt. Das nordfriesische Helgoland war auf dem Seeweg der Schlechtwetterhafen. Es gab Transportprobleme mit den voll beladenen Schiffen bei rund 90 Ochsen, später im 19. Jahrhundert fuhren teils Schiffe mit über 600 Ochsen und mehr. Als Futter gab es nur wenig Heu und Hafer, aber Hühnereier und Bier zur Beruhigung der gestressten Tiere, vom Knecht verabreicht, auch damit die Tiere nicht zu sehr an Gewicht verloren. Ab 1713 verlangten die niederländisch-friesischen Viehkäufer vertraglich die Zugabe dieses Kraftfutters.

Die Bewegungsfreiheit von Tier und Mensch war auf den engen Schiffen stark eingeschränkt. Die Tiere durften sich nicht hinlegen, um Platz einzusparen, das wurde mit Holzbalken unter den Bäuchen der Rinder verhindert – heute wäre das Tierquälerei. Die Zustände auf diesen Ochsenschiffen waren geprägt von Dreck, Kot und Gebrüll der leidenden Tiere. Tote Tiere warf man über Bord. Später gab es eine Versicherung gegen Tierverluste. Die Überfahrt von Husum nach England dauerte einen

Tag, von Ribe an Jütlands Westküste nach Amsterdam rund vier Tage. Ochsenschiffe nutzten nach Möglichkeit die Überfahrt im Flottenverband, um sich gegen Seeräuberei und Unwetter zu wappnen.

B.5.7 Was brachte Englands Viehimport-Öffnung 1844 für Husum und Tönning?

1844 öffnete Großbritannien nach langem Importverbot seine Häfen für dänisches, friesisches, Dithmarscher Vieh, allerdings mit englischen Schiffen. Der Bau der Eisenbahn 1854 im dänischen Herzogtum Schleswig von Tönning über Husum nach Flensburg führte zu einem Boom beim Viehtransport Husum-Tönning und beim Seetransport nach London als Folge der 1844 erfolgten englischen Marktöffnung. Das brachte für Husum und Tönning einen Boom, denn nun wurden Mengen an Großvieh nach England verschifft. Die Schiffe waren Raddampfer, nach 1876, der Erfindung der Schiffsschraube, mit Schraubenantrieb.
Nach 1871 mit Gründung der „Tönninger Dampfschifffahrts-Gesellschaft" TDSG fuhren auch Tönninger Reeder die Linie Tönning – London/Blackwell – eine Konkurrenz für England. Was waren die Beweggründe für dieses teure Wagnis eigener Schiffe?
Der Transport auf englischen Schiffen kostete Geld – darum das Ziel nordfriesischer Viehhändler und Gräser, diese Kosten in der Aufbruchsstimmung des neuen Kaiserreiches durch einen eigenen „Vieh-Exportverein" und den Einsatz eigener Schiffe zu senken. Dazu kaufte man in England für 6.700 Englische Pfund einen gebrauchten Dampfer, zu finanzieren über die am 20.11.1871 gegründete TDSG. Das war eine Aktiengesellschaft mit zunächst 40.000 Reichstalern (RT) Kapital, verteilt auf 400 Aktien zu je 100 RT. Das Schiff, die „Eiderstedt", fuhr am 10.08.1871 erstmals mit

Abb. 14: Ochsendampfer „Schleswig", Tönninger Dampfschifffahrts-Gesellschaft

Abb. 15: Niederländische Ochsenschiffe – Dickbäuche, Plattbodenschiffe

280 Stück Hornvieh und 237 Schafen nach London-Blackwell. Am gleichen Tag fuhren ebenfalls drei englische Schiffe, die „Eider, Taurus und City of Norwich" mit 1.219 Rindern und 1.986 Schafen. Eine offene Kampfansage!

Die englischen Reeder hatten sich gegen deutsche Konkurrenz gewappnet und hatten den Eiderstedter Viehagenten A. Davids für die „General Steam Navigation Company" abgeworben. Die englische Stärke war offensichtlich, darum beschloss im November 1872 die TDSG, die „Eiderstedt" durch einen Neubau für 700 Rinder und 600 Schafe zu ersetzen. Den lohnenden Auftrag bekam aber eine englische Werft, die den Raddampfer „Dithmarschen" 1873 abliefern sollte. Zur Behauptung ihrer Marktmacht beschloss die TDSG noch einen Neubau, die „Schleswig", für 800 Stück Hornvieh und 1.300 Schafe.

Diesmal ging der Auftrag an die Norddeutsche Schiffbaugesellschaft in Kiel, mit besonders starken Maschinen, ausgeliefert 1875.

Das alles musste finanziert werden, daher kam es gleichzeitig zur Gründung der „Tönninger Darlehensbank" als AG mit kapitalstarken Viehhändlern und Fettgräsern als Anteilseigner.

Nächster Schritt im Handelskonflikt: Die englischen Spediteure übernahmen auch 1875 die Transportkosten für das Vieh vom Husumer Viehmarkt und die Bahnkosten von Husum nach Tönning. Es folgte ein gegenseitiger Unterbietungswettstreit, an dem die neue Tönninger Darlehensbank verdiente, denn diese stellte nun ebenso wie vorher die englischen Gesellschaften den nordfriesischen, teils Dithmarscher Gräsern die Transportkredite zur Verfügung und löste ebenfalls die in England auf hohe Summen ausgestellten Bankbills ein. Zwar führte das zur finanziellen Unabhängigkeit der TDSG, aber insgesamt schmälerten die harten Handelsbedingungen den Geschäftserfolg der Tönninger und der nordfriesischen Mitstreiter. Die Transportwege wurden schneller, von drei Tagen auf gut 30 Stunden verkürzt, die Tiere auf den Schiffen wurden besser versorgt, um die Verluste zu mindern. Es wurden 1881 neue Viehtränke-Einrichtungen installiert. Auch in Tönning wurden die Verladungen verbessert durch einen neuen Verladekai und einen eigenen großen Ochsenstall. In England waren im Namen der TDSG und der Viehkaufleute deutsche Agenten verantwortlich, die dort wohnten. Aber der Konflikt ging weiter. Die Engländer bestimmten für ausländisches Vieh statt des Viehmarktes Islington, der bis 1876 für dänisch-nordfriesisches Vieh zuständig war, den abgelegeneren Viehmarkt Deptford, auf dem 1–2 Engl. Pfund pro Tier weniger erlöst wurden, auch ein Affront gegen Tönning. Um 1880 brauchte der mächtige Tönninger Ochsendampfer „Schleswig" mit 800 Ochsen und 1.300 Schafen rund 36 Stunden nach Blackwell. Von Juli bis September fuhren sie wöchentliche Fracht, die Beladung in Husum war am Mittwoch oder Donnerstag nach dem Viehmarkt, das Schiff war am Sonnabend in London. Der dänische Raddampfer „Jylland" brauchte 1871 vom Limfjord bis London 48 Stunden. 1889 schaffte der neue englische Dampfer „Teutonic" 20 Knoten Geschwindigkeit. Nach 1876 war der Anteil nordfriesischen Viehs in England schrittweise gesunken, zugunsten importierten Viehs aus den Beneluxstaaten, Frankreich, Norwegen, sogar Kanada. Noch ein Schlag für nordfriesisches Vieh: Aus Hamburg schleppten im April 1888 Schafe die gefürchtete Maul- und Klauenseuche nach England ein, von dort zurück nach Nordfriesland und Schleswig-Holstein. England stoppte rigoros die Viehimporte. Große von der Seuche befallene Bestände wurden notgeschlachtet, die

Abb. 16: Dänischer Ochsendampfer Jylland, Linie Limfjord – London

Abb. 17: Englische Viehtransporter um 1885, Linie Tönning nach Blackwell/ London

Schäden von den Kreisen Eiderstedt und Husum bezahlt. Durch die harten Bekämpfungsmaßnahmen war Schleswig-Holstein zwar schon im August 1889 seuchenfrei, aber eine neue englische Regierung mit einem neuen Landwirtschaftsminister verweigerte die Wiederaufnahme von nordfriesischen Viehimporten. Die Tönninger Darlehensbank, inzwischen zur Schleswig-Holsteinbank umfirmiert und größte deutsche Viehhandelsbank, wollte die Kredite zurück. Alle diese Umstände deckten auf, dass die TDSG im Vergleich zu englischen Gesellschaften schwächer aufgestellt war, es fehlte auf nordfriesischer und Eiderstedter Seite auch an internationaler Geschäftserfahrung im Frachtwesen, Reedereigeschäft und Krisenmanagement. Die Schiffe Dithmarschen und Schleswig waren noch nicht bezahlt, die Methode der Abschreibungen wurde nicht ausgeschöpft. Die Lösung war die Abschreibung von Aktienkapital und die Streichung von Dividenden, die vorher gut sprudelten. Die drei Tönninger Schiffe waren ihrer Existenz als Viehtransporter beraubt und mussten ohne sichere Aufträge ihre Frachten europaweit bis Übersee selbst suchen, das war hoffnungslos. 1903 folgten Liquidierung des gesamten Aktienkapitals und Verkauf aller drei wertvollen Schiffe für 400.000 RM an eine Kieler Reederei.

Die Verbilligung und Verbesserung des Viehtransports von Husum und Tönning war grundsätzlich erreicht mit konkurrenzfähigen Schiffen, auch mit besserem Tierschutz zur Minderung von Verlusten, hatte aber letztlich keine Chancen gegen die mächtige „General Steam Navigation Company" im Schulterschluss mit neuer englischer Politik. England brauchte ab 1888 kein Vieh mehr aus Husum und Tönning, konnte den ungeheuren Einfuhrbedarf aus anderen europäischen Staaten und Übersee stillen – bald auch mit Gefrierfleisch. Alle Aktien „verbrannt", die Bank aber blieb im Geschäft.

Inzwischen war 1864/1867 Schleswig-Holstein preußisch/deutsch geworden.

Das nordfriesische Vieh fand ohne die Tönninger Dampfschifffahrtsgesellschaft seit Mitte der 1870er Jahre allmählich neue Absatzmärkte über die neuen Bahnlinien nach Süden.

Dänemark baute ohne das verlorene Herzogtum Schleswig seinen eigenen Handel nach Großbritannien auf, der bis heute mit Bacon, Schweine- und Rindfleisch anhält und eine sehr wichtige Säule von Dänemarks Wirtschaft bildet. Das Ende des Viehhandels mit Großbritannien 1888 wurde ausgeglichen durch eine Bevölkerungsexplosion in den Rheinlanden und stark steigenden Fleischkonsum, steigende Lebendviehpreise und hohe Nachfrage nach Nordfriesland-Rindern per Eisenbahn-Transport.

Der Husumer Viehmarkt erlebte ein rasantes Wachstum. Im Jahr des Eisenbahnbaues 1854 wurde der Eiderkanal zu klein, hinzu kam die Versandung der Eider. 1895 war der neue Kaiser-Wilhelm-Kanal fertig, ein Mammutprojekt des Kaiserreiches mitten durch Schleswig-Holstein. Der Viehtransport mit großen Ochsenschiffen verstärkte den Viehabtrieb per Bahn. Er ist lückenlos in Hafen- und Zolllisten dokumentiert.

Bürgermeister Gurlitt sorgte in Husum 1887 für den Bau eines neuen Großviehmarktes auf dem Kamp. Der wurde bis zum Ersten Weltkrieg zum größten, modernsten deutschen Viehmarkt, fugenlos mit Klinkern gepflastert, mit Mistabflüssen, statt alter Holzanbindungen nun eiserne Anbindungen des Husumer Eisenwerks Matz zur besseren Sauberhaltung. Es gab gut sechstausend Anbindeplätze, mit imposantem Viehmarkt-Eingangstor. 1912 wurden an die 100.000 Stück Vieh vermarktet, dazu Zehntausende Schafe. Dadurch verhinderte Bürgermeister Gurlitt Hamburgs Bestrebungen, zum größten Viehmarkt zu werden. Auf der Neustadt und Hinter der Neustadt gab es in Ställen tausende Stellplätze für Großvieh, Futterböden und Misthaufen, in Mauern eingefasst. In den Hotels Gottburgsen, Schulterblatt, Fuchs, Schumann u. a. logierten die Viehhändler.

Abb. 18: Postkarte des Hotels Schulterblatt

Viele Knechte und Treiber mussten untergebracht und versorgt werden. In Husum fanden auf dem Kamp Magerviehmärkte im Frühjahr und Fettviehmärkte im Herbst statt. Husums Viehmarkt wurde in Nordeuropa immer wichtiger für Händler aus den Niederlanden, Rheinlanden, Basel,

Berlin. 100 Jahre prägten Stallungen, Misthaufen, Stroh- und Heuhaufen das Stadtbild um die Neustadt. Marktbeschicker brauchten eine entsprechende Gastronomie, die Neustadt wurde eine der an Gaststätten reichsten Straßen Norddeutschlands. Zechen mit reichlich Speis und Trank bis in die Nacht gehörten zum Handel, die Hotellerie florierte. Noch 1970 warb das Hotel Schulterblatt am Wasserturm beim Viehmarkt auf eigenen Postkarten mit „Zimmer mit fließend Warmwasser und Stellplätzen für Vieh".

B. 5.8 Wie veränderte ab 1854 die Eisenbahn den Handel?

Ab 1846 wurde das Vieh aus Husum am Hafen verladen und nach Tönning verschifft, ab 1854 auch per Bahn. An der dänischen Bahnlinie 1854 von Flensburg über Husum bis Töning stand der erste Husumer Bahnhof, der „Englische Bahnhof", im dänischen Auftrag von englischen Geldgebern gebaut, auf Rödemisser Grund zwischen Rödemis und Husum. Dafür wurde die Rödemisser Poggenburg, ein großes Friesen-Bauernhaus, abgebrochen und um 1870 unweit südlich am heutigen Standort neu aufgebaut.

1854 bis 1888 nach dem Bau der „König Frederik VII. Südschleswigschen Eisenbahn" wurde das Vieh in Husum verladen nach Tönning zum Eiderkai, danach am Nordbahnhof an der Verladerampe nach Hamburg und weiter. Dafür wurde eine Brücke

Hornvieh Jahr	Hornvieh Stück	Hornvieh Jahr	Hornvieh Stück	Schafe Stück	davon Versand durch die Tönninger Dampfschiffahrts-Gesellschaft Hornvieh	davon Versand durch die Tönninger Dampfschiffahrts-Gesellschaft Schafe
1846	1 096		418 941			
1847	2 686	1869	33 416	26 165		
1848	1 777	1870	29 298	19 759		
1849	12 844	1871	37 266	51 617	4 639	1 773
1850	—	1872	38 878	44 191	5 254	6 010
1851	14 701	1873	38 123	48 959	8 301	8 673
1852	19 584	1874	44 721	46 752	12 362	11 834
1853	20 798	1975	43 004	60 507	17 150	18 255
1854	19 367	1876	49 440	59 582	18 603	21 007
1855	18 067	1877	35 042	57 876	12 848	19 932
1856	14 404	1878	31 076	52 608	12 897	22 078
1857	14 534	1879	24 620	46 010	8 391	16 692
1858	11 071	1880	24 764	48 100	8 186	14 658
1859	21 930	1881	24 573	44 504	7 967	14 514
1860	24 811	1882	29 904	45 903	11 611	14 559
1861	23 528	1883	28 260	50 266	15 073	24 043
1862	23 658	1884	23 735	50 313	9 737	20 543
1863	29 529	1885	18 390	45 109	6 314	17 929
1864	31 320	1886	8 342	54 536	2 685	21 424
1865	38 999	1887	10 282	48 282	3 777	19 739
1866	33 905	1888	14 315	46 684	8 999 *)	34 337 *)
1867	33 934		1 036 390	947 723	174 794	308 000
1868	36 398		42 Jahre, jährlich ca. 25 000 Stück	20 Jahre, jährlich ca. 47 000 Stück	18 Jahre, jährlich ca. 9 700	17 100
	448 941					

Abb. 19: Hornvieh- und Schafexport ab 1846 von Tönning u. Husum

über die Husumer Au am westlichen Stadtrand gebaut. Die Viehverfrachtung von Husum in die Rheinlande bis in die Schweiz erfolgte über die 1887 fertige Marschenbahn zwischen Tondern und Hamburg und weitere Bahnlinien.
Die Eisenbahnprojekte entstanden bis 1864 unter englischer Führung im dänischen Auftrag:
Die „North of Europe Steam Navigation Company" forcierte den Bau imposanter Packhäuser in Tönning und Flensburg mit modernsten Kränen, größer als in Kopenhagen. Der Eisenbahnbau in Schleswig-Holstein führte zum Strukturwandel, bedeutete das Aus für die 1000 Jahre alten Viehtriften, forcierte aber auch den Handel im Deutschen Reich. Der Bahntransport Flensburg-Husum-Tönning ab 1854 war ein Segen für den Viehhandel, noch mehr ab 1888 die Marschbahn von Hamburg nach Tondern.
Es entwickelte sich in Husum ein Großvieh-Versandmarkt mit Verladerampe am Nordbahnhof. 1910 entstand nah am ersten Bahnhof von 1854 der „Marschbahnhof".
Nach den Kriegen 1864, 1866 und 1871 wurde das alte Herzogtum Schleswig Teil des Deutschen Reiches, verlor den nordfriesischen Norden und Tondern, das brachte Einbußen auf deutscher und dänischer Seite. Gleich begann eine Orientierung der Wirtschaft des Landesteils Schleswig nach Süden ins große neue Reich, auch für den Husumer Viehhandel. Immer mehr Viehhändler handelten auf dem Husumer Viehmarkt. Ab 1878 fuhren die ersten Sonder-Viehzüge nach Hamburg, in die Rheinlande und weiter bis nach Basel. Auch nach dem englischen Importstopp 1888 lief der Viehmarktbetrieb nach kurzem Minderumsatz weiter. Ab 1894 gab es die Husumer Viehausstellung mit Kunden aus ganz Deutschland. 1870–1914 boomte der Viehmarkt, musste ständig ausgebaut werden. Der neue Viehmarkt von 1906 vor der Neustadt bot Platz für über 6.000 Rinder und 2.000 Schafe und war deutschlandweit ein Vorzeige-Viehmarkt in Beton und Stahl. Der Viehmarkt war ausgestattet mit Veterinärmedizinern, mit Seuchen- und Quarantänestall. Ein gesunder Viehmarktbesatz garantierte Millionen an Einnahmen jährlich. Der Husumer Viehmarkt mit den Husumer Markt-Notierungen wurde tonangebend für das Reich, die Husumer Preislisten für Weidemastvieh bestanden bis 1934 und später wieder ab 1950. Ab 1914 galt der Handel mit Lebendgewicht auf geeichten Viehwaagen. Der Viehtransport wurde organisiert per Güterwaggons auf neuen Bahnstrecken nach Hamburg und darüber hinaus. Eine neue Bahnlinie wurde ab 1910 über Mildstedt, Rantrum, Schwabstedt, Erfde nach Rendsburg und Kiel verlegt – große Schritte zur Erschließung ländlicher Gebiete. Husum bekam 1887 den neuen Nordbahnhof und 1912 an der 1888 fertigen Marschbahnlinie den größeren Marschbahnhof als Bahnknotenpunkt. Die Bahnstrecke lief von Hamburg nach Tondern und per Abstecher nach Hoyer mit Schiffstransit nach Sylt. Diese Marschbahnlinie wurde 1927 als Kraftanstrengung der Weimarer Republik als Nachfolgestaat des Kaiserreiches mit dem

Hindenburgdamm und einem Abzweig von Niebüll über Klanxbüll nach Sylt an die neuen Grenzen angepasst.
Tondern gehörte seit der Volksabstimmung gemäß Versailler Vertrag 1920 zu Dänemark. Bahntransporte mit Vieh von Dänemark bis Basel z. B. wurden in den Zwanziger Jahren in nur 36 Stunden mit Eil-Güterzügen durchgeführt. Bahnbrechend für den Transport von Frischwaren per Schiff und per Eisenbahn war in den USA die Erfindung von Kühlwaggons. Damit konnte auch in Europa Fleisch von den Erzeuger- in die Verbraucherzentren geliefert werden. Lebendtransport und Viehtrieb über weite Entfernungen waren bald Geschichte. Die Eisenbahn war dreimal schneller als Pferdewagen. Ab 1870 wurden Fettvieh-Transporte mit Eil-Güterzügen eingeführt. Aber es gab Transportprobleme: Sollten die Waggons offen oder geschlossen sein? Wie sollte die Viehanbindung, die Lüftung, die Fütterung, die Tränkung gebaut werden? Die Viehwaggons waren 7 m lang, für 8–12 Rinder quer zur Achse, Güterzüge durften im Kaiserreich nur 120 Wagenachsen haben, maximal 60 Waggons, aber die Gütertransportzüge waren meistens kürzer, um beweglicher zu sein. Die Eisenbahn wurde von 1854 bis etwa 1914 mit der Fertigstellung des Marschenbahnhofs Husum der wichtigste Verkehrsträger. Dafür wurden vom Arbeiter über Dienstboten, Schaffner, Heizer, Lokführer, Bahnbeamte und deren Angehörige über die Jahre Tausende Arbeitsplätze einschließlich Arbeits- und Wohnräume benötigt – noch ein Pushfaktor für Husum.

C Wie entwickelte sich Husum als Handelsstadt?

Im Laufe der Zeiten bildeten sich schon frühzeitig die Gewerbezweige heraus, die für eine wachsende Kauf- und Handelsstadt wie Husum als wichtigster Markt der Westküste unabdingbar waren. Schon rund 80 Jahre nach der Rungholtflut 1362 hatte sich Husum in den höheren Siedlungen Wester- und Osterhusum mit zahlreichen Zuzügen von Arbeitskräften aus den Utlanden als Folge von früher Landflucht zum wichtigsten Marktplatz der Westküste mit einer ansässigen Handwerker- und Kaufmannschaft entwickelt. Husum war der natürliche Marktplatz für überschüssige Landwirtschaftserzeugnisse der Insel Strand und der Umgebung. Lange vorher gab es die bedeutendere friesisch-niederländische Ripenfahrt mit Kauffahrteischiffen. Der weitere Seeweg nördlich um Jammerbucht, Skagerrak und Kattegat herum in die Ostsee war unsicher. Einmal durch die Schweden, die mit den Dänen im Streit lagen, vor allem aber wegen der Untiefen, Sandbänke, Stürme – dort gab es viele Schiffshavarien und einen wachsenden Schiffsfriedhof. König Christian hatte die Gunst der Lage Husums am schiffbaren Heverstrom durch die Utlande und an der

schmalsten Stelle des Herzogtums erkannt: Nur rund 40 Kilometer bis Flensburg und nach Schleswig – Husum war ein attraktiver Handelsplatz und der natürliche Brückenkopf an der Wasserkante.
1460, im Freiheitsbrief und Vertrag von Ripen, stattete der junge König Christian I. aus dem Hause Oldenburg die Hansestädte Lübeck und Hamburg mit Privilegien zum freien Warenverkehr aus den Herzogtümern aus – bemüht um gute Handelsbeziehungen zu den Hanse-Nachbarn. Die waren auf reibungslose Einfuhren von Getreide und Vieh angewiesen und darum wichtige Absatzmärkte – vor den Toren Hamburgs lagen die großen Ochsenmärkte Wedel und Itzehoe. 1461 verlieh darum der Dänenkönig König Christian I. den Amsterdamer und holländisch-friesischen Kaufleuten als Privileg das Stapelrecht an der Husumer Schiffbrücke mit noch stärkerem Handel bis hinüber nach Flensburg und zur Ostsee. Es wurde wie damals üblich auf Niedersächsisch, also Niederdeutsch, verfasst und verspricht den Kauffahrteischiffern:
„... dat de Kooplude, borger unde inwoner der stad Amstelredame ... mid eren schepen unde guderen segelen mogen beth to Husum, sodane guder dar sulvest to Husem utschepen, unde vortan over lant to foren laten beth to Flensborch unde de sulven guder se dar sulvest to Flensborch wedder inschepen mogen unde dar mede segelen wo en gelustet".
Übersetzt heißt das: „... dass die Kaufleute, Bürger und Einwohner der Stadt Amsterdam ... mit ihren Schiffen und Gütern segeln mögen bis nach Husum, solche Güter daselbst zu Husum ausschiffen, und weiter über Land zu fahren lassen bis nach Flensburg und sie die selben Güter daselbst wieder einschiffen mögen und damit segeln, wo es ihnen gelüstet".
Das war für die Husumer Kaufleute, Handwerker, Fuhrleute, Pferdeställe die Garantie für Arbeit, Erwerb, Gewinn mit Zukunftsperspektive, verbunden mit einer festen Schiffbrücke, einem Kran, festen Straßen wie Schiffbrücke und Wasserreihe mit Lagerhäusern und Speichern (siehe unten beim Punkt Hafen). Der König gewährte 1488 Husum, seit 1421 Blecke, die Zollfreiheit zur Förderung von überregionalem Handel und Gewerbe ähnlich wie Ripen, der königlichen Enklave im Nordwesten. Husum bekam erweiterte Rechte und 1465 ein Stadtwappen, erhielt 1582 das Weichbildrecht, 1603 die Stadtgerechtigkeit, das bekräftigte Stadtrecht 1608. Im Verlauf wurden die bestehenden Handwerkervereinigungen und Gilden wie Schützengilde, Schiffergilde herzoglich immer wieder bestätigt. Die Schiffergilde, schon erwähnt um 1500, aus 23 Mitgliedern, Mann- und Bootsgesellen zu Husum, dokumentierte ihre Beliebung erst 1649 unter Herzog Friedrich. Die Gründungsurkunde zeigt die Gildeabgaben für Schiffshandelsreisen in französische, flandrische, dänische, englische, schottische, holländische, hansische, friesische Häfen und Flusseinfahrten. Kapitäne wurden in der Urkunde nicht genannt. Nun zu den einflussreichen Zünften in Husum:

Parallel dazu wurden für die Handwerker wie Bäcker, Böttcher, Brauer, Krämer, Maurer, Müller, Tischler, Zimmerer, Leineweber, Färber, Schneider, Schuhmacher, Sattler, Schlosser, Schmiede, Schornsteinfeger Schritt für Schritt die nötigen Gewerbeordnungen geschaffen, „Arbeitsrollen" oder „Rollen" der Handwerkerämter, heute würde man sie „Innungen" nennen (siehe Unterkapitel hinten bei Commerzium, Innungen, Werbegemeinschaft). Sie hatten Einfluss auf kommunale Belange und setzten für ihre Interessenverbände in Husum Ämter und ihre Ältermänner gleichsam als Innungsmeister ein. Die ersten vier Ämter waren Schuster, Schneider, Schmiede und Bäcker. Daraus wurden Zünfte, aber diese herzoglich-dänischen Zünfte hatten weniger Einfluss in der Stadt als in den deutschen Städten.

1488 erhielt Husum vom König Johann, Sohn Christians I., das Privileg der Zollfreiheit und 1493 das Privileg, dass fremde Kaufleute nur drei Tage pro Jahr in Husum frei handeln durften. Bedeutend war die Prägung des Husumer Talers als ersten königlich dänischen Taler, sechs Jahre vor dem ersten Taler der Hansestadt Lübeck. Geprägt wurde der Silbertaler nur kurze Zeit in der Münze am Markt. Die Münze wurde nach 1619 zum Stadthaus der Herzogin Augusta von Dänemark umgebaut. Ein Exemplar gehört zur Husumer Bürgermeisterkette, ein anderes liegt in der Landesbibliothek Kiel. Der Taler gehört zu den wertvollsten Talermünzen, insgesamt sind elf Münzen bekannt, eine wurde (HN, 19.6.2020) für 75.000 Euro im Auktionshaus Künker, Osnabrück, versteigert.

Abb. 20: Husumer Taler von 1522

C.1 Wie lief der frühe Handel in Husum?

Gehandelt, oft Getreide gegen Handelswaren, wurde in den höher gelegenen Dörfern Wester- und Osterhusum, Norderhusum und Rödemis ab dem 14. Jahrhundert, als Mildstedt Haupt- und Kirchort war. Seit 1355 ist Handel zwischen der Edomsharde und Flandern belegt, seit 1362 mit Hamburg. Husum wuchs erst nach 1362 über etwa eine Generation zu einem Marktort zusammen; es siedelten sich Utlandefriesen, Handwerker, Knechte, Höker, Kaufleute, Seeleute auf der Nordseite der Mühlenau an.

Seit 1453 wurde in Husum Bier gebraut, 1465 wurde Husum zum Marktflecken mit Wappen. Getreide-, Hopfen- und Malzhandel sowie Braugerste waren für die aufstrebende Kauf-, Müller-, Brauer- und Mälzerstadt Husum ein florierender Wirtschaftszweig während des 16. Jahrhunderts und brachten Wohlstand.
Was ist Malz? Malz ist eine unabdingbare Zutat zum Bierbrauen. Braugetreide – Gerste, Weizen, Dinkel – wird vorgekeimt, beim Keimvorgang treibt das Getreidekorn aus und bildet dabei wertvolle Enzyme, die später beim Brauvorgang in Zucker umgewandelt werden. Der Keimvorgang wird gestoppt und das jeweilige Getreide wird auf der Darre getrocknet. Darren – Holzgestelle in Schuppen teils mit Möglichkeit einer zusätzlichen Feuerung von unten zum Trocknen – gab es früher rund um die Braustätten auf den Dörfern und Getreidehöfen. Sie wurden auch für das Darren von Flachs gebraucht, der gebrochen, also von den harten Außenhüllen getrennt werden musste. Je nach Getreideart wird das Bier beim Brauen dunkler oder heller, ob es für Pilsener Bier oder andere Bierarten wie Altbier, Kölsch oder das Irische und Englische Ale gebraucht wird. Sehr dunkel ist Malzbier mit hohem Zucker-, aber geringem Alkoholgehalt. Husumer Malz wurde in Mengen exportiert, neben Bier. Wohlhabend durch Handel auf eigenen Schiffen wurden ab dem 18. Jahrhundert die Kaufherren Woldsen und Feddersen. 1597 erließ der Gottorfer Herzog Johann Adolf willkürlich ein Exportverbot für Malz aus Husum nach Emden, zugunsten seines Schwagers Graf Enno von Ostfriesland, Herr über Emden. Ein Nachteil für die Husumer, die am Malzhandel mit ihren Schiffen gut verdienten. Emden baute eine eigene Malzherstellung auf, die Gottorf wirtschaftlich schadete, es kamen weniger Steuern nach Husum bzw. Gottorf. Die Malzausfuhr aus Husum übertraf vorher die Getreideausfuhr von Gerste, Roggen, Hafer, Weizen. Das Exportverbot führte 1603 **(Tab. II a)** zu Malzmangel in Husum, deshalb fuhr ein wöchentlicher Frachtwagen zwischen Flensburg und Husum mit Malz für Husums Brauereien. Flensburg exportierte selbst Malz über den Transithafen Husum (*Jürgens*, S. 259 ff.).

Tab. II a: Zoll Husum: Malzexport vor 1600 – in Lasten (1 Last = knapp 2.000 kg):

Jahr	Malzexport
1553	33 1/2 Lasten
1582	954 3/4 Lasten
1583	989 1/2 Lasten, 16 1/2 alte to
1587 (z.T.):	999 Lasten
1590	1.359 1/2 Lasten
1595	1.538 Lasten, 156 alte to
1598	553 Lasten 84 t
1603	244 1/4 Lasten, 39 alte to

Tab. II b: Zollrechnung Gottorf – nordfriesisch-Husumer Handel Richtung Süden		
1485	am 20.09.	12 Friesenwagen mit Butter, Salz und Wobbe zum Rendsburger Markt,
	am 30.09.	7 Friesenwagen dito, zum Eckernförder Markt,
	am 1.10.	8 Friesenwagen dito zum Kieler Markt,
1491	am 19.09.	18 Friesenwagen mit Butter und Wobbe zum Rendsburger Markt,
	am 27.09.	11 Friesenwagen dito nach Eckernförde;
	am 1.10.	13 Friesenwagen nach Kiel.
Produkte wie Käse und friesische Butter gelangten lt. Zolllisten im 15. Jh. und verstärkt aus „Holländereien" im 17. Jh. von Husum über Rendsburg bis Emden, Deventer, Hoorn (Enemark, S. 93).		
1617	1.7500.00 Pfund	
1624	1.385.557 Pfund	

Für 1497 steht für den Transport von Butter, Wobbe, das ist alltägliches, beliebtes Leinen, und weiteren Gütern auf andere Märkte der niederdeutsche Vermerk über die Handelswaren: „... dat de lude vorden in den market tho Rendsborch". Übersetzt: Die Waren, die „die Leute fuhren in den Markt zu Rendsburg." Mit „Leute" sind die Nordfriesen gemeint. Für Pferde und Rinder als Lebendware gibt es Zolleinträge für Gottorf, Husum, Emden.

Husum war (siehe *Hansen*) Marktplatz für folgende Waren:

Von Eiderstedt, Strand, Norder- u. Südergooesharde: „Fettvieh, Butter, Käse, Weizen, Raps; von der Geest und aus Jütland: Magervieh, Pferde, junge Schweine, Torf, Holz; von den Halligen: Wolle, Butter, Schafe, Eier, Seekrabben, Fische; von Föhr: Hafer, Krickenten; von Amrum: Fische, Dachstricke; von Sylt: Austern, Gerste, Wollwaren; vom nordfriesischen Helgoland: alle Fische, auch Hummer".

Anmerkung: Die alten Maße, Münzen und Gewichte der Herzogtümer, Dänemarks und der Nachbar-Anrainer sind regional und nach Herrschaftsbestimmungen ähnlich, aber doch unterschiedlich, das betrifft z. B. die Maße Demat, Scheffel, Schepel oder Schippsaat, Morgen und Commerzlast, Last und Schiffslast, Fuß, Fass, Elle, Rute, Tonne siehe hinten in der Literatur: *Lorenzen-Schmidt,* Neumünster 1990.

Die Kaufleute lagerten das Getreide auf Speicherböden. Husum profitierte als Hauptmarkt für die umgebenden Harden, die Utlande und Eiderstedt vom Handel und Tauschhandel. Die Bevorratung fand traditionell auf dem Herbst-Michaelismarkt statt: Eisen- und Metallwaren, Ellenwaren, Stoffe, Lederwaren, Holz, Tauwerk, Torf, Kaffee, Zucker, Sirup, Tee, Pflaumen, Branntwein, Bier, Gemüse, Salz und Gewürze. Bezahlt wurde mit Silbergeld: Schilling, Danske Mark, Rijks- und Rigsdaler,

Speciesdaler, Dukaten, Courantgeld und Kupfer-Sechs- und Dreilingen – es gab viel Zählerei, fremdes Silbergeld wurde nach Gewicht berechnet.
Um 1500 wurden am Gottorfer Zoll rund 50 Kaufleute aus Husum genannt (s. *Schwetlik*). Es sind Händler als Perdekoper (Pferdekäufer) und Ochsenhändler. Hier einige von *Schwetlik* namentlich aufgeführten Händler aus Husum:

a) *Großviehhändler Hans Knutteß* – hat enge Beziehungen zur Königsfamilie. Verzollt zwischen 1485 und 1511 im Frühjahrs- und Herbstviehmarkt 1269 Ochsen und einige Pferde.
b) *Hermen Reepsleger* – von 1484 bis 1497 gelistet mit 721 Ochsen und Kupferwaren.
c) *Wessel Goldsmit:* Großviehexporteur, Seekaufmann, Klostervorsteher von St. Jürgen in Husum; 1491 bis 1519 verzollt er 305 Ochsen und Pferde. Weitere Husumer *Viehhändler um 1500: Jacob Goldsmit, Ingwer Holste, Melchior Kiekebusch.*

Erstaunlich sind Zahlen zum Pferdehandel. Seit dem Mittelalter wurden Pferde aus West-, Ost- und Nordfriesland in Zolllisten und Beschreibungen erwähnt. Aus Husum erfasst wurden 1553–1603 jährlich rund 100 bis 200 Exportpferde am Zoll Gottorf, wo aus Husum und Nordfriesland ausgeführte Pferde auf dem Ochsenweg verzollt wurden (*Jürgens*, S. 284):
Der „Kaiserliche Krieg 1627–1629" mit Schatzungen durch die Wallenstein-Truppen führten zu heftigen Einbrüchen für Husum.

Tab. III: Pferdehandel aus Nordfriesland am Gottorfer Zoll in Beispieljahren:	
1565	1.645 Pferde
1591	3.410 Pferde
1595	2.955 Pferde
1598	3.408 Pferde
1604	4.112 Pferde
1605	3.946 Pferde

In Dänemark wurden ... friesische Hengste und Stuten angekauft, um die dänische Zucht zu verbessern. ... Viele dieser Pferde wurden ohne Zweifel in Nordfriesland eingekauft, wo der Pferdehandel ein wichtiger Wirtschaftszweig war. ... Die Nordfriesen kamen ... aus Eiderstedt ... aus der Bökingharde ... von Husum ... In Nordfriesland ... war die Pferdezucht eine Spezialität ... der ganzen Bevölkerung" (*Enemark*, S. 95 f.).

Die friesische Horsbüllharde trägt das Pferd im Wappen; „Pferd" heißt laut *Mensing* (1927) auf Mittelniedersächsisch, Plattdeutsch, *Hors*, vgl. engl. *Horse*; gleichlautend heißt es auch auf Friesisch *hors.* Horsbüll, die „Pferdestätte". Nordfriesen aus Eiderstedt, den Goesharden, der Horsbüllharde und Bökingharde traten auf den

Abb. 21: Husum um 1600 von Süden, ohne Rathaus (Gemälde von Jakob Hopp)

Pferdemärkten in Ripen und Holstebro seit dem späten Mittelalter oft als Aufkäufer für Fohlen auf, die sie aufgezogen und mit großem Gewinn weiter verhandelten. Neben den Hauptgütern Ochsen, Pferde, Malz, Gerste, Hafer, Käse, Butter, Roggen, Speck spielte schon um 1500 auch der Export von Tierfellen und Wolle aus Husum und Eiderstedt eine größere Rolle. Wolle war bis etwa 1965 ein Handelsartikel, z. B. für CJ Schmidt und Kaufmann Andresen vom Osterende, verarbeitet in mehreren Strickereien und Spinnereien in und um Husum.

C.1.1 Wie verliefen Salztorfgewinnug und Salzhandel in Nordfriesland?

Salz war im Mittelalter über Jahrhunderte um Nord- und Ostsee ein wichtiges, hochwertiges Handelsgut, mit dem Erzeuger, Händler, Kaufleute, der Staat als Steuereinnehmer gutes Geld verdienen konnten. Salz war lebenswichtig für die Ernährung, für die Haltbarmachung und Konservierung von Lebensmitteln wie Fisch und Fleisch – zumal in vorreformatorischen Zeiten mit strengen Fastenregeln und mit hohem Fischkonsum rund um die Ostsee und Nordsee. Billiger Hering war bei den ärmeren Schichten ein Grundnahrungsmittel. Zur Konservierung von fünf Tonnen Salzhering wurde – je nach Maßfestsetzung – 136 kg Salz benötigt. Es gab die drei Quellen Meersalz, Steinsalz und Friesensalz. Das Meersalz wurde im mediterranen Südfrankreich, der Iberischen Halbinsel und der Mittelmeerregion erzeugt und wurde erst in der Neuzeit in Nordeuropa verfügbar durch spanisch-flandrische Schiffe, die Salz in die Herzogtümer, Dänemark und Skandinavien exportierten und nach 1600 das *Friesensalz* verdrängten. Das beste Steinsalz kam meist aus Lüneburg, gelangte schon im Mittelalter zu Lande und zu Wasser über den Stecknitzkanal nach Hamburg, Holstein und Lübeck, wo es für die Fischverarbeitung gebraucht wurde. Salz kam auch aus der Hansestadt Krakau, aus Berchtesgaden oder Salzburg, mit Monopolen abgeschirmt, wie das Lüneburger Salz, oder von den Fuggern und ihren Salzminen am Alpenrand.

Friesensalz und dessen Gewinnung in Salzbuden, Salzhütten, wird schon in den isländischen Sagas als „brænnestellar" - Salzbrennereien - erwähnt (*Beccau,* S. 2): Salzgewinnung aus Salztorf gab es seit dem frühen Mittelalter an der Nordseeküste von Flandern über Holland und in den drei Frieslanden, hier in Nordfriesland also gleich vor der Haustür Husums in der Utlande. Es wurde vorwiegend in Familien- und Dorfgemeinschaften aus Salztorf gewonnen. Salztorf entstand im Zuge nacheiszeitlicher Wasserstandserhöhungen mit Moorbildungen und darüber Ablagerungen von Schlick, Sand und Klei. Die Meeresküstenbewohner kannten, gezwungen zur eigenen Salzgewinnung infolge fehlender anderer Bezugsquellen, die Salzgewinnung aus Salztorf. Der wurde um den „Strand", südlich um Rungholt und nördlich um die Hallig Langeneß großflächig abgebaut. Belegt ist der frühe Salzhandel mit Friesensalz um 1000 n. Chr. in Ripen/Ribe und in Haithabu.

Das Wort „Hallig" könnte etymologisch nach Ansicht von Sprachforschern wohl vom indoeuropäischen Wort „Hall, Halos" für Salz abstammen, ähnlich in Hallstadt, Hallein, Hall. Letztlich ist die Herkunft nicht geklärt (*Mensing*, Stichwort *Hallig*). In römischen Quellen (Tacitus) wurde diese Salzgewinnung aus Torf erwähnt, später machte das Friesensalz, das „Weiße Gold" der Friesen, etwa zwischen 1200 und 1362 Rungholt reich, war bis etwa um 1600 eine Säule des friesischen Handels, bevor es verdrängt wurde vom massenhaft gewonnenen Meersalz mediterraner Regionen. Der Chronist *Petreus* beschreibt in seinen Schriften über Nordstrand die Salzgewinnung aus Salztorf in Nordfriesland, einer dichter bevölkerten Region. Allein „Strand" als ungeteilte Insel vor 1634 hatte nach *Petreus* rund 8.500 Einwohner in rund 1.800 Haushalten. Die Einwohnerzahl Nordfrieslands mit den Inseln Röm, Sylt, Föhr, Amrum, vielen Kirchdörfern und Marktflecken des Festlands um 1600 ist nicht bekannt, vielleicht 40.000. Es gab einen hohen Salzbedarf für den Eigenbedarf und für Fisch- und Fleischkonservierung.

Der Nordstrander Chronist *Petreus* berichtet über diese Salzgewinnung auf Nordstrand in damaligem Niederdeutsch (*Petreus*, S. 90 f.):

„Solt wert ock in dißem lande wunderwercklich gemacket; men grefft buten dickes in den schlicken under dem solten water, wens dorch de ebb verlopen, ein swart morecht erd thohanden, wert mit der schute effte ever tholande, wens water wedderkompt, gefohret, upgebracht ... uthgebbreidet, vom wind und sonne gedorret, angesteckt und tho aschen gebrent, darna de asche mit soltem water weinig gefuchten und bi groten hupen spitzig und dicht thosahmen geschlagen, mit rasen bedecket beth thom hervest, dor men den soltkaten ... by den seedicken hefft, dar alßdan de asche ... in grote ballien ... gemacket; im oversten deel wert de asche op dem middlern boden, so mit solte grone rasen avergelecht ... worup den see- edder soltwater gelathen, suvert und tocht durch die asche und wert darvon ein rode sall effte pekel, de alßdan in ein brede isern ketell gesaden, gifft ricklich solt, schon, witt und klein gekornet, thom daglicken gebruck nutzlich und gutt, allein dat idt ein bittern smack ... thom speck und tagliche spise kans woll genuttet werden. Van den insulanis und halligluden werts in Dennemarcken verfohret und gemeinlich umme roggen verbütet."

Der Petreus-Bericht frei übersetzt ins Hochdeutsche:

1. Ein niedriger Sommer- oder Kajedeich schützt den Salztorf-Abbau im Deich-Vorland und den etwas zurückliegenden Torf-Lagerplatz mit den Salzwarft-Bauten vor der Nordseeflut.
2. Die Deckschicht über dem verorteten Torf wird in großen Schollen streifenweise mit Spaten abgetragen, um an die Torfschicht zu kommen – **siehe auch Abb. 22.**
3. Der Torf wird nun in Streifen gestochen, auf Schuten oder Ewer verladen und bei aufgelaufenem Wasser auf die Salzwarft verfrachtet, wo er zum Trocknen ausgebreitet wird.
4. Es wird die zweite Deckschicht blockweise in Streifen abgetragen und damit der vorherige Torfgraben verfüllt – so geht das je nach geplanter Fläche streifenweise weiter.
5. Auf der Salzwarft am Deich oder auf höherem Vorland wird der getrocknete Torf aufgeschichtet, mit einem Ringwall aus Erde umgeben und verbrannt.
6. Der Haufen Asche wird angefeuchtet, um ihn besser portionieren zu können, mit Soden vor Regenauswaschung geschützt und portionsweise von den Salzsiedern der Salzwarft in flache Kessel mit einem mit Stroh abgedeckten Bodenabfluss verbracht, mit Meerwasser von oben solange gewässert, bis unten eine gesättigte Sole, auch Sall oder Pekel, vergleiche das Wort „Pökel", entstanden ist.
7. Dieser Pekel wird in breiten Kesseln mit Torf- oder Holzfeuer erhitzt, bis er verdampft ist, das Friesensalz entnommen und gehandelt, z. B. gegen Roggen getauscht werden kann.

Der bittere Geschmack, vor dem *Petreus* warnt, liegt bei diesem Salz aus Torf wie auch beim Meersalz am hohen mineralischen Anteil an Magnesiumsalzen, etwa 19 %, hatte auch noch feine Aschereste, die es bitterer als Steinsalz machten, nach heutigen Kenntnissen wohl sehr gesund. Zum Buttersalzen war es nicht geeignet. Salztorf wurde um Rungholt bis 1362, später um Südfall herum weniger, aber am meisten bei Hooge bis Langeneß und an der Küste auf großen Flächen abgebaut; *Küster 1995* nennt 40.000 Hektar Salztorfabbaufläche, andere gar von zweifelhaften 1000 Quadratkilometern – siehe bei *Schott*. Auch in und vor Husum gab es Salzsiederei und Salzbuden, siehe Ortsteil Soltbargen heute. Auch im wichtigen Nachbarort Rödemis, zu Kirchspiel Mildstedt gehörig, gab es eine Salzsiederei. Die Rungholtflut brachte für Jahre den Salztorfabbau zum Erliegen, es fehlte das lebenswichtige Salz. *Laß* notiert für 1380, dass es in Husum 300 Tote wegen Salzmangel gegeben habe, kann dies aber nicht belegen. Diese großflächige Bodenabgrabung hat zur Tieferlegung großer Flächen in den Vorländereien, verstärkt durch Entwässerung mit Sielzügen, Zuggräben, Sielen und Pumpwerken, auch binnendeichs geführt. Schließlich hatte Herzog Adolf in den Niederlanden viel über Deich- und Sielbau sowie über Entwässerung der Marschen gelernt. Das wohlhabende Norderdithmarschen fiel 1559, die reiche Insel Strand als Speisekammer für Husum und die herzogliche Schloss-Hofhaltung 1581 den Gottorpern zu. Von Strand kam vor allem im Mittelalter bis 1362 viel Friesensalz. *Jensen* berichtet „achthundert Pfund Asche lieferten dreihundert Pfund Salz" (*Jensen* 1891/1927, S. 8). Bei *Küster* (1936) heißt es, dass in der Rungholtzeit 1.000 Pfund Trockentorf 250 Pfund Salztorfasche ergeben, woraus 100 Pfund Salz gewonnen wurden. Rund 1.000 g Fisch machte man haltbar mit 100 g Salz (ZDF Info, 29.11.2022, 21.45 Uhr). Das war verbunden mit dem Einsatz vieler Arbeitskräfte, vieler Materialien und Brennstoffe und viel Umweltverschmutzung. Bis dahin war dieses Salz ein hochpreisiges Lebensmittel, wurde mit schierem Silberpfund, sogenanntem „Stere" Silber, d. h. echtes, unverfälschtes Silber, Herkunft England, bezahlt – siehe die englische Währung Pfund Sterling. Trotzdem war Friesensalz so begehrt, dass es hoch besteuert auf Salzmärkten in Haithabu, später in Rungholt bis 1361, vor allem in Ripen/Ribe, der ältesten dänischen Königsstadt, seit der Wikingerzeit verhandelt wurde. Ripens Salzmarkt war um den Mariengeburtstag, dem 8. September, acht Tage lang mit Abnehmern in Dänemark bis nach Norwegen und England. Dieser Salzhandel mit einem teureren als dem Steinsalz aus den Fuggerschen Salzminen war Kaiser Karl V. ein Dorn im Auge, er verbot es 1521 in seinem Reich. So bekam Ribe das Salzmonopol für friesisches Salz aus dem dänischen Nordfriesland. Handelskonflikte um Salz gab es mit Ribe, Haupthandelsplatz für die nördliche Hälfte Nordfrieslands, in der gottorfschen Zeit ab 1544. *Jürgens* berichtet, dass 1605 allein 56 Friesenschiffe mit Salz in Ribe einliefen (S. 87). Ribe, wichtigster dänischer Hafen an der Westküste, verlieh 1621 das Salz-Monopol an die „Spanische Salzkompanie" für billigeres spanisches Salz. Wichtiger für das alte Friesensalz, das aus den vielen Salzbuden und Salzwarften der Utlande meist per Schiff nach Ribe transportiert wurde, war die „Ripener Kompanie". Diese hatte das

Monopol auf Friesensalz, das brachte pro Tonne Salz 4 Schilling extra. Die Ripener Kompanie hat (*Enemark*, S. 90) den friesischen Salzlieferanten die Vertriebsrechte für diese 4 Schilling Steuer Zahlung extra pro Tonne Salz abgetreten.
Der Gewinn betrug für die Kompanie 850 Rigsdaler in drei Jahren, demnach war der Bedarf an Friesensalz in den Zeiten knappen spanischen Salzes als Folge des niederländischen Krieges mit Spanien hoch. Weil die größten Salztorf-Gebiete nördlich von Strand lagen, brachten Schiffe aus Dagebüll, Fahretoft, Galmsbüll und kleinen Häfen das Friesensalz nach Ribe, dem Monopol-Standort, wo es tonnenweise – eine Tonne zu 136 kg – in den Handel kam. Galmsbüll in der Nachbarschaft zu den größten Salztorfabbauflächen betrieb noch bis 1782 die Salzsiederei. Friesensalz wurde in Zeiten des fehlenden Salznachschubs aus Spanien bis nach Lübeck, Norwegen, Emden verhandelt. Tonderns Hafen wurde wegen der Eindeichung vorgelagerter Köge und der Verschlickung der Wiedau unbefahrbarer und verlor ähnlich wie Husum an Bedeutung. Ribe als Haupthandelsplatz für friesisches Salz nutzte seine Macht gegen die Interessen friesischer Kaufleute. Dieser Streit wurde 1576 im *Rezeß von Kolding* vom König geschlichtet mit der Erlaubnis des freien Handels (*Jürgens*, S. 67).
Die Salzstätten vor Husum wurden herrschaftlich gegen Gebühren verpachtet, bis ab 1728 der Salzhandel jedem möglich wurde. Für Husum fehlen in den Zolllisten Angaben über Salzhandel vor 1553.
Beccau schreibt: „... war der Gewinn so umfangreich, daß ein bedeutender Handel damit getrieben wurde"(*Beccau*, S. 2).

Abb. 22: Heutige Spuren von Salztorfabbau bei Langeneß – siehe Petreus

Jürgens nennt nur geringe Mengen Salz: „für 1553 gesamt 46 Tonnen, für 1590 ... rund 75, 1595 nur 13 und 1603 gesamt 28 1/2 Tonnen friesisches Salz" (S. 263 f.). Damals wurde mediterranes Salz aus Spanien über Flandern eingeführt, denn Spanien beherrschte große Teile der Niederlande, Flandern und Brabant. Friesensalz tauchte für Husum nach 1603 in den verfügbaren Quellen (*Beccau, Jürgens*) als Ware nicht mehr auf, nur noch für den Hafen Tönning und als Ausfuhrposten aus Eiderstedt bis 1624, ebenso für Ribe, das bis gegen 1700 mit friesischem Salz von benachbarten Inseln handelte. Desgleichen taucht für den Hafen Emden im Zoll nur bis gegen 1574 Salz in Lasten zu 15 t aus Dithmarschen und Holstein auf. Bei *Laß* heißt es für das Jahr 1652, dass eine neu errichtete Salzbude in der Husumer Wasserreihe mit allem Salz und Torf durch Brand vernichtet sei – mit einem horrenden Schaden von 10.000 Rigsdalern (*Laß*, S. 113). Diese Salzbude wurde nicht wieder aufgebaut. Auch englisches Salz ähnlich dem mediterranen, aus den Kolonien, wurde um 1700 zur Konkurrenz. Ab 1711 wurde deshalb das „Lüneburger Salzoktroi", ein Monopol, für den Gottorfer Anteil übernommen – mit Gewinnbeteiligung des Herzogs – ab 1712 auch für den königlichen Anteil. Weil Lüneburger Salz zu teuer wurde, verließ Gottorf dieses Monopol wieder. Mit dieser Freigabe des Salzmonopols 1728 war auch das Ende der Husumer Salzverpachtung gekommen. Ab 1803 galt endgültig freier Handel mit Salz.

C.1.2 Wal- und Robbenfang in Husum und Nordfriesland

Ein besonderes Kapitel des friesischen Handels zum Walfang und zur Grönlandfahrt war der Beitrag der Nordfriesen in Husum, Tondern, Friedrichstadt, Tönning, auf den Geestinseln Röm, Amrum, Sylt und Föhr. Sylt, Föhr und Röm stellten über 100 der wichtigsten Walfangkapitäne. Bis 1634 gab es viele baskische Fahrensleute auf Walfang. Aber dann verboten sowohl der französische katholische König zuerst 1634 und auch der spanische König aus dem Hause der katholischen Habsburger den katholischen Basken beiderseitig der Grenze, erfolgreichen Seefahrern, als katholischen Untertanen auf niederländischen Schiffen mit calvinistisch-protestantischen Kapitänen anzuheuern. Dem niederländisch-friesisch dominierten Walfang fehlten nach Ausfall der Basken viele Seeleute. Das hatte zur Folge, dass danach viele Nordfriesen mit nautischer Ausbildung mit auf Walfang und Robbenschlag nach Grönland fuhren – oder auf Spitzbergenfahrt. Die nötige Schulung konnten sie auf den nordfriesischen Inseln in privaten nautischen Unterweisungen von altgedienten Kapitänen und Fahrensmännern erhalten. Es gab neben den niederländischen und friesischen Kapitänen eine Reihe nordfriesischer Kapitäne, z. B. *Lorenz Pietersen de Hahn* auf Föhr oder *Der Glückliche Mattias.* Davon künden viele Berichte und „sprechende Grabsteine" auf den Friedhöfen wie in Nieblum auf Föhr. Die niederländischen Walfangschiffe suchten ihre jungen Besatzungen im späten Winter vor dem Peterstag

z.T. in den Utlanden zusammen. Aber der Walfang war für die Nordfriesen nach 1800 in der Napoleonzeit zu Ende, es gab eine Verlagerung nach Nova Scotia, Neuengland, Neufundland, New Brunswick. Nun direkt zu Husum und Umgebung und dessen Beteiligung an Grönlandfahrten zum Wal- und Robbenfang – siehe *Laß* und *Oesau*. Tönning erhielt 1674 zuerst von Herzog Christian Albrecht das Privileg der Grönlandfahrt, bis ins Detail geregelt, was die steuerlichen Pflichten für die Fänge und deren Absatz betraf, aber die Umsetzung war glücklos. Erst in der Napoleon-Kontinentalsperre und Elb-Blockade wurden Tönning, Friedrichstadt und Tondern Nutznießer, denn viele Schiffe aus Altona und Glückstadt suchten sich Friedrichstadt und Tönning als Ausweichhafen. Tönning wurde wichtiger Stapelplatz, die Bevölkerung stieg nach 1800 für einige Jahre stark an, ebenso die Zoll- und Steuereinnahmen. Husum erhielt (s. *Laß*) 24 Jahre nach Tönning 1698 das herzogliche Privileg zur Grönlandfahrt, fast identisch mit dem von Tönning 1674. Husum ließ um 1720 mindestens dreimal Robbenfangschiffe ausfahren, die mit wechselndem Glück und Robbenspeck zurückkehrten. Es gab mit herzoglichem Privileg auf Rödemis Hörn eine Tran-Kocherei. Nach 1722 fehlen Belege für eine weitere Beteiligung Husums und den weiteren Betrieb der Trankocherei. In der Auflage 1819 der *Nordfresischen Chronick 1666 von Heimreich* durch den dänischen Professor *Falck* aus Kiel wird für 1738 von einer Strandung mehrerer großer Wale an nordfriesischen Sandbänken berichtet, die der dänische König zur Tierverwertung verkauft hatte. Ob dafür noch einmal die Rödemisser Trankocherei in Betrieb genommen wurde, ist nicht überliefert, aber wahrscheinlich, denn bis dorthin war der Abtransport leichter.
Zeugnisse dieser Grönlandfahrten sind auf den Inseln von Föhr bis Röm und an anderen Orten bis in die Elbküsten hinein zu sehen, auf Grabsteinen, in Kapitänshäusern von Röm über Sylt, Föhr, Amrum, in Artefakten aus Walknochen und Fischbein. Sogar Teile von Zäunen und Gartentoren aus Walknochen gibt es noch, aber nicht in Husum. Dort am Hafen zeigt das Schifffahrtsmuseum Nordfriesland eine eindrucksvolle Abteilung mit einer Sammlung über die wichtigsten Bereiche von Schifffahrt, Grönlandfahrt, Robbenschlag und Walfang. Der Walfang im Nationalsozialismus betraf Nordfriesland nicht.

C.2 Wie entwickelten sich Husums Handel, Hafen und Handwerk?

Handel und Handwerk entwickelten sich gleich nach 1362, als Husum Nordseezugang bekam und Menschen sich verstärkt ansiedelten. Husum wurde in wenigen Jahrzehnten zum Markt mit städtischer Sozialstruktur und einer regen Bautätigkeit auch mit größeren Backsteinhäusern. Das mächtige Herrenhaus stammt wohl von 1441, die erste Kapelle von 1431 – viel Arbeit für Handwerker. Diese organisierten sich in Zünften. 1526 war das Jahr der Zunftgründung der ersten vier „Handwerkerämter" Schuhmacher, Schneider, Schmiede und Bäcker. Diese vier Ämter/Zünfte hatten ihre eigenen Altäre in der Marienkirche von 1507.

Jeder Zunft standen fortan zwei Älterleute mit Schlüsselgewalt über die Zunftlade vor, die mobile Kasse mit Beliebung, Einnahmen, Meister- und Lehrlingslisten. 1549 wurde nach zwei Brandkatastrophen, bei denen allein 1540 am Westerende 100 Häuser in Schutt und Asche fielen, eine neue Feuerordnung erlassen mit Verbot von Reetdächern, Fachwerk, offenen Feuerstellen und Misthaufen hinterm Haus. Es galt das Gebot von Schornsteinen, regelmäßigen Brandschauen durch Schornsteinfeger und eine Bauordnung mit Bauabständen und Reihenbebauung. Seitdem gibt es in der Altstadt die Twieten und Gänge zwischen den Häusern. Die Handwerker erhielten ein Niederlassungsrecht ohne Gildekosten – ein weiterer Standortvorteil Husums, der trug zur Öffnung für tüchtige Neubürger bei. Das verhinderten die Zünfte, weshalb der Herzog wieder regulierend einschreiten musste.

Die Zünfte wehrten sich gegen herrschaftliche Interessen und gegen Konkurrenz. Die Ämter, Zünfte, Innungen wollten ortsfremden Meistern den Zugang in die prosperierende Handelsstadt Husum erschweren. Jeden höheren Zunfteinfluss nutzten einige Meister zu ihrem eigenen Vorteil aus, worüber sich dann beklagt wurde. Der König reagierte mit dem Versuch, die Macht der Handwerkerämter zu schmälern. Die Kaufmannschaft Husums bekam 1555 vom Hardesvogt eine ordentliche „Beliebung" mit Regeln, Pflichten und Rechten – die Geburtsstunde der Husumer Kaufmannschaft. Diese Beliebung wurde der neuen „Cramer-Companie" durch Herzog Friedrich bestätigt. Die selbstständigen Schiffer und die Fuhrleute, wenn sie auf eigene Rechnung handelten, hatten ähnliches Ansehen wie Kaufleute.

Die Glaserzunft wurde mit fünf Meistern zugelassen, um 1552 die Böttcherzunft, welche die Husumer Biertonne von 1552 zu 34 oder für Trockenwaren die Messeltonne zu 36 Stövecken herstellte (*Laß*, S. 55 f.).

1609 folgte in Husum die Zunft der Töpfer und Ofensetzer, die bürgerliche Haushalte mit immer wirksameren Herden, gusseisernen Öfen und kunstvoll aufgebauten Kachelöfen ausstattete. In den Städten entstanden hocheffiziente Kachelofentypen wie der Hamburger Ofen mit ausgeklügelten Heizungs- und Warmhaltefunktionen, in Husum bis Ende des 20. Jahrhunderts. In größeren Dörfern gab es Püttjer oder Pütter und Ofensetzer.

Handel und Handwerk brachten gute Gewinne. Die fanden ihren Ausdruck in den blühenden Küstenstädten in einer neuen Architektur – der Niederländischen Renaissance, die die Norddeutsche Backsteingotik ablöste und zu einer regen Bautätigkeit führte. Husum zog Baumeister, Holzschnitzer, Steinmetze/Steensnitger, Schmiede aller Art und Künstler an. In Husum entstanden damals etliche öffentliche und

Abb. 23: Backsteingotik: Herrenhaus 1430, links Herzogin-Augusta v. Dänemark-Haus

private Backsteinbauten im spätgotischen oder im Renaissancestil um den Markt herum, in der Hohlen Gasse 50 m von der Schiffbrücke, wo Häuser der Woldsens gebaut wurden, an der Wasserreihe und Schiffbrücke. Auch das Schloss, Herrenhaus, Herzogin-Augusta v. Dänemark-Haus, Danckwerthhaus, Rathaus, Wernersches Haus, Einhorn- und Schwanapotheke, Torhaus zum Schloss, Kavaliershaus, Häuser in der Wasserreihe. Wenige davon sind erhalten. Für Steinmetze und Holtsnitger war Husum das wichtigste Arbeitsfeld, davon zeugen die Zunftberichte (siehe *Voß*) um 1600. Meister Johann van Groningen, einer von vielen Meistern, bildete Lehrlinge der Umgebung aus, z. B. Nickels Carstens aus Koldenbüttel. Berendt Cornelissen wurde 1624 zum Gesellen ernannt, er wurde als Berendt van Husum ein angesehener Meister. Hans Brüggemann aus Walsrode hatte seine bedeutende Werkstatt mit vier Mitarbeitern wohl in Husum. Er schuf für Herzog Friedrich von Gottorf, ab 1533 König Dänemarks, bis 1523 den unvergleichlichen Bordesholmer Altar sowie 1521–1528 für die Husumer Marienkirche ebenfalls den Altar mit außergewöhnlich prächtiger Monstranz. Die Liste der Snitgermeister und Zunft-Ältermänner aus Husum ist überliefert (s. *Voß*), einschließlich ihrer eigenhändigen Meistermarken. Die Niederlassungs- und Arbeitsbedingungen für Handwerksmeister im Herzogtum Schleswig und in Husum waren nach dem Stadtrecht 1603 geregelt und wurden vom nachfolgenden Herzog und ab 1721 vom dänischen Gesamtstaat bestätigt. Der Förderung des Handels diente 1549 seitens des Husumer Magistrats die Festlegung von Maßen und Gewichten, siehe die „Husumer Tonne", dafür wurde ein Waagemeister von der Herrschaft bestellt. Fremde Kaufleute mussten sich einer strengen Ordnung unterwerfen. Husums Hafenwirtschaft blühte. Zu den eigenen 40 größeren Schiffen und vielen kleineren kamen auswärtige Kauffahrtschiffe, denen ein Kran am Binnenhafen zur Verfügung stand, für schwere Stückgüter wie Tonnen, Hanfballen, Mühlsteine und Sandstein aus Flämisch-Brabant oder später aus der Rheingegend um Andernach.

Husum war Importhafen für Mühlsteine, Tuff- und Sandsteine, auch Granit, der meist behauen verbaut wurde. Ein früher Bezug von Tuffstein, Sandstein und sogenanntem Blauen Marmorstein ist wohl schon ab dem 14. Jahrhundert erfolgt aus den Steinbrüchen in Flämisch-Brabant, von der Benediktinerabtei Affligem, der Mutterabtei von Maria Laach. Bei Affligem wurden die Tuff- und Sandsteine über die Dender, einen Nebenfluss der Schelde, die schon um 1400 schiffbar war, bis zur Stadt Dendermont an der Schelde geschifft. Von da gelangten die Steinfrachten in das Delta der Rheinarme bis nach Utrecht, ins IJsselmeer und nach Nordfriesland, Pellworm, Husum, Tondern, Ribe. Die alte Pellwormer Kirche, der Dom zu Ribe und andere frühe Kirchen enthalten Tuffstein. Ribe hatte enge Beziehungen zu Flandern und Brabant. Letztlich ist nicht genau belegt, ob der Sandstein von Brabant oder von Steinbrüchen bei Andernach gekommen ist, es fehlen Zoll- oder Warenlisten. Für den Sandstein im Schloss ist die Herkunft auch nicht gesichert, für 1577 bis 1582 fehlen im Landesarchiv Rechnungen (laut Bettina Dioum, Landesarchiv Schleswig, Brief an den Verfasser).

Tuffstein wurde bis 1250 verbaut, dann der preisgünstigere Sandstein, in Nordfriesland oft anzutreffen in Herrenhäusern, Schlössern und Kirchen. Fundamente und Außenmauern der Feldsteinkirchen sind aus Granit. Der eben erwähnte Blaue Granit, auch „Namurer Marmor" oder „Blaustein" genannt, wurde auch in Nordfriesland verbaut. Auf dem Friedhof in Hattstedt liegt vor der Westseite des gewaltigen Feldsteinturmes der Marienkirche eine große Grabplatte aus Blaustein. In Theodor Storms Novelle „Der Schimmelreiter" kommt diese Grabplatte beim Begräbnis des Deichgrafen Tede Volkerts vor. Realistisch scheint die Zugehörigkeit zum nahen Grab des Deichgrafen Jes Iwersen-Schmidt von der Hattstedter Marsch, der 1875 dort beigesetzt wurde. In Umgestaltungen des Friedhofs um 1970 zerbrach die schwere Platte und liegt seitdem vor dem Turm im Gras. Sandstein wurde auch für die Beischlagwangen verwendet, die kunstvollen Säulen an den Treppen von

Kaufmannshäusern. In Husum stehen vier Beischlagwangen von 1605 und 1616, zwei von der Kaufherrenfamilie Peter Petersen, datiert mit 1605, seit 1936 vorm Herrenhaus, zwei weitere am historischen Haus des Husumer Juristen und Bürgermeisters Dr. Hermann Lather und Frau Christina Lathers, datiert mit 1616, Ecke Norderstraße-Schulstraße. Dann zwei in Tondern vor einem prächtigen Bürgerhaus, wieder zwei in Lübeck vor der Schiffergesellschaft, dann viele halbhohe in der Hansestadt Danzig. Die vier Husumer Beischlagwangen werden dem renommierten Flensburger Renaissance-Steinmetz und Holzbildhauermeister Heinrich Ringerink (oder Ringeling) zugeschrieben. Der arbeitete im Herzogtum Schleswig 1590 bis 1625 als Steinmetz und als Holzschnitzer in Kirchen wie im nordfriesischen Langen-

Abb. 24: Herman Lathers, Beischlagwangen, Ecke Norderstraß/Schulstraße

horn und in der Marienkirche Flensburg, Kiel, Kopenhagen, Oslo (*Schmeißer* 1939). Weil Husum keinen eigenen Baumeister für das neue Rathaus hatte, wurde Peter van Maastricht aus Tönning verpflichtet. Die Zahl der Meister stieg immer weiter. Eine Amtsrechnung vom Schloss von 1585 nennt 21 Meister und 17 Gesellen in 200 Tagwerken. Steinmetze gehörten wie Holzschnitzer, Silber- und Goldschmiede und Glockengießer zu den angesehensten Handwerkern. In Husum arbeiteten um 1600 Steensnitger Henni Heidtrieder, 90 Jahre vorher Holzschnitzer Hans Brüggemann oder Johann van Groningen, Snitger der Mildstedter Kanzel. Glockengießer Armowitz erhielt 1729 das Privileg für die einzige Glockengießerwerkstatt im Herzogtum (*Laß* 1752). Ab 1601 gab es öffentlichen Warenverkauf in Schranken/Schrangen als Brotschranke, Fischschranke, Fleischschranke, Verkaufsstände an Kirchen oder Marktplätzen, je nach Einwohnerzahl. Dafür waren regelmäßige Gebühren an den Magistrat festgelegt. In Flensburg gab es an der St. Marienkirche die ersten öffentlichen Verkaufs-Schrangen schon im 15. Jahrhundert. Die Husumer *Danckwerth* und *Mejer* als Kupferstecher schufen 1652 mit ihrer *Neuen Landesbeschreibung der Herzogtümer Schleswig und Holstein* ein Meisterwerk der Kartographie und den ersten Atlas im Königreich Dänemark. Die Einführung des Wisby-Seerechts 1561 auf Druck der Husumer Schiffergilde und ein Husumer Seegericht 1582 machten mit dem Husumer Weichbildrecht und einer Polizeiordnung den Handel Husums zu Lande, zu Wasser, im Hafen und an der Schiffbrücke sicher. Der Husumer Wochenmarkt am Donnerstag wurde auf 8–12 Uhr mit Gebührenordnung und bestalltem Marktmeister geregelt. Die Preis- und Lohngestaltung wurde nicht dem freien Markt überlassen, sondern in den Ämtern und Rollen der Handwerker festgelegt und bei Bedarf angepasst. Also z. B. nach Auftreten einer Missernte, Dürre, Sturmflut, Seuche, einer drückenden Last durch Sturmflutschäden, neue Deich- und Sielbauten, Schatzungen und Einquartierungen von Soldaten. Zudem änderten sich die Rollen bei der Veränderung des Status von Husum – von der Siedlung zum Blecke, Marktflecken, zu Stadtgerechtigkeit und Stadtrecht 1603/1608. Der Verkauf wurde schon früh beworben und geregelt.

Die erste Buchhandlung Husums, die „Bücherschranke" der Buchhändlerwitwe Liebernickel aus Hamburg, erhielt (s. *Laß*) 1707 vom Magistrat in der St. Marienkirche unterhalb des Turms weit gehende Rechte, mitsamt ihrer grünen Holzbemalung. Der Hamburger Buchhändler Liebernickel verlegte zu Lebzeiten 1704 die Bücher des umstrittenen Pastors und Hexenverfolgers Petrus Goldsmid, dessen Schrift „Höllischer Morpheus" Kirchenreformer angriff. Dieser Goldsmid tritt in Storms Novelle „Renate" als fanatischer Hexenverfolger um 1700 in Schwabstedt auf. Mit dem Stadtrecht 1603 änderten sich die Zuständigkeiten der Verwaltung, des Magistrats und der Stadtregierung. Rechte und Pflichten auswärtiger Händler, Kaufleute und Handwerker wurden geregelt, wenn sie auf dem Land- oder Wasserweg in die Stadt wollten. Gelernte Handwerker erhielten 1614 die Niederlassungsfreiheit und die nicht Zunft gebundenen Freimeister die Bürgerrechte mit allen Rechten und Pflichten. Husums Magistrat durfte die auferlegten Brüchegelder selbst behalten. Husums Zünfte hatten nicht die Macht wie im alten Kaiserreich, sie waren weisungsgebunden, mussten ihre Tagungen im Rathaus abhalten, durften sich dort nur Handwerkerregeln widmen, mussten die Kosten der Tagungen niedrig halten, ihre Frauen zu Hause lassen. Es gab neue Zunftregeln zum Verkauf von Handwerkserzeugnissen und zum Schutz der Husumer Handwerkerschaft.

1633 erhielt die bestehende Husumer Cramer-Companie von Herzog Friedrich III. eine erneuerte Beliebung mit Vorschriften für die Lehrlings- und Gesellenausbildung, die Ernennung und Zulassung von Meistern und deren Niederlassung. 1634 wurden die Pflichten der Husumer Kaufleute und Handwerker für die Einhaltung von Maßen und Gewichten geregelt. Häufig wurden die Preise umständehalber vom Magistrat neu bestimmt. Preise und Löhne oblagen nicht der Kaufmannschaft, den Handwerksmeistern oder dem freien Markt. *Beccau* berichtet, dass 1562 angesehene Husumer Leineweber an einem Leineweberkongress in Lübeck teilgenommen hätten, wo sie sich den Lübecker Leinewebern anschlossen. 1636 erhielten sie in Husum eine eigene Zunftordnung mit angesehenen Meistern.

Zu den Handwerkern zählten seit 1576 die Barbiere einschließlich der Chirurgen, die mit einer eigenen Ämterrolle nicht an andere gebunden für 15 Barbiere und acht Amtsmeister 1660 bestätigt wurden. Deren Siegel „Chirurgorum Husensis" wird 1677 genannt (s. *Voß*), deren Meister mussten von der herzoglichen Obrigkeit vorgeschriebene Meisterstücke am Ort anfertigen, medizinische Geräte und deren Anwendungen beherrschen, z. B. Verbände, Salben und Medikamente für medizinische Behandlungen. Wer das nicht richtig machte, musste dem Barbieramt eine Tonne Bier und einen Schinken liefern (*Beccau*, S. 211). Bis 1738 war nach der Amtsrolle die Haupttätigkeit der Barbiere die Chirurgie und das Zur-Ader-Lassen. Das Barbieren war eine erlaubte Gelegenheitsarbeit, wofür die Barbiere aber ein Stadt- und Amtsmonopol hatten. Das Barbieramt war erblich und käuflich, nach dem Tod des Berechtigten konnte die Witwe es mit einem Gesellen weiterführen, es durften aber keine Lehrlinge angenommen werden. Die studierten Universitäts-Doctores wurden geringer geachtet (*Voß*, S. 24); Wunden und Verletzungen wurden von Barbieren begutachtet. Apotheker, als „Ableger" der Barbiere, wurden nicht bei den Handwerksmeistern geführt.

Apotheker Detlef Wolters erhielt 1613 die Erlaubnis für die herzoglich privilegierte Einhorn-Apotheke. Apotheker bekamen 1672 nach der Medizinal- und Apothekerverordnung das königliche Privileg des Branntweinhandels und waren Kaufherren gleichgestellt. Dieses Privileg wurde 1739 dem Husumer Apotheker Matthias Wessel von der privilegierten Einhorn-Apotheke gegen Zahlung höherer Steuern bestätigt.

Abb. 25: Schwanapotheke von 1656 – zweitälteste Husumer Apotheke

Dieses Privileg kann aber für die Schwanapotheke **(Abb. 25)**, von 1659 nicht belegt werden, ist aber wegen des Gleichheitsgrundsatzes anzunehmen. Apotheker waren steuerfrei und von weiteren Lasten befreit.

Eine Sonderrolle nahmen die Scharfrichter ein, deren Pflichten 1630 in einer Bestallung festgesetzt wurden. Der Scharfrichter war „Nachrichter", weil er nach dem Gerichtsurteil des ersten Richters seines Amtes waltete. In Husum wurde Scharfrichtermeister Philip Möller als amtlich bestallter Meister für jede Aufgabe gut entlohnt. Die Familie übte das Scharfrichteramt rund 200 Jahre aus, mitsamt Familie in Husum stets sozial ausgegrenzt. 1655 wurden die in vier Ämtern, den Hauptämtern, gebündelten Handwerkerrollen neu geregelt. Die legten mit herzoglicher Magistrats-Erlaubnis ihre Zunft- und Arbeitsordnungen fest: Ausbildung, Arbeitszeiten, Rechte und Pflichten, Arbeitsentgelte und Bedingungen für Marktzutritt und Verkauf. Alles war gekoppelt mit genauen Vorgaben für die Abgaben- und Besteuerung von Waren und Dienstleistungen, von Arbeitspreisen und Ausbildungsvorschriften. 1664 erhielt Husum ein eigenes Reepschlägeramt, vorher waren die Husumer Reepschläger Mitglieder im Flensburger Amt. Damit wurde Husum als Standort aufgewertet. Reepschläger, auch Seiler genannt, und Böttcher waren nötig für Hafen und Schiffbau, Landwirtschaft und Viehmarkt. Neben dem 1598 abgetragenen „Gasthaus zum Engel" stand eine Reepschlägerei, die dem Rathausneubau weichen musste.

Ludwig Nissens Vater hatte auf der Husumer Neustadt eine Reepschlägerei, konnte aber um 1870 in der Umbruchszeit von der dänischen zur deutschen Herrschaft

seine große Familie damit nicht mehr ernähren. Eine Tochter und zwei der Söhne, neben dem sechzehnjährigen Ludwig auch ein älterer Bruder, wanderten nach New York aus, wo Nissen zu großem Wohlstand kam und zusammen mit seiner Frau 1925 seiner Heimatstadt Husum eine große Stiftung machte, siehe Nissenstiftung und Nordfrieslandmuseum Nissenhaus.
Eine weitere Reepschlägerei war bis um 1900 die Firma Glommert in der Großstraße 9, einem ansehnlichen Haus der norddeutschen Backsteinarchitektur. Noch um 1965 gab es in der Süderstraße, gegenüber der alten Hermann-Tast-Schule, die Seilerei Springer und an der Hafenstraße Schiffsausrüster Thomsen & Stöhrmann.
Ein wichtiges Kapitel bildeten die Regelungen für die Zunft der Fuhrleute, die Vorläufer heutiger Spediteure, für Husums Wirtschaft immer schon ein systemrelevanter Berufszweig. Die Fuhrleute erhielten von der Gottorfer Obrigkeit bis 1733 eine Vielzahl von Rollen-Artikeln bis hin zur Vergabeordnung der Fuhren nach Maßgaben für die Fuhrleute und deren Fuhrpark über den bestellten Wagenmeister der Stadt. Die Fuhrleute waren organisiert in der Fuhrleute-Rolle mit gesetzten Rechten und Pflichten für innerörtliche und für Umland-Transporte und Personen- oder Frachtfuhren. Deren Vergabe lief über den amtlichen Wagenmeister, nur der Adel konnte sich seine Fuhrleute aussuchen. 1721 und 1733 nach der Gottorfer Herrschaft mussten sich die Fuhrleute ihre Rolle dänisch-königlich bestätigen lassen, auch die Fuhrkosten, Wege- und Fuhrenaufgeld bei schlechten Wegeverhältnissen.

Abb. 26: Fuhrbetrieb Goldschmidt, Pferdewagen, vor 1950, Großstraße Husum

Husum, Tönning und Hoyer hatten viele Fuhrleute. Hoyer hatte bis zum Dammbau nach Sylt für die Eisenbahnverbindung 1927 eine Schiffsverbindung nach Munkmarsch auf Sylt und war Hafen für Tondern, weil Tonderns Fahrrinne verschlickte, wie die Fahrrinnen in Husum und Ribe. Zwischen Husum, Friedrichstadt, Tönning und Schleswig bestanden regelmäßige Fuhrdienste mit Pferdewagen, die Fuhr-Entgelte waren genauestens geregelt. Die Fuhrleute hatten natürlich Pferde- und Fuhrknechte und Pferdeställe mit Futtermitteln, ebenso musste für die Mistlagerung gesorgt sein; Misthaufen waren in der Altstadt verboten.

Zunft der Fuhrleute 1803:
Husum – 26 Fuhrleute; Tönning – 8 Fuhrleute; Tondern – 15 Fuhrleute; Hoyer – 8 Fuhrleute.

Ähnlich wichtig für Husums Wirtschaft waren die Stellmacher und Böttcher, weil Husum Standort von vielen Fuhrbetrieben und Brauereien war, weil Wagen wie Fässer in der Kaufmannschaft für Bier, Pökelfleisch, Salzheringe, Butter und deren Transport nötig waren. Die Böttcher hatten ab 1564 eine Handwerksrolle und 1668 ein Amt als Zunft. Das galt auch für die Husumer Glaser. Dabei wurde die Zahl der Glasermeister auf acht beschränkt, zwei Ältermänner zur Wahl bestimmt und verfügt, dass das Meisterstück unter Aufsicht zu verfertigen sei. Husums Handwerkerschaft hatte vom Ende des 15. bis Anfang des 17. Jahrhunderts eine Blütezeit. Zunftbestimmungen, Handwerkerrollen, Bestimmungen über Ausbildung, Meisterschaft und Preisgestaltung einschließlich der Arbeitsvergütungen regelten Handel und Handwerk. Die letzte Zunftgründung war laut *Beccau* 1841 das Schlachteramt. Ein weiterer Wirtschaftszweig waren Ziegeleien und Kalkbrennereien. Husum hatte an der Hafenstraße die „Bischoffsche Kalkbrennerei," die 1898 dem Speicher, heute Kulturzentrum, weichen musste. Gleichzeitig wurde die „Husumer Lagerhausgesellschaft" gegründet. Rantrum hatte eine Kalkbrennerei am Geestrand. Wichtig war die Kalkgewinnung auf dem dänischen Helgoland, bis 1711 der Kalkfelsen abgetragen war.

Immer wieder hatte Husum unter mehrfachen Seuchenausbrüchen wie die Pest 1603 und 1605 mit 1.000 Pesttoten zu leiden, mit Viehseuchen, Fieberausbrüchen. Zahllose Einquartierungen von Soldaten und deren Versorgung mit allen Lebensmitteln, Schatzungen, hohe Militärabgaben besonders im Kaiserlichen Krieg 1627–1629 im Rahmen des Dreißigjährigen Krieges führten zu einer horrenden Schuldenlast von 192.000 Reichstalern im Kriegsjahr 1629, als die katholisch-kaiserlichen Truppen General Wallensteins abzogen. Damals wurden die auferlegten Schatzungen und auch Waren oft mit Getreide bezahlt – Getreide als Währung. Die mit Krieg und Seuchen einhergehenden Todesfälle der Familienmütter und -väter, der Kinder mussten ebenfalls sozial abgefedert werden, dazu wurde eine Toten- und Brandgilde gegründet. Trotz alledem kam Husum immer wieder auf die Füße – Beweis für die Tüchtigkeit der Bewohner. Aber es gab auch in Husum ein Armenproblem, deshalb

mussten Getreide- und Brotpreis niedrig gehalten werden. Es durfte nicht jeder Getreideüberschuss exportiert werden, um die Inlandpreise nicht steigen zu lassen. Vor allem um 1600 herum gab es ein ständiges Hin und Her mit dem Getreidepreis, worunter besonders die Hafenstädte Husum und Tondern litten. Getreide- , Bier- und Malzhandel mit den Niederlanden waren neben dem Viehhandel eine starke Säule ihres Wohlstandes. Der Getreidehandel war das Butter- und Brot-Geschäft und brachte der herzoglichen Steuerkasse große Einnahmen. Husum musste in der Getreideknappheit um 1600 den Herzog um Erlaubnis bitten, trotz eines Ausfuhrverbots von Nordstrander Getreide von dort Getreide zu kaufen, um selbst versorgt zu werden. Weil der Getreidemangel zu groß wurde, erließ König Christian IV. in Hadersleben 1623 die „Getreidekonstitution" mit einem Exportverbot für Getreide.
Wegen Bevölkerungswachstum und dem Ende der Selbstversorgung mit Kleidung wurde der Bedarf an Kleidungsstoffen größer, 1704 wurde eine Woll-Manufaktur gegründet, 1783 eine Tuchfabrik der Gebrüder von Herberg an der Lämmerfenne mit 40 Arbeitern und einem Lager im hohen Wert von fast 14.000 Rigsdalern. Es wurde eine Witwen- und Waisenkasse nötig, die 1737 schon 103 Mitglieder hatte. Es wurden auch in größeren Dörfern Armen- und Waisenhäuser und Arbeitshäuser für Arme eingerichtet. Armenfürsorge wurde immer wichtiger, das Gefälle zwischen Arm und Reich, nicht nur in der Stadt, auch auf dem Land in den reichen Marschgebieten, nahm weiter zu. Husum zählte bei gut 3700 Einwohnern um 1800 über 500 wohlhabende Bürger als Steuerzahler: Kaufherren, Schiffer, Haus- und Grundeigentümer, Handwerksmeister mit Familien. Dann eine dünne Mittelschicht von Menschen in Lohn und Brot. 1803 gab es laut Volkszählung in Husum – ohne Rödemis und Osterhusum – 669 Handwerker und Arbeiter, 17 % der Einwohner (s. *Momsen* 1969). Außerhalb waren nur etwa 4 % im Handwerk tätig. Viele waren ungelernte „Arbeitsmänner", Tagelöhner, Mägde, Witwen, Waisen, Kranke, Bettler. Ab 1803 werden auch Tagelöhnerinnen genannt. In den Randdörfern Rödemis, Norder- und Osterhusum lebten 1860 über 450 Arbeitsmänner, Tagelöhner, Tagelöhnerinnen.

Tab. IV: Häufige Berufe in Husum 1769–1860, mit Familie, Gehilfen u. Dienstboten

	1769	1803	1840	1860
1. Arbeitsmann, Tagelöhner	315	351	483	530
2. Handarbeiterin	–	118	103	89
3. Bäcker	125	132	135	161
4. Böttcher	62	78	44	55
5. Brauer, Mälzer, Weinbrenner	265	256	158	113
6. Buchbinder	16	10	8	18
7. Drechsler	17	34	42	60

Tab. IV: Fortsetzung ...

	1769	1803	1840	1860
8. Fuhrleute	28	65	73	87
9. Gastwirte	132	184	230	353
10. Gerber	49	64	30	40
11. Glaser, Maler	17	27	44	83
12. Grobschmiede	56	46	32	40
13. Höker, Krämer	135	117	169	111
14. Kaufmann	236	127	139	258
15. Maurer, Maurermeister	30	36	69	180
16. Radmacher/Stellmacher	57	33	21	27
17. Reepschläger, Seiler	35	20	26	29
18. Sattler	35	28	26	33
19. Schlachter	61	94	128	136
20. Schneider	102	116	90	97
21. Schuster	201	258	206	294
22. Steinmetz	–	4	–	15
23. Tischler	57	75	88	147
24. Vieh- u. Pferdehändler	19	31	46	43
25. Weber	48	40	42	53
26. Zimmermann, Zimmermeister	37	44	78	148
27. Goldschmied	25	12	16	17
28. Uhrmacher	4	8	22	20
29. Färber, Färbermeister	7	8	24	38
30. Schiffer	42	69	54	54
31. Schiffszimmerleute	10	19	15	15
32. Arzt	8	10	22	22
33. Apotheker	27	27	19	17
34. Lehrer ohne Hilfslehrer	29	40	68	73

Zu 34: nur Gelehrtenschullehrer und Seminaristen. Die Schulmeister an Winkelschulen, Nebenschulen und Armenschulen waren nicht ausgebildet und fehlten in den Listen. Die Lehrerausbildung an Seminaren begann in Tondern 1787 und Kiel 1781 in Lehrerseminaren.

Auf die Qualifizierung der Meister wurde genau geachtet, der Missbrauch von Zunftrechten durch „außerzünftige" Handwerker des Umlandes wurde geregelt. Zunftgerechtigkeit und Zunftzugehörigkeit waren Pflicht, aber vom Herzog zugunsten einer Niederlassung mit Vorteilen für Husum gelockert, 1708 königlich bestätigt. 1721

hatte Dänemark nach rund 100 Jahren Schleswig-Holstein-Gottorfer Souveränität deren Herrschaft nach dem Nordischen Krieg beendet; sie hatten sich gegen Dänemark gestellt. Schleswig-Holstein war 1721 bis 1864 Teil des Dänischen Gesamtstaates. Der König vernachlässigte das Schloss. 1748 konnte er dort nicht übernachten, es war unbewohnbar. Aber der dänische Archivar Möller befand es unbedingt erhaltenswert. Es wurde 1749–1752 aufwändig renoviert (**siehe C. 7**) Danach saßen im Schloss vor Husum dänische Amtmänner mit ihren Familien, mit klangvollen dänisch-schleswigschen Namen wie z. B. der Amtmann Krogh zur Zeit Theodor Storms.
Unter dänischer Herrschaft wurde Husum als Hafenstandort ausgebaut. Dafür wurde der neue Dockkoog eingedeicht, westlich des um 1500 bedeichten Porrenkoogs. Ein Trockendock und eine befestigte Hafenkante vor der Schleuse waren geplant, aber nach der Schleswig-Holstein-Erhebung 1848–1850 nicht verwirklicht; das geschah erst nach 1871. Die Erhebung scheiterte mit der Schlacht von Idstedt westlich von Schleswig im Juli 1850. Vom 25. auf den 26. Juli 1850 fielen in einem Schusswaffen-Gemetzel 6.426 Männer im Kampfgebiet bei Idstedt (*Brandt/Klüver*, S. 223). Dänemark siegte, aber die Schleswig-Holsteiner legten noch am Kriegsende am 4. Oktober 1850 das von Dänen gehaltene Friedrichstadt sinnlos in Schutt und Asche. Daran erinnern in Friedrichstadt und Husum Mahnmale und Gräber. Auf dem Flensburger Alten Friedhof hinterm Museumsberg steht beim Soldatenfriedhof der dänische „Löwe von Idstedt" als Mahnmal an diese verlustreiche Schlacht.
Obacht: Müller tauchen erst ab 1803 in Mildstedt, Rödemis, Osterhusum, Nordhusum als Müller, Borkmüller, Graupenmüller, Müllergesellen auf. „Dreimühlen" besaß vor 1730 drei Mühlen; die Wassermühle Osterhusum gab es schon um 1400, Windmühlen in Hattstedt und jedem größeren Dorf. Die „Drei Mühlen" sind verschwunden. Das letzte, auf dem Mühlenhügel gelegene, Reet gedeckte und architektonisch bedeutende Haupthaus der Graupenmühle aus der Rokokozeit, gebaut 1748, wurde vor Weihnachten 2022 abgerissen. Damit ist ein altes Stück Baukultur verschwunden. Die vorherigen Besitzer wollten es in einen geplanten Hotelneubau integrieren, es galt als denkmalschutzwürdiges Bauwerk der Rokokozeit. Um 2020 erfolgte ein Besitzerwechsel; der neue verzichtete auf Hotelbaupläne und Denkmalschutz. Neue Baupläne sind noch nicht bekannt (HN 29.12.2022).

C.3 Wo lagen in Husum die Häuser der Kaufleute?

Die Kaufleute und Getreidehändler bauten im 15. Jahrhundert zuerst am Hafen, am Markt, in der Hohlen Gasse. Die Wasserreihe wurde ab 1450 nordseitig mit Kaufmannshäusern und Speichern bebaut, die Südseite näher am Hafen später; mit einem Durchgang zum Wasser, dem Fischergang, und Handwerksbetrieben, deren

Abb. 27: Wasserreihe, erste städtisch bebaute Kaufmanns- und Handwerkerstraße Husums

Zunftzeichen noch heute sichtbar sind, z. B. eine Schmiede gegenüber dem heutigen Stormhaus, einem Haus in der Wasserreihe von etwa 1450, das um 1730 vom Kaufmann Cosmos im Rokokostil umgebaut wurde.

Abb. 28: Osterende mit Ulmenallee, angelegt vor 1860 vom letzten dänischen Bürgermeister Hakon Grüner (gemalt um 1890 von Richard von Hagn)

Derzeit entstanden auch die Woldsenhäuser in der Hohlen Gasse **(Abb. 29)** und Kaufmannshäuser in der Großstraße. Das wuchtige Haus von Cosmos ruht auf unbehauenen Granitsteinen, an der Straße das Kontor, unterm Dach zwei Speicherböden und fünf Luken. Das Haus kaufte Mitte des 19. Jahrhunderts der Gärtnermeister Livoni, der für Husumer Bürgerfamilien wie die Storms arbeitete. Der ließ anstelle des östlichen Nebenhauses einen Garten anlegen. Nach Livonis Wegzug kaufte 1866 Theodor Storm, der großbürgerliche Backsteinhäuser schätzte, mit seiner zweiten Frau Dorothea das Haus für 9.000 Taler und wohnte dort bis 1880. 1974 wurde daraus das Stormmuseum und Stormzentrum im Besitz Husums. Die Kaufmannshäuser nordseitig in der Wasserreihe sind größer, mit größeren Speicherböden. Das Stammhaus der Woldsens an der Westseite der Hohlen Gasse wurde um 1960 umgebaut, die frühere Bauweise verändert. Der

Abb. 29: Kaufherr Woldsen, Hohle Gasse, Neubau 1730 dem Stammhaus gegenüber

Bauherr Simon Woldsen I, 1696–1765, Kaufherr und Bürgermeister, war Vater Friedrich Woldsens, 1725–1811. Der baute gegenüber das nächste Woldsenhaus und vererbte es seinem Sohn Simon Woldsen II, 1754–1820, Theodor Storms Großvater mütterlicherseits, und seiner Frau Magdalena, der Tochter des Kaufherren und Senators Feddersen, 1740–1801, mit Geschäftshaus an Schiffbrücke und Twiete. Die Großmutter, Frau Senatorin Feddersen, hatte einen herrschaftlichen Garten mit Teepavillon an der Husumer Au. Theodor Storm schwärmt von diesem „Garten mit den duftreichen Blumen der alten Zeit" in Großbürger-Gartenkultur. Deren Tochter Lucie, 1797–1879, war Storms Mutter, verheiratet mit Advokat Johann Casimir Storm, 1790–1874. Sie zogen 1820 ins Woldsenhaus **(Abb. 29)**. Dort lebte Theodor Storm, geboren 1817, als privilegiertes Kind des Husumer Patriziats mit einem Rokoko-Garten. Das Kontorhaus daneben musste später weichen, der Garten auch. Nach dem Brand 1852 und bis 1914 verschwanden viele historische Backsteinbauten aus dem 15. /16. Jahrhundert. Die vom Brand schwer beschädigte Altstadt wurde mit „Nachbrandhäusern" bebaut, an Schiffbrücke, Hohle Gasse, Großstraße und Wasserreihe, mitsamt Zingelschleuse von 1858. Die Wasserreihe steht als frühe Kaufmannsstraße mit ihren Kontor- und Giebelhäusern für eine Nachbarschaft aus Kaufleuten und Handwerkern.

In die Blütezeit Husums mit eindrucksvollen Kaufmannshäusern passt eine Beschreibung Husums des herzoglich-Gottorfer Hofgelehrten, hoch angesehenen Heinrich Rantzau von 1590 in der *„Beschreibung Cimbriens"* (zitiert nach *Beccau* 1840/1854, S. 97 f.): „Der Ort ist reich, ... weit berühmt, mit Flensburg wetteifernd, in (Husum) befinden sich zahlreiche Bürger, Künstler und Handwerker aller Art; es gibt hier weite, überseeische Handelsverbindungen, glänzende Häuser, eine fruchtbare Umgegend mit üppigen Viehweiden und ist der Ort begünstigt durch die Nähe der schiffbaren Ströme Eider und Hever. Für seinen Handel hat es einen berühmten Hafen, und bringen die Schiffer aus Holland, England, Zeeland, Schottland u.s.w. eine Menge Waren dahin, die über Flensburg nach der Ostsee gebracht und gegen von dort kommende ausgewechselt werden, so daß die Westsee mit der Ostsee durch Husum verbunden wird. Die Bürger sind meistens gebildet und human, in den Wissenschaften nicht unerfahren und wenden ein großes Geld auf die Studien und auf Gelehrte und schicken ihre Söhne auf eigene Kosten auf die Universitäten. ... Die Stadt ... wächst durch die Menge ihrer Häuser zu einem solchen Umfang, daß sie unter allen Städten des Herzogthums beinahe die größte, wenn nicht schon ist, doch binnen kurzem sein wird und besitzen die Bürger eine große Anzahl Schiffe, die sie mit ihren eigenen Waaren befrachten."

Kurz nach dem Stadtrecht 1603 brach mehrmals die Pest aus; dann die schlimmen Kriegsjahre, die Sturmflutkatastrophe 1634 mit Abertausenden Heimatlosen und Todesopfern. Diese Grote Mandränke zerriss die reiche Insel Strand, vernichtete Abertausende Hektar Weiden und Ackerflächen und führte zu einer Teuerung.

Ein dänischer Kurant-Dukat oder 2 Rigsdaler (Rdl.) galten ab 1622 12 Mark Dansk

oder 6 Mark Lübsch. Schon 1625 wurde der Silberwert verschlechtert: 1 „Sletdaler" („schlechter") galt nur $^{2}/_{3}$ Taler oder $^{1}/_{2}$ Krone = 4 Mark Dansk = 64 Skilling Dansk. 1 Rdl. bis 1625 war 6 Mark Dansk = 96 Skilling Dansk = 48 Schilling Lübsch; 1 Mark Dansk galt 16 Skilling Dansk oder 8 Schilling Lübsch.
Das Silber wurde in Schleswig-Gottorf vor 1700 unter Minister Görtz verschlechtert und erreichte im Nordischen Krieg 1700–1721 mit dem Untergang Gottorfs seinen Tiefpunkt. Erst 1776 nach Landaufteilung und Adelsentmachtung kam im Herzogtum Schleswig ein neuer, billigerer Speciedaler (Speziestaler, Rigsdaler Specie) zu 60 Schilling (Sch) Lübsch oder 120 Skilling Dansk. Preise finden sich verstreut bei *Laß* (1752) und bei *Jürgens* (1914).
Kaufkraft-Vergleich in etwa: 1 Rigsdaler von 1634 = etwa 15 Euro bei Euroeinführung, als ein Euro = 2 DM galt. 1 Mark Lübsch = etwa 5 Euro.

Tab. V a: Preise bis 1634 (Mandränke)		
Ware	**Preis 1634**	**Währungseinheit**
100 kg Roggen	7 $^{1}/_{2}$	Mk. Lübsch
100 kg Gerste	6	Mk. Lübsch
100 kg Hafer	4 $^{1}/_{2}$	Mk. Lübsch
1 Ackerpferd	20	Rdl.
1 Ochse, 600 Pfd.	10	Rdl.
1 Kuh	8	Rdl.
1 Schwein	8 $^{1}/_{2}$	Mk. Lübsch
1 Schaf	24	Sch.
1 Pfd. Butter	4	Sch.
1 Huhn, 2 $^{1}/_{2}$ Pfd.	2	Sch.
1 Gans, 10 Pfd.	16	Sch.
1 Pfd. Schweinefleisch	2 $^{1}/_{2}$	Sch.
1 Pfd. Speck	4	Sch.
1 Stieg, 20 Eier	3	Sch.

Tab. V b: Handwerkerlöhne (Mark, Rigsdaler) Arbeitslöhne je Handwerker-Tagwerk (TW) ca. 10 Std. in Schilling (Sch.) mit Kost:	
Handwerk	**Lohn in Sch.**
Maurer	9
Zimmermann	18
Dachdecker	10
Tischler	10
Zimmermeister	18
Zimmergeselle	10–16

Abb. 30: Alte Schlossschmiede (Richard v. Hagn, 1894)

Die Schlossschmiede **(Abb. 30)** mit Schmiedemeister neben dem Torhaus diente unter Herzog Johann Adolf der Versorgung von Pferden und Wagen im Dienste des Schlosses. Obwohl Schloss und Schlossschmiede zu Mildstedt gehörten, nicht zu Husum, aber der Schmiedemeister war Ausnahme und seit 1785 Zunftmitglied des Husumer Schmiedeamtes.

Der Dreiecksplatz davor und Lindenallee sind auf alten Stadtplänen, z. B. bei *Jens Peter Trap* **(Abb. 31)** eingezeichnet. Der Dreiecksplatz und Bäume mussten um 1960 Park- und Bauplätzen weichen. Später wurde dort die Schlossapotheke erbaut, deren Parkplatz heute mit einem Apartment-Wohnblock bebaut ist; es sind dort Zufahrten zum Einkaufscenter THEO und weitere Gebäude.

Auf der topographischen Karte **Abb. 31** von *J. P. Trap, Husum 1864*, ist links oben das Schloss mit dem Schlossgarten zu sehen, der 1878 zum Englischen Garten heutigen Zuschnitts umgestaltet wurde. Südwestlich des Schlosses liegt der damalige Dreiecksplatz mit der Allee, heute ist da der westliche Teil der Schlossstraße. Mittig am Westrand ist eine Kalkbrennerei in Nordhusum und eine zweite, die „Bischoffsche", an der Hafenstraße eingezeichnet. Dann am Rand von Nordhusum etwas südlich eine Ziegelei; eine zweite Ziegelei steht am südlichen Rand. Die damals im Herzogtum gültigen dänischen Silber-Rigsdaler, die für den Viehhandel häufig genutzt wurden, sind rechts abgebildet: Links ein Rigsdaler Species mit Wappen 1840, rechts das ältere Wappen Dänemarks 1839. Diese Speciesdaler oder Rigsdaler Species zu

48 Schilling oder ab 1776 zu 60 Schilling waren noch bis 1870 gültige Zahlungsmittel am Viehmarkt und hießen auf Plattdeutsch „Spetjes".

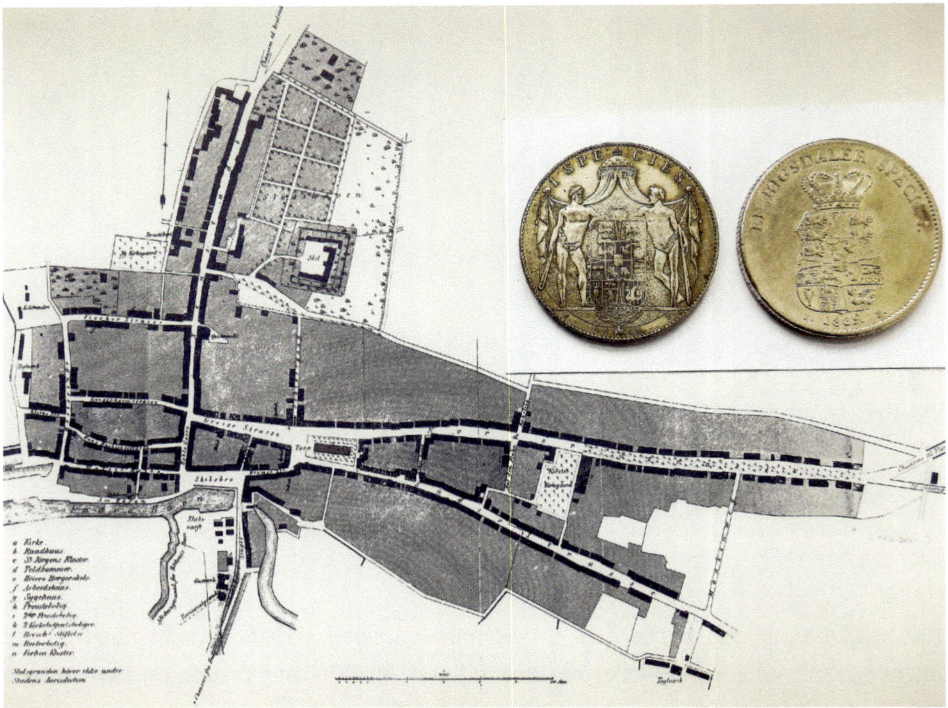

Abb. 31: Stadtplan Husum, J. P. Trap 1864; oben zwei dänische Rigsdaler Species

C.4 Seit wann gibt es Berufsfischerei in Husum?

Berufsfischerei hatte früher keine große Bedeutung für Husum. Die benötigten Fische kamen aus der Umgebung, aus der Utlande und aus Dänemark, z. B. von Röm, Fanö, aus dem Fischereiort Hjerting nördlich von Esbjerg, das nach 1864 zum wichtigsten Hafen wurde.

Es gab zwar schon früh die gewerbsmäßige Austernfischerei am Porrenkoog, der Ende des 15. Jahrhunderts eingedeicht wurde, und später am Dockkoog, eingedeicht 1848. Die zahlreichen Austernbänke der Utlande (*Jensen* 1891/1927, S. 469, kennt rund 45) waren im Besitz des dänischen Königs, später in Privatbesitz. Austern waren demnach bis 1668 so reichlich, dass 500 Austern nur 1 Rigsdaler und 9 Schillinge kosteten und bei Festschmausen immer selbstverständlich gereicht wurden, ebenso bei den festlichen Zusammenkünften der Kirchen- und Klostervorsteher (siehe *Laß*). Dann aber wurden die Austernfänge schon vor der Anlandung von den Fuhrleuten Husums aufgekauft und auf eigene Rechnung profitabel anderenorts angeboten und verkauft.

Deshalb wurden die Austern ab 1668 plötzlich rar und teuer, sie gehörten nun nicht mehr zu den üblichen Festessen dazu. Die Austernfischerei war bis gegen 1900 ein wichtiger Wirtschaftszweig für Husum. Husumer Austern waren ein anerkanntes Qualitätserzeugnis für den Export. Die staatlich-dänische Austernfischerei auf den vorgelagerten Austernbänken ging auch unter der neuen preußischen, dann kaiserlichen Regierung weiter, Austern wurden erst noch privat, dann staatlich bis Ende des 19. Jahrhunderts erfolgreich vermarktet und exportiert. Husums angesehener Bürgermeister Emanuel Gurlitt dichtete 1887 über die Austern aus Husum: „Hier swemmt de Austern frie herum, doch jonich för dat Publikum". Die Austern wurden als Spitzenprodukt aus Husum den Sylter Austern vorgezogen und frisch z. B. nach Hamburg geliefert. Daneben gab es über die Zeitläufte der Jahrhunderte wie überall an den Küsten und im Binnenland an Seen und Flüssen die Fischerei für den Eigenbedarf. Da Husum an der fischreichen Husumer Au lag, hat es dort auch früh Fischfang gegeben. So erfahren wir für das Jahr 1645 von einer herzoglichen Verfügung, dass die Fischerei auf der Solten- oder Lauerfenne dem Speisemeister des Gasthauses St. Jürgen vorbehalten und darum sonst verboten sei (*Laß*). Eine Fischerei im Mühlenteich, der ja auch schon früh für den Betrieb der Wassermühle aufgestaut worden war, gebaut im 15. Jahrhundert an der heutigen Stelle, ist ebenfalls belegt bei *Laß*, für das Jahr 1619, S. 88/89. Da ging es um Grenzstreitigkeiten zwischen Rödemis und Husum, die durch eine fürstliche Verfügung bereinigt werden mussten. Diese legte fest, dass es verboten sei, die Grenzpfähle an der Gemeindegrenze zu versetzen. Am 4.10.1609 wurden durch Herzogin Augusta von Dänemark zwölf Grenzsteine festgesetzt, um Streitigkeiten mit Nachbarkirchspielen zu schlichten, urkundlich bestätigt durch Herzog Johann Adolf auf Gottorf (s. *Noll*). 1645 wurde den Rödemissern zudem nach altem Gewohnheitsrecht das Fischen an der Mildau gestattet. Für den Mühlenteich **(siehe Abb. 32)** an der Au heißt es bei *Laß* 1752: „Der Mühlenteich und die Fischerey darinnen soll allein nach Husum gehören, wogegen den Rödemissern die Freyheit in Husum zu handeln und zu wandeln bestätiget werden."

So heißt es auch in der Theodor Storm-Novelle „Abseits" 1862, dass auf dem großen Mühlenteich östlich der Wassermühle Reusen- und Karpfenfischerei betrieben worden ist. An der Nordsee wurde schon immer nach Schollen, Meerestieren und Krabben mit Handnetzen, Reusen, von Booten aus oder mit der Gliep gefischt oder geangelt, je nach Jahreszeit auf Aal, Bütt oder Scholle, Krabben, Hering, Sandstecher, Äschen. Die Gliep ist eine rund zwei Meter lange Stange zum Schieben auf dem Wattboden, an der vorne an einem hölzernen Halbkreisbogen ein Netz befestigt ist, in das die Meerestiere beim Schieben gegen den Strom des abfließenden Wassers hineingeraten. Die Gliep schiebt man so im flachen Wasser vor sich her und versperrt den flüchtenden Kleintieren den Weg. Diese Gliep-Fischerei für den Eigenbedarf gab es bis vor rund 40 Jahren noch.

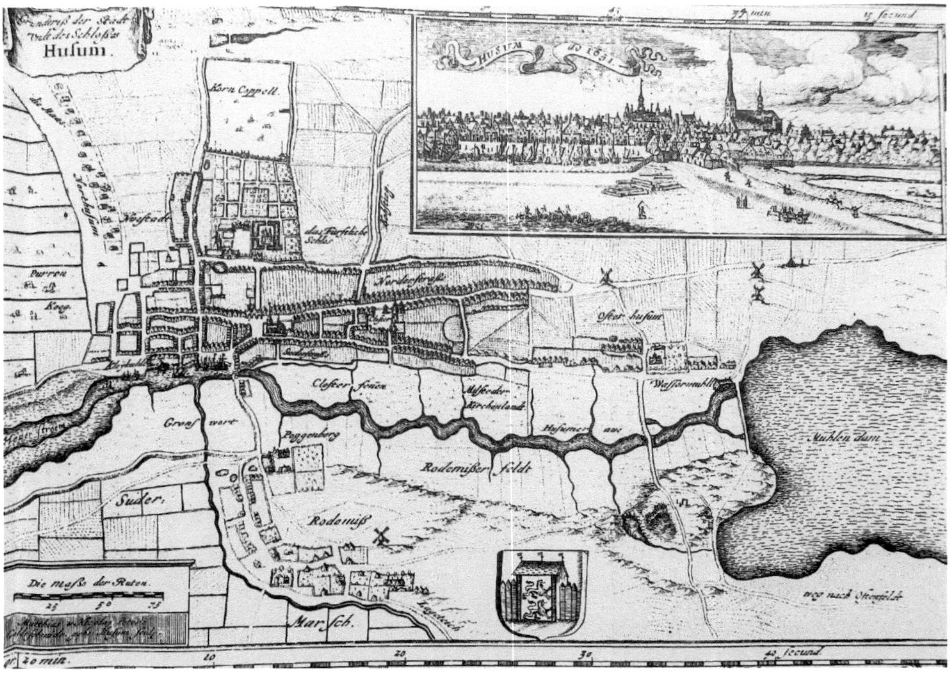

Abb. 32: Husum um 1600 mit dem großen Mühlenteich, ohne Rathaus.

Fischerboote im staatlich-preußischen Heimathafen Husum sind seit 1902 mit acht Krabbenkuttern und der Kennung SH – Schleswig-Holstein – für die Wattenmeerfischerei in Registern belegt (siehe bei *Seier*). 1916 wurden noch einige Familien aus Büsum als Berufsfischer in Husum in der Hafengegend sesshaft, meist Kleikuhle, Kleine Straße, Wasserreihe, Westerende. In Husum gab es nur wenige ansässige Krabbenfischer, eine Ansiedlung versprach also eine Zukunft. Die in Husum ansässigen fünf Gründer-Fischerfamilien aus Büsum, Fischer Laß, Linke, Rohde, Strüben und Lange und ihre Nachkommen haben rund 100 Jahre die Husumer Krabbenfischerei maßgeblich geprägt. Sie gründeten 1928 mit 20 Krabbenkuttern, davon drei aus Rödemis, den „Husumer Fischerverein". Ab 1933 wurde die Fischerei staatlich von der NSDAP gefördert für die Selbstversorgung des Reiches; die Berufsfischer und Eigner von Kuttern waren vom Reichswehrdienst freigestellt. An der Krabbenfischerei beteiligt waren auch die Fischerfamilien Herpel, Lorenzen, Hirsch, Beck, Cunze, Paulsen und Koch. In Husum begann derzeit in der NS-Zeit auch der beliebte Fischhändler Eduard „Ede" Sörensen (1897–1971) auf einem Fahrrad, später mit einem Lieferwagen. Der galt als aufrecht auch gegenüber der NS-Obrigkeit, nahm kein Blatt vor den Mund, verkaufte seine Fische mit „dicke, fette Hering, jüst so fett as Göring" und kam dafür einige Tage in Gestapohaft. Danach pries er seine Ware wieder an: „... dicke, fette Hering, jüst so fett as vörgüstern". Er galt als Kultur- und

Bücherfreund. Nach dem Krieg haben er und seine Familie es mit Fleiß und Verstand zu Wohlstand, Fischhandlung, Fischversand und einer Fischräucherei am Schulwald gebracht, bis Ende der 1960er Jahre. Räucheraale galten derzeit als Delikatessse; Fische und Aale von Ede Sörensen durften auf keinem Markt und Jahrmarkt in Husum und auf den Dörfern fehlen. Zur Blüte kam die Husumer Kutterfischerei aber erst nach 1945. Um 1960 fuhren rund 50 Kutter zum Fang aus. Ein weiterer Meilenstein war 1948 die Gründung der Fischereigenossenschaft Husum, die sich fortan vierzig Jahre um Schiffsausrüstung, Schiffsproviant, Abnahme, Belieferung mit Treibstoffen, Sicherung von Reparaturleistungen durch die ansässige Krögerwerft bis hin zur Vermarktung kümmerte.

Das war zunächst ein Kind der Mangelwirtschaft nach 1945 mit dem Zwang zur gemeinsamen, genossenschaftlichen Organisation. Diese firmierte nach dem Zusammengehen mit der Dithmarscher Genossenschaft Holsatia Friedrichskoog ab 1988 als Fischereigenossenschaft Holsatia-Friedrichskoog in Husum, Außenhafen 1, und existierte bis zu ihrer Firmenliquidation 2012. Jahrzehntelang gehörte am Außenhafen auch der „Seashop" der Fischereigenossenschaft dazu, bei dem es die typische Fischerkleidung, Fischerstiefel, Öl-und Regenjacken etc. zu kaufen gab – für den seit Jahrzehnten gewachsenen Tourismus; der schloss seine Pforten 2023. Der letzte verbliebene Schiffsmakler (2022) ist Wilhelm F. Schmid, „Seeschmid". Daneben gab es

Abb. 33: Rödemisser Fischereiflotte am Liegeplatz Rödemisser Priel um 1960

private Schiffsausrüster wie z. B. Thomsen an der Hafenstraße und Kaufleute, die den Proviant lieferten, z. B. die Firma Pahl auf dem Westerende ganz in Hafennähe. Die gut organisierte Berufsfischerei entwickelte sich mit der Stütze der Fischereigenossenschaft zu einem wichtigen Standbein der Husumer Wirtschaft. Eine Veränderung von Standortfaktoren brachte etwa ab 1970 die Steigerung der Arbeitslöhne und damit Probleme bei der Sicherstellung der Krabbenpulerei. Die Mengen an Krabben mussten, weil es keine Maschinen dafür gab, von Hand gepult werden, in Heimarbeit verteilt über Hunderte von Haushalten. In Husum, in jedem Dorf rund um Husum bis ins Hinterland saßen die Krabbenpuler, meist Frauen, die im Nebenerwerb für wenig Lohn die früh morgens gelieferten Krabben pulten. Nach der Gründung der EWG änderten sich die Begleitumstände, Löhne stiegen, Krabbenpulen verlor an Bedeutung. So kam es zur Übernahme der Fischereigenossenschaft durch die niederländische Firma Klaas Puul, mit einer Flotte von Last-Kühlwagen für Transporte und Logistik. Später wurden die Krabben auch in Polen oder in Marokko gepult, das konnte nur die multinationale Logistik von Klaas Puul leisten, neu firmiert unter Holsatia Klaas Puul GmbH, auch die niederländische Firma Heiploog war dort tätig.

Ab 1956 wurde die Fischersiedlung auf Rödemishallig angelegt **(Abb. 34)**, mit zunächst 35 Häusern zu je 82,5 Quadratmetern Wohn- und Nutzfläche auf je 1300 qm

Abb. 34: Fischersiedlung: Richtfest 1966 mit dem Vorsitzenden Fritz Lorenzen

Grundstück für die nötige Selbstversorgung im Hausgarten. Dieses neue Viertel wurde mit neuen Häusern und mit dazugehörigen Gartengrundstücken zu erträglichen Kredit- und Abtragsbedingungen mit dem Komfort der Zeit für zuletzt 57 Fischerfamilien zur neuen Heimat. Die zuletzt gebauten Häuser hatten nur rund 800 Quadratmeter Grund – der Zwang zur Selbstversorgung hatte nachgelassen. Die Häuser kosteten damals 32.500 DM und hatten ab 1959 auch Badezimmer und Zentralheizung, das war ein ungewohnter Komfort. Aber auf ein fertiges, sauberes Wege- und Straßennetz mussten sie bis 1988 warten, dafür mussten die Familien nochmals viele Erschließungskosten aufbringen. In ihrer gleichsam für die ganze Nordseeküste beispielhaften Siedlung wohnten sie ganz in der Nähe ihrer Fischerboote, die auf Rödemishallig in einem ausgebauten Hafenbecken ihren Liegeplatz hatten. Dort am Südufer des Außenhafens unweit der Fischersiedlung entstand ein Hafen für die rund 60 Kutter und erhielt später große Hallen und Gebäude für Versorgung und Vermarktung. Maßgeblich initiiert wurde diese Fischersiedlung als herausragendes soziales Siedlungsprojekt vom Vorsitzenden und Gründungsmitglied des Fischereivereins, Fischer Fritz Lorenzen, der für sein großes Engagement für die Husumer Berufsfischerei 1969 das Bundesverdienstkreuz erhielt. Nach ihm ist der Fritz-Lorenzen-Gang benannt, der führt mit Kopfsteinpflaster an der ehemaligen Fischereigenossenschaft hinunter zum Kai der Außenhafen-Nordseite. Heute ist die Rödemishallig mit dem alten Rödemishafen Standort einiger Betriebe und Betriebshallen; z. B. Metallbau Lorenzen und die Fisch- und Krabbenvermarktung gleich an den Kutter-Liegeplätzen, der beliebte „Fischmarkt", auch Sonntags geöffnet. In Husum selbst sind 2021 noch 15 Fischkutter beheimatet, acht in Husum und die anderen auf Nordstrand, in Schlüttsiel und auf Havneby/Röm. Im Wartungs- oder Reparaturfall gibt es nur noch eine Werft für Fischkutter in Büsum, dem Haupt-Liegeplatz für Fischkutter. Nun wollen Husumer Fischer die Husumer Reparaturwerft reaktivieren (Stand: November 2022).

C.5 Welche Bedeutung hatten Husumer Werft und Hafenwirtschaft?

1461 verlieh König Christian I. den Amsterdamer Kauffahrern das „Stapelrecht" an der Husumer Schiffbrücke, die als Schaufenster und Lager für Waren diente. Schiffbrücke und Hafen wurden 1526 nach Abriss von Bauten Westerhusums durch König Friedrich I. mit einem Bohlenwerk befestigt, mit einem Kran bestückt, der gegen Bezahlung auch auswärtigen Kaufleuten diente. Husum erhielt zur Handelsförderung die Accise-, also Steuerfreiheit. Einen weiteren Anstoß gab 1555 die Gründung der Cramer-Compagnie durch Kauf- und Seehandelsleute, die beim Herzog Adolf 1561 die Festigung des Hafen- und Bakenwesens durchsetzten. 1674 folgte eine

Zollverordnung. Ein Kran-Neubau von 1592 wurde für 20 Jahre allen frei nutzbar. Lange vorher hatten holländische, westfriesische Kaufleute schon die dänische Königsstadt Ripen angefahren. Die Blütezeiten des Husumer Hafens lagen außer im 16. Jahrhundert noch im 18./19. Jahrhundert, als Husum mit seinen Kaufmanns- und Handelsfamilien wie Woldsen, Petersen, Asmussen, Feddersen eine Flotte von etwa 20 Handelsschiffen beheimatete. Schon 1510 hatten Husumer Kaufherren 40 Schiffe auf eigene Rechnung auf Kauffahrtei ausgerüstet. 1561 wurde auf Betreiben der Schiffergilde das *Wisby-Seerecht* verfügt – benannt nach der Hanse-Hafenstadt Wisby auf Gotland. Dieser Kontakt führte zu einer bedeutenden Einfuhr von Gotland-Steinplatten, auch Gotländer Marmor genannt, in den Hafen Husum. Gotländer Stein wurde nach Husum verschifft und im Schloss vor Husum, im Kavaliershaus und Torhaus verbaut, auch in Kaufmanns- und Handwerkerhäusern des 16. und 17. Jahrhunderts, so im Geschäftshaus Großstraße 9 des Reepschlägers Glommert. Kirchen und Kaufherrenhäuser aus der Backsteingotik und Renaissance wurden ausgestattet mit Gotländer Marmor, das Herrenhaus Hoyerswort, das Schloss Tönning, etliche Haubarge, z. B. im Roten Haubarg bei Witzwort, im Pastoratshaubarg Poppenbüll und in Eiderstedter Kirchen. Delfter Fliesen kamen aus den Niederlanden infolge reger Seefahrts- und Handelsbeziehungen nach Nordfriesland und Friedrichstadt.
Nach der Groten Mandränke 1634 und der Zerstörung der reichen Insel Strand hatte Husum nur noch 20 Schiffe (*Laß*, **s. Tabelle VI.**). Die Flut zerstörte Husums Speisekammer Strand, nur drei Kirchspiele blieben verschont, nämlich Pellworm, Nordstrand und Nordstrandischmoor. Die Mandränke (siehe *Heimreich* und *Laß*) vernichtete 22 Kirchen, 40.000 Demat Land, 28 Windmühlen, 1389 Häuser, 15.000 beste Rinder, die nach Husum geliefert worden wären. Neben der ungeheuren Vernichtung von Eigentum und Wohlstand der Strandinger war die Hälfte der profitablen Fracht nach und mit Holland, England und Norwegen verloren. Der neue Marktflecken Bredstedt minderte Husums Wirtschafts- und Hafenwachstum, auch Friedrichstadts Stadtgründung 1621 schwächte Husums Handel mit Eiderstedt und Stapelholm. Als Folge der Flutschäden auf Eiderstedt und Strand musste Husum viele Kredite abschreiben, ein Verlust von 20.000 dänischen Reichstalern (s. *Laß*) trieb einige Husumer Kaufleute und Handwerksmeister in den Konkurs. Wegen der Wirren im Dreißigjährigen Krieg gab es schon vorher eine Auswanderung in die Niederlande. Darum erließ Husum eine Verordnung, dass eine Auswanderung nur schuldenfrei erlaubt wurde. Nach der Sturmflut 1634 befreite Herzog Friedrich die Stadt von den Deichbaukosten für den stark geschädigten Lundenberg als Teil der ehemaligen Lundenbergharde. Dort starben 1641 bei Deichschlussarbeiten 27 Deicharbeiter aus Husum; ein schwarzer Tag. Die nördlichen Utlande, wenig betroffen von den Sturmfluten, waren der Gewinner.

Tab. VI: Zahl der Schiffe mit Heimathafen Husum	
Jahr	**Schiffe**
1510	40 große; viele kleinere
nach der großen Mandränke 1634	nur noch 20
1769	13
1803	18
1860	20
2020	15 Fischkutter (es liegen 8 in Husum, 7 in anderen Häfen wie Nordstrand, Schlütttsiel, Havneby/Röm); und noch 10 weitere Schiffe (u. a. BAT/ATR, Polizei).
Zum Vergleich: Die tidefreien Ostseehäfen Flensburg, Hadersleben und Eckernförde hatten deutlich mehr Schiffe als Husum, sogar Tönning hatte nach 1600 mehr Schiffe.	

Die Zahl der Schiffe ist nur in Verbindung mit ihrer Größe aussagekräftig, bemessen nach Lasten: Eine „Schiffslast" entsprach dem genau festgesetzten Wert von 1937,4 kg, also knapp 2 Tonnen (siehe *Lorenzen-Schmidt*) wie in den Hansestädten Hamburg und Lübeck auch in den Herzogtümern. Die meisten Schiffe konnten 30 bis 50 Lasten verfrachten, rund 57 bis 95 Tonnen.

Die Husumer machten 1643 beim Herzog eine Eingabe, den Wasserlauf der Mühlenau nicht durch einen Deich (*Laß*, S. 110) zwischen der Schobüller und der Simonsberger Seite abzudeichen, das würde dem Schiffsverkehr, dem Frachtaufkommen und Husums Seehandel schaden: „... als welches um so mehr dadurch zu beweisen, daß Husum des Stroms halber alhier angeleget" (*Laß*). Die Husumer verwiesen auf ihre Hafen-Privilegien und auf herzogliche Bestrebungen, den Nord- und Ostseehandel zu stärken. Der Herzog versprach, niemals mehr diese Eindeichung zu verfolgen. 1643 z. B. war der Hafen für Schiffe bis 130 Lasten nutzbar, das sind 250 Tonnen-Schiffe für Stück- und Massenfracht, Getreide, Fässer, Ballen, Stückvieh.

Der Herzog stellte aufgrund der Finanznöte durch Katastrophen und Schatzungen 1646 Husum, Eiderstedt und Tondern zollrechtlich den Hansestädten Hamburg, Lübeck, weiteren Städten und Häfen des Herzogtums und den niederländischen Handelspartnern gleich. Husum erhielt gegen eine einmalige Zahlung von 2.500 Reichstalern (Rtl.) das Recht auf freien Warenverkehr in Ewigkeit (*Laß*), ebenso Eiderstedt gegen die hohe Zahlung von 35.000 Rtl.

Husums Hafen hatte von Anfang an mit der Verschlickung zu kämpfen. Das ist eine Folge des physikalischen Gesetzes, dass wegen des stärkeren Wasserdruckes bei auflaufendem Wasser immer mehr an Schlick und Sinkstoffen bei Flut eingebracht wird als bei Ebbe wieder mit abfließt. Man versuchte 1542 mit der neuen Zingelschleuse die Ablagerungen durch Ausspülen mittels viel aufgestautem Wasser wieder hinaus zu spülen. Die Zingelschleuse wurde 1610 durch einen Dammbruch

zerstört (*Laß*). Das klappte nicht, der Husumer Hafen war nur für kleine Schiffe nutzbar; größere blieben im tieferen Fahrwasser draußen auf Reede liegen (siehe bei Mügge *1846*). Die Zingelschleuse wurde als Schutzschleuse mehrfach von 1624–1777 erneuert, zuletzt 1858, und 1905 durch die neue, größere Schleuse ersetzt.
Die verheerende Grote Mandränke 1634 beendete die erste Blüte Husums. Husums Versorgung mit Getreide und Vieh und der Kaufhandel litten mit den Landverlusten schwer.
Auch eine Austernzucht hatte Husum. Der Hafen gehörte bis 1847 der Stadt, dann fiel er an die dänische Herrschaft bis 1867. In dieser Periode wurde das Dänische stark gefördert. Der Hafenausbau wurde seit den Vierziger Jahren voran getrieben, mit der Eindeichung des Dockkooges, mit dem Plan für das Trockendock im Dockkoog und Ausbauplänen für größere Hafen- und Kaianlagen. Das alles kam mit der Schleswig-Holsteinischen Erhebung 1848–1850 und mit dem Krieg 1864 zum Erliegen. 1874–1877 entstand das Trockendock, das bis heute funktioniert, als einmaliges Industrie-Denkmal.
Ab 1606 gab es Schiffbau in Husum; 1740 wurde ein Schoner Fortuna gebaut, seit 1779 gab es Schlepp-Hellinge. Der Hafen war wichtig, aber erst 1769 (*Momsen*) wurden ein Schiffszimmermeister, Broder Andresen, und Schiffszimmerleute erwähnt. Eine Werft mit Hellingen gründete Schiffsbaumeister Paasch mit Magistratserlaubnis 1796. Diese Werft gedieh nach der Napoleonzeit mit bis zu 20 Schiffbauern unter dem Werftbaas Paasch jun. und dem Enkel bis 1870. Probleme machten wie erwähnt Verschlickung und Schleusen. Bürgermeister Gurlitt schrieb satirisch um 1887 „De Hoben, de de Fiskus hört, is för de Stadt vun groten Wert und harr al längstens Weltverkehr, wenn he en beten natter weer". Die Werft leistete Reparaturen und den Neubau weniger Küstensegler und wurde 1870 an die Stadt Husum verkauft, mit vielen Pächterwechseln und wenigen Aufträgen für Fischerboote bis gegen 1930. Sie baute ab etwa 1900 auch Dampfschiffe mit Eisenrumpf. Letzter Besitzer 1930–1945 war Johannes Tönnies. 1946 begann mit der Übernahme der Werft durch die Gebrüder Kröger **(Abb. 35)** eine Erfolgsgeschichte. Die Husumer Werft der Gebrüder Kröger, die 1945 mit ihrem Know How einer Werft aus Warnemünde hierher kamen, war nach 1945 einer der größten Arbeitgeber in der Region und sorgte im Spitzenjahr 1977 mit bis zu 760 Arbeitnehmern für den Lebensunterhalt vieler Familien in Husum und dem Umland. Ausbildungsplätze als Bootsbauer – Holz oder Metall – oder Werftschlosser waren begehrt und sicherten Arbeitsplätze mit hoher Fachkompetenz, vermittelt über viele Jahre von Bootsbaumeistern und Ausbildern für Lehrlingsausbildung, z. B. Schiffbauobermeister Erhard Henken aus Fresendelf. Die Schiffbauingenieure aus Warnemünde bauten in 20 Jahren die Werft zu einer Großwerft aus, unterstützt durch Schleusenneubauten 1961 und 1971. Im Außenhafen entstand ein 130-Meter-Trockendock, 1982 ein größeres 150-Meter-Dock für Schiffe bis 15.000

Abb. 35: Gebrüder Karl (links) u. Hans Kröger (rechts) mit Hafenmeister Carstensen (Mitte)

Tonnen. Nach dem Schleusenneubau 1974 wurde der Werftbetrieb 1978 in den Außenhafen verlegt. Der Neubau- und Reparaturbetrieb am Außenhafen war sehr erfolgreich; viele Husumer Betriebe waren Zulieferer für Schiffsausrüstungen. Die Thordsen-KG ließ ihre Schiffe dort bauen. Die Wasserschutzpolizei orderte das Polizeiboot „Sylt" 1988. Spezialschiffe, 14 Schiffe der Lindinger-Klasse für eine dänische Reederei, eine Autofähre für die Wyker Dampfschiffreederei WDR liefen vom Stapel. 1971 wurde Uwe Niemann, Schwiegersohn Hans Krögers, nach dessen Tod Werftchef. Insgesamt baute die Werft 400 Schiffe neu und reparierte 300. Im Außenhafen liefen die Neubauten als Querstapelläufe zu Wasser. Später wurden Windgeneratoren wie HSW 200 und HSW 750 gebaut. Das letzte Schiff verließ 1999 vor der Insolvenz die Husumer Werft. Auf dem alten Werftstandort entstand 1985–1989 das neue Rathaus. Die Stadtverordneten verwarfen den Siegerentwurf des Hamburger Architekten von Gerkan (1935–2022) und entschieden sich für den 4. Siegerentwurf des Hamburger Architektenbüros Winking und Partner, der nach der Einweihung 1989 als stadtplanerische und architektonische Bereicherung Husums gelobt wurde, aber bei vielen gewöhnungsbedürftig war. Die Werft-Hellinge blieben unter Denkmalschutz erhalten. Der Außenhafen wurde Wirtschaftsstandort mit Landhandel und Werft-Reparaurbetrieb. Die nach Rendsburg verlegte Krögerwerft fusionierte mit der Lürssenwerft in

Bremerhaven zur namhaften Lürssen-Kröger-Werft. Die Husum prägenden Backstein-Silotürme, u. a. gebaut 1939 vom Hamburger Kaufmann Thordsen, waren um 1965 mit die größten an der deutschen Küste **(Abb. 36)**.

Die Repower Systems AG als führendes Windenergie-Unternehmen hatte um 2000 einige Jahre auf dem Werftgelände der Hafen-Südseite einen Standort für Planung, Montage und Wartung großer Windkraftanlagen bis 5 Megawatt, der aber nach der Verdrängung der „Husum Wind" als weltweit größte Windmesse durch die Gründung der „Wind und Energie Hamburg" geschlossen wurde. Husums Hafen war ungeeignet als Versorgungshafen für Offshore-Windenergie und Petroindustrie. Das übernahm mit großem Erfolg der dänische Hafen Esbjerg.

Das Commercium Husum, begründet 1738 vom König Christian IV., spielte in Kooperation mit dem Magistrat eine wichtige Rolle für die Fahrrinnen-Befeuerung, das Bakenwesen, den Schleusen- und Fahrrinnen-Ausbau und die Sicherheit der Schifffahrt. 1845 bis 1847 wurden das Tonnen- und Bakenwesen und der Husumer Hafen staatlich dänisch. Der zentrale Tonnen- und Bakenhof für die Schifffahrt ist heute in Tönning, ein Betrieb des Wasserstraßen- und Schifffahrtsamtes. Die neue Zingelschleuse entstand auf Order des dänischen Königs Frederik VII. 1858 an der Mühlenau.

Dänemarks Niederlage 1864 gegen Preußen und den Deutschen Bund war für Schleswig-Holstein und Husum folgenschwer. Die dänischen Pläne zur Hafenerweiterung wurden Jahrzehnte später im Kaiserreich fortgesetzt. Gebaut wurden die Eisenbahnbrücke für die Marschbahn, 1902–1904 die neue Hafenschleuse, 12 m breit und 5 m

Abb. 36: Husumer Hafenwirtschaft am Außenhafen – über 300 Arbeitsplätze

Abb. 37: Husumer Seeschleuse, gebaut 1974, hier März 2021 bei Niedrigwasser

tief, neue Kaianlagen am Außenhafen; das Hafenbecken wurde auf 4,5 m vertieft, verschlickte stetig wieder. Viele Aufträge erhielt das Husumer Eisenwerk Matz, späterer Besitzer Jan Hamkens, für den Hafen, den Viehmarkt, die Kanalisation, die Brauerei und die Bahnanlagen.

Die Rödemishallig wurde 1904 eingemeindet, Rödemis selbst 1938. Die Hafen- und Brückenarbeiten waren bei den Untergrund- und Baubedingungen eine große technische Leistung. Der letzte Großbau im Außenhafen war 1973/74 die neue Seeschleuse mit 22,5 m Breite. 1977 folgte die hydraulisch betriebene Wagenbalkenbrücke, deren Hydraulik aber in den Jahren nach 2000 mit häufigeren Schließungen ständig Probleme machte. Ein neuer Portalkran wurde 1985 am Außenhafen fertig. Die innerstädtische Westtangente der B5 wurde von 1998/2000 gebaut. Der privat geführte Silo- und Mühlen-Landhandel BAT Agrar GmbH & Co. KG auf der Hafen-Südseite entstand aus einer Fusion mit ATR Arp, Thordsen, Rautenberg, zu der neben den Husumer Getreidemühlen und Silos rund 40 weitere Standorte zählen. Husum ist Zentrale für Nordwestdeutschland. Die BAT handelt mit landwirtschaftlichen Rohstoffen, Getreide, Ölsaaten, Futtermittel und hält eine Fahrzeugflotte von 100 LKW. Von Husum fahren die Schiffe Ilka, Maike, Henriette und Anouk der Abteilung Schifffahrt der BAT unter Leitung von Kapitän Michael Hinz aus einer hiesigen Schifferfamilie. BAT, seit 2021 Teil der Beiselen Holding in Ulm, ist ein Landhandel und Futtermittel-Großbetrieb mit rund zwei Mrd. Euro Umsatz, 1500 Mitarbeitenden und europaweiten Wirtschaftsbeziehungen in der Beiselen Holding. Seit 2015 lenkt

Abb. 38: Alte Husumer Werft 1946 vor Übernahme durch Gebrüder Kröger

ein Straßenzubringer von der B5 etwa einen Kilometer in Richtung Rödemishallig den Lastenverkehr zum Hafen. BAT auf Rödemishallig ist unverzichtbar für die Landwirtschaft und „versorgt jede zweite Kuh" (Zitat: Hans von Wecheln, Sprecher der Interessengemeinschaft Nordfriesische Häfen) mit Futtermitteln. Am Ortseingang Husum-Fischersiedlung entstand ein Kreisverkehr zur kreuzungsfreien Verkehrsführung zum Außenhafen mit seiner Hafenwirtschaft. 2022 bis Frühjahr 2023 entstand ein zweiter Kreisverkehr am Abzweig der B5 Richtung Außenhafen. Die B5 nach Tönning wird ab Ende 2022 dreispurig ausgebaut.
Seit Jahrhunderten kämpft Husum mit der Hafenverschlickung. 1990 wurde zuletzt der Außenhafen an den Schlickbänken, den Barren, frei gebaggert. 2022 sind wieder zwei Barren in Höhe Dockkoogspitze angewachsen, eine erneute Ausbaggerung ist nötig. Derzeit können Schiffe nur in einem etwa einstündigen Zeitfenster auf der Hochwasserwelle der Tide in den Hafen einfahren. Nun forderte die Interessengemeinschaft Nordfriesische Häfen und deren Sprecher Hans von Wecheln (HN, 12.12.2022 und 7.1.2023): „Häfen an der Westküste ausbauen" und den Außenhafen Husum auf 4,70 m Fahrrinne zukunftssicher zu vertiefen, was seit Jahren zugesagt worden sei. Die Baggerkosten von rund 500.000 Euro teilen sich für stadtseitige

Flächen die Stadt, den zweiten Anteil das Land als Hafeneigner und den Anteil vor der Schleuse als Bundeswasserstraße der Bund. Starke private Betriebe (Bericht der HN am 7.1.2023) der Husumer Hafenwirtschaft waren dabei vertreten:

1. Husum Dock und Reparatur. Geschäftsführer Erik Deckmann betont die Fähigkeiten des Betriebs als Instandsetzungswerft auch für militärische Zwecke.
2. BAT Agrar GmbH & Co. KG. Geschäftsführer Jan Thordsen forderte am 7.1.2023 vom Verkehrsminister Madsen endlich die Hafenvertiefung auf 4,70 m, damit die Schiffe bis 3000 to auch beladen einfahren können, ohne um ein Drittel Fracht entladen zu müssen.
3. Schiffsmakler Seeschmid. Geschäftsführer Tom Brodersen fordert die Hafenvertiefung.

Die Stadt Husum übernimmt laut dem ehemaligen Bürgermeister Schmitz, der sich seit 15 Jahren für die Zukunftssicherung des Husumer Hafens einsetzt, die Projektträgerschaft.

Seit Abzug der Werft 1976 war auch der Binnenhafen ein Baustein der Stadtentwicklung: Verbesserung der Lebensqualität, im Sommerhalbjahr kein Durchgangsverkehr, Stärkung des Hafenviertels für den Tourismus, mit Kunst und Skulpturen, Fußgängerbereiche mit Granittreppen und Holzbänken, eine Marina vor den Apartments der Hafen-Südseite, historische Schiffe, Fußgängerbrücke mit Bootsdurchlass über dem Binnenhafen. Dort liegt seit 1979 das Restaurantschiff Nordertor, gebaut 1936 von der Germaniawerft in Kiel. Es lief als Passagierdampfer in Kiel und in Flensburg. Nun dümpelt es blauweiß gestrichen, mit Betonfüllung im Rumpf, als Restaurantschiff und beliebter Anlaufpunkt im Binnenhafen. Am Kai Hafenstraße können Traditionsschiffe festmachen, wie die schmucke „Windsbraut", ein Plattbodenschiff vom „Verein für ökologisches Lernen und Handeln", Heimathafen Stade, von 1911, oft genutzt von Kursen der HTS (HTS Mitteilungen 88, Husum 2022). Das Schiff wurde 2022 wie alle Traditionsschiffe für eine neue Betriebserlaubnis aufwändig inspiziert.

Die Wasserschutzpolizei (WSP):

Bis 2014 war Husum ein WSPR, „Wasserschutzpolizeirevier", höhere Dienststelle mit mehreren zugeordneten „Wasserschutzpolizeistationen" WSPS und 40 Planstellen einschließlich zweier Wasserschutzpolizeiboote in Büsum und Husum. Das Revier reichte von der Elbmündung über Helgoland bis zur dänischen Grenze. 2015–2020 erfolgte eine Umstrukturierung der Polizeidienststellen in Schleswig-Holstein, um Kosten und 62 Planstellen einzusparen. Heute hält die Wasserschutzpolizeistation (WSPS) Husum, seit 2015 dem WSPR Brunsbüttel untergeordnet, neun Planstellen mit einem Hauptkommissar als Stationsleiter. Die Ein-Mann-Stationen Wyk auf Föhr und List auf Sylt entfielen. Die eingesparten Kräfte kamen meist zur Schutzpolizei.

Die zwei früheren Husumer Polizeiboote sind Brunsbüttel zugewiesen. Das Einsatzgebiet blieb: Bei Bedarf müssen Kollegen aus Husum die Aufgaben in Büsum als aufgelöste Station mitübernehmen, per Dienstwagen nach Büsum, Dagebüll, Schlüttsiel, St. Peter Ording und Lexfähre fahren und Treene und Eider überwachen. Berührungspunkte mit der Fischereiaufsicht sind gering, trotz der WSP-Fachaufsicht über die Fischerei auf See. Die Boote aus Husum und Brunsbüttel wurden ab 2022 durch moderne Boote ersetzt (HN 8.10.2022); zuerst durch das Fischereiaufsichtsboot Ede Cunze mit Jet-Antrieb und 60 cm Tiefgang, Liegeplatz Husum oder Hörnum/Sylt zur Aufsicht über Krabben- und Muschelfischerei auch im Nationalpark. Eduard Cunze war 1928 Mitbegründer des Fischereivereins Husum. Die Husumer Polizeistation Poggenburgstraße wurde ebenfalls mit den Polizeireformen verkleinert. Das hat Folgen für die schnelle Einsatzbereitschaft.

Abb. 39: Wasserschutzpolizei und Hafenamt

Der Husumer Hafen als Wirtschaftsstandort auf einen Blick:

Eigentümer Land SH; Betreiber LKN-SH; Wassertiefe 4,20 m; Kailänge 2000 m, davon privat 1.100 m; genutzte Hafenfläche landseitig 120.000 qm; Kaje Außenhafen 2.964 m; Schutzhafen für Materialschiffe und Materiallager LKN-SH; Gesamtumschlag 2019: 287.000 to Getreide, Futter- und Düngemittel; Wasserfahrzeuge für Wasserschutzpolizei und LKN-SH; 10 registrierte Schiffe von LKN-SH, WSP.
15 Fischkutter mit Heimathafen Husum; 8 fahren ab Husum, andere ab Nordstrand, Schlüttsiel, Büsum und Havneby/Röm; Seeschleuse mit 21,5 m Durchfahrtsbreite.
Im Binnenhafen: touristische Nutzung, Sportboote; einzelne nicht fahrberechtigte Schiffe: ein Restaurantschiff, ein Plattbodenschiff.
Außenhafen mit Rödemishallig: Wirtschaftshafen, private und öffentliche Nutzung; keine Schwerlastfähigkeit; Schutzhafen für Materialschifffahrt/Küstenschutz LKN;

a) ATR- bzw. ab 2022 BAT-Landhandel; b) Hauptgenossenschaft HG Nord; c) HDR – Husumer Dock- und Reparaturwerft GmbH & CO. KG, einzige Reparaturwerft der Westküste für Personenschifffahrt Nordfriesische Inseln; d) Liegeplätze für landeseigene Schiffe, Küstenschutz, Bauhof; e) Fischerei; d) Personenschifffahrt.

C.6 Wie entwickelte sich Husums Bevölkerung (Volkszählungen / geschätzt)?

Husums Einwohnerzahl wuchs stark nach der Reichsgründung 1871, nach Kriegsende 1919 und 1945 als Kriegsfolge und neuer Funktionen Husums: Ausbau des Bahnhofs, neue Hallen, das Bahnbetriebsamt und Reparaturwerkstätten, Finanzamt, Krankenhauserweiterung, Kreiskrankenhaus, Berufsschulzentrum, weitere Schulen, Eingemeindungen.

Tab. VII: Husums Einwohnerzahlen

Jahr	Einwohner
1500	4.000
1600	ca. 5.000
1603 die Pest	ohne Angaben
1627–1629 Kriegswirren	ohne Angaben
1769	3.342
1803	3.658
1835	3.882
1840	3.851
1860	4.816
Reichsgründung 1871	ohne Angaben
1875	5.765
1905	9.040
1925	10.560
1933	13.380
1950	24.867
1970	24.963
2005	22.544 einschließlich Schobüll
2020	ca. 23.500

Gebraucht wurden Wohnungen, Arbeit, Schulen, Versorgung. Eingemeindungen von Norder- und Osterhusum, Rödemis und Schobüll erhöhten die Einwohnerzahlen, auch Soldatenfamilien. Husum war seit dänischer Zeit Garnisonsstadt, bekam 1933 den

Militärflugplatz Schwesing, ab 1955 zwei neue Kasernen, die Fliegerhorst- und die Julius Leber-Kaserne. Dann eine Station der Wasserschutzpolizei, in einem Klinkerbau der „Heimatschutzarchitektur" von 1928 bis 1955, das Haupt-Zollamt an der Kleikuhle mit bis zu 70 Zollbeamten und ein Hafenamt; heute gibt es eine Nebenzollstelle mit wenigen Mitarbeitern in der Süderstraße. Nach der Gründung des Kreises Nordfriesland 1971 entstanden ein neues Kreishaus auf dem Kamp und ein neues Rathaus am Zingel. 2020 wurde die still gelegte NS- und von 1957–2019 BND-Horchanlage in Hockensbüll vom Bund veräußert an ein Konsortium der Adler-Reederei Sylt mit weiteren Investoren: Sechs Kasernenblöcke unter Reet, auf rund 4 Hektar, sollen für touristische Zwecke hergerichtet werden; Planung und Umsetzung sollten ab 2022 folgen, es verzögert sich. Bundeswehr und Husumer Werft waren bis gegen das Jahr 2000 die größten Arbeitgeber. Husum wurde beengt von Umlandgemeinden, es gab seit etwa 1871 eine Reihe von Eingemeindungen. Nordhusum 1875, der angrenzende Schloss- und Arlewattgrund nördlich der heutigen Schlossstraße folgten 1938. Mildstedt verlor aber 1902 Rödemis an Husum. Die neue B5 beengt die Stadterweiterung nach Nordost, westlich ist keine Erweiterung möglich.
Bevölkerungszuwachs, Bauten und Straßen brachten seit Mitte des 19. Jahrhunderts für die Stadtwerke laufend neue Aufgaben. Kapitän Hakon Grüner, Justizrat, Ritter des

Abb. 40: Rödemishallig mit acht Husumer Fischerbooten Ende Dezember 2022

Danebrogordens, dänischer Bürgermeister Husums 1851–1864, plante ab 1859 eine städtische Gasversorgung nach dem Vorbild Neumünsters. Beauftragt wurde der Elmshorner Architekt Mohr, der dänische Minister für das Herzogtum Schleswig stimmte zu. Am 11.9.1863 nahm das erste Gaswerk für 81 Straßenlampen aus England den Betrieb auf. Zwei der historischen Gaslaternen standen bis 2003 ausgestattet mit Glühlampen an der Schlossbrücke am Weg ins Schloss. Im Schlossgang stehen heute westseitig noch drei den alten verschnörkelten Gaslaternen nachempfundenen Straßenlampen der Firma „Laternen Schröder". Städtischer Gasmeister wurde der Glasermeister Tagholm für 300 Reichstaler jährlich, freie Wohnung, Licht und Feuerung. Die Steinkohle fürs Gaswerk kam aus England nach Tönning, per Bahn nach Husum und mit Pferdefuhrwerken zur Gasanstalt. 1902 war auf Mildstedter Grund das Wasserwerk Rosendahl für die zentrale Wasserversorgung fertig; 1952 war das Wasserrohrnetz 54 km lang. 1908 folgte das Elektrizitätswerk. 1927 wurde der Bau der Kanalisation gestoppt wegen Geldmangel; ab 1951 gab es eine Fäkalienabfuhr mit Desinfizierung der Fäkalien; 1949 Vollkanalisation mit Klärwerk für 35.000 Menschen.
1951 folgte für die Volksgesundheit der Ausbau der Warmwasserbadeanstalt mit 14 Wannen, Sauna, Ruhe- und Massageräumen, zentrale Warmwasserversorgung; 1948 Hochdruckgasspeicher; 1952 schon 40 km Gasrohrnetz; 1952 Müllabfuhr - 25 cbm Müll täglich. Heute ist die Müllentsorgung ökologisch getrennt, privatisiert, aus den Stadtwerken ausgeschieden. Die Stadtwerke förderten die Umrüstung der Heizungsversorgung von Heizöl und Ölheizungen auf erneuerbare Energien und auf Gasheizungen, die bis 2019 steuerlich gefördert wurden. Ab 2019 liefern die Stadtwerke „Grünen Strom aus Erneuerbaren Energien". Private Investoren stiegen ein. Die „team-AG" fusionierte mit der Husumer Firma P. Peters Heizöl und betrieb ab 9/2021 e-farm, die erste Husumer Wasserkstofftankstelle für LKW und Busse im Gewerbegebiet Ost. Von den Stadtwerken belieferte Haushalte bekamen Zuschüsse für Hausanschlüsse. Ab Januar 2022 stiegen die Belieferungspreise für die Gasversorgung; ab 24.2.2022 drastisch nach dem russischen Überfalls auf die Ukraine. Nach Stand 12/2021 stiegen die Preise im Einzugsbereich der Stadtwerke Husum für ihre Bestandskunden um 22 Euro monatlich, viele Bestandskunden sind jedoch durch langfristige Verträge gebunden, was auch mit dem Angebot einer Teilbelieferung mit grünem Strom aus erneuerbaren Energien unter Ausschluss von Strom aus Kernkraft angestrebt wird. Stadtwerkeleiter Benn Olaf Krezschmann versicherte den Stadtwerke-Kunden, dass die Gasversorgung auch in Zeiten der Krisen wie Nordstream Pipeline II und Russland-Ukraine gesichert sei, Vertragskunden erhielten feste Preise zugesichert, aber zum Oktober 2022 erhöhten sich die Belieferungspreise für Gas-Bestandskunden um rund 12 %. Das trifft Millionen von Gaskunden mit schmaleren Einkommen hart, daher wurde von der Regierung für alle Gaskunden eine Entlastung als Direktzahlung von 300 Euro im Dezember 2022 vorgenommen.

C.7 Welche Ereignisse markieren Husums Stadtgeschichte?

Zurück zur Stadtentwicklung und Stadtgeschichte: Seit über 1200 Jahren ist Nordfriesland ein multinationaler Handelsraum, in dem die Handelszentren Haithabu bis 1066 n. Chr., dem späteren Sliasthorp/Schleswig, danach Rungholt bis 1362, Mildeburg/Myldt bis etwa 1250, Husum, Eiderstedt, die Insel Strand, Bredstedt, Leck, Flensburg, Tondern, Ripen eine Rolle spielten. Seit der Zeit ist der Wikinger-Friesen-Handelsweg von der Nord- zur Ostsee, über die Utlande und Treene/Eider über Hollingstedt als Hafen und Stapelplatz bis zur Schlei mit Haithabu nachgewiesen. Hollingstedt war der Stapelplatz der Wikinger Richtung Nordsee. Von Hollingstedt ging es rund 18 km über Landwege und Treidelwege an der Rheider Au bis Haithabu, dem Hauptort der Wikinger mit Handelsbeziehungen über ganz Nordeuropa bis hin zum Schwarzen Meer. Rungholt, gelegen am alten Wikinger-Friesen-Wasserweg, war Hafen für Salz und friesische Waren, für Viehhandel wenig bedeutend, und südlich vom heutigen Mildstedt bis um 1250 das untergegangene Mildt. Nachgewiesen ist ein Handelsraum Nordsee während der Zeit eines bedeutenden Friesen-Herrschaftsgebietes von der Rhein- bis Wesermündung im 7./8. Jahrhundert. Die Nordsee hieß um 1200 bei Saxo Grammaticus, dem 1204 gestorbenen dänischen Geschichtsschreiber, „Mare Frisonicum".
Nach 719, dem Tod des Friesenkönigs Radbod, wurden die Friesen von Pippin und danach vom Kaiser Karl dem Großen besiegt, christianisiert, aber nicht unterjocht, sondern wohl mit mündlich versprochenen Rechten wie Steuerfreiheit belohnt, worauf sich die Friesen gerne beriefen. Der dänische König Göttrik, Gegner der Christianisierung, begann um 800 mit dem Bau des Danevirke, des Danewerks, als Bollwerk gegen die Franken und Sachsen. Göttrik wurde 810 ermordet. Kaiser Karl schloss 811 Frieden mit Göttriks Nachfolger König Hemming. Göttriks Enkel, der normannisch-dänische Herzog Rörich, herrschte zeitweise über die friesische Hauptstadt Dorestad. Rörich stammte aus Dänemark, „war kein eigentlicher Däne, sondern einheimischem Geschlechte Schleswigs entsprossen", wohl aus dem Stamm der Angeln. Er erhielt (*Langhans* 1879, S. 36 f.) 857 von Kaiser Lothar „die Erlaubnis, das Land zwischen Eider und dem Meere in Besitz zu nehmen", also Eiderstedt am Wikinger-Friesen-Wasserweg. Er huldigte Lothars Nachfolger König Ludwig und starb 883. Das nicht historische Nordfriesen-Wappen 1844 zeigt den halben Adler als kaiserliches Symbol. Die Christianisierung war um 1050 in Nordfriesland beendet. Rungholt lag verkehrsgünstig an einem Hever-Nebenarm zwischen der Utlande und den Inseln Eiderstedts und hatte mit dem Wikinger-Friesen-Wasserweg eine uralte Verbindung von der Nord- zur Ostsee: über tideabhängige Wasserwege Richtung Husumer Au und Milde, Richtung Nordereider- und Treenearme nach Mildt oder Mildeburg. Das war ein wichtiger Markt mit einem Vogt neben Tönning bis etwa

1250. Mildt wurde zerstört, verschwand, die Milde verlor ihre Schiffbarkeit, die Nordereider ebenfalls, an der Geestkante wurde Mildstedt zum Hauptort. Stationen des Wasserweges waren Schwabstedt, Norderstapel, Hollingstedt, über Land zur Schlei nach Schleswig zur Ostsee. Schiffe wurden nötigenfalls entladen, transportiert, ausgetauscht und neu beladen. Das wird thematisiert im Schifffahrtsmuseum Nordfriesland, Landesmuseum Schloss Gottorf, im Wikinger-Haithabumuseum und im neuen Danevirkemuseum, maßgeblich von der dänischen Möllerstiftung finanziert. Nachgewiesen sind Handelsbeziehungen von Rungholt und Mildt über Flandern bis zum Mittelmeer, siehe Nissenhaus Husum – Rungholt – und Nordstrander Andreas-Busch-Museum, wo mehrere Maurenkrüge aus dem islamischen Reich Al-Andalus, Waffenfunde aus Stahl und einzelne Urkunden weitläufige Handelsbeziehungen bezeugen. Nordfriesische Handelsgüter alter Zeiten waren besonders **Salz (siehe bei C.1.1)**, Fische, Felle, Stoffe (Leinen- und Wollstoffe), Flachs, Wachs, Bernstein, Lebendvieh – Schafe, Pferde und Rinder – und Fleisch als Pökel- und Trockenfleisch, Räucherwaren, Keramik, Waffen, Torf, Holz.
Der Handel mit den Niederlanden und Friesland lief über Jahrhunderte, wobei schon ab dem 15. Jahrhundert der Viehexport per Schiff und per Viehtriften über das uralte Netz der Ochsenwege von Dänemark über Husum, Itzehoe, Wedel und Hamburg bis in die Niederlande und ihre Provinzen bestand. Zurück von den Niederlanden kamen über lange Zeiten Waren geringeren Wertes wie Fliesen, Sandstein aus Flandern/Brabant, aber später auch teure Tuchwaren, Spitzen und Wein – siehe die alten Zolllisten. Damals gab es direkte Wasserwege von Flandern über Flüsse wie die Dender, die Schelde, Rheinarme und IJssel durchs IJsselmeer und Richtung Westen, die den gefährlicheren Transport über das Küstenmeer zu vermeiden halfen. Das führte zur Entwicklung eigener, angepasster Schiffstypen wie dem Plattbodenschiff, das wendiger und kleiner war als die größere Friesenkogge. Das dreigeteilte Eiderstedt hatte zeitweise eine Insellage, östlich lag Mildt als Schutz gegen die Dithmarscher. Ab 1362 hatte Husum nach Abtrennung der Lundenbergharde durch die Rungholtflut einen direkten Zugang zum Heverstrom. Die höheren Siedlungen nördlich des Mühlenau-Ausganges wuchsen zu Husum zusammen und wurden schon rund 100 Jahre nach Rungholt zum wichtigsten Markt an der nordfriesischen Küste. Die Utlande, besonders die Edomsharde mit Rungholt, die Pellwormharde und Beltringharde waren die steuerkräftigsten Harden und zu Zeiten Rungholts der wichtigste Steuerzahler im Königreich Dänemark, belegt im *Jordbog*, des Königs Waldemar II. von 1231. Nach 1362 entwickelten sich mit der Klimaveränderung der Kleinen Eiszeit ab dem 14. Jahrhundert an infolge zunehmender Sturmfluten, steigender Wasserstände, eines zunehmenden Deich- und Sielbaues neue Handelswege und Siedlungen. Die ersten Friesen wurden seit dem 8. Jahrhundert auf den Geest- und Randinseln von Dithmarschen bis Röm an der Küste ansässig. *Kühn* (Geschichte

Husums) nennt friesische Urnenfunde fürs 8. Jahrhundert auch für den Husumer Gallberg. Friesen siedelten in mehreren Besiedlungswellen bis 1200 am Geestrand und binnenlands. Sturmfluten führten zur stärkeren Besiedlung der Geest und der seit etwa 1100 immer häufiger bedeichten Marschen. Es kam zum Handel mit Jüten, Angeln, Dithmarschern und den Dänen der Ostseeinseln. Die Bevölkerung nahm deutlich zu, der Reichtum der Nordfriesen erweckte den Neid der Nachbarn und führte zu Kämpfen zwischen dem Adel, Eiderstedern, Strandingern und Dithmarschern, z. B. in der Schlacht bei Oldenswort 1239 und Schlacht bei Hemmingstedt 1500, zuletzt in der Schlacht 1559 um Norderdithmarschen. Seeräuber trieben ihr Unwesen in der Utlande, Dithmarscher räuberten auf Eiderstedt, zerstörten die größte Wassermühle und die Kirche Mildstedt. Im Gegenzug gab es Raubzüge der Nordfriesen. Hamburg sah Husum und die Strandinger als Konkurrenz, wie der dänische König die Hanse. Es gab Sperrungen der Seewege in Nord- und Ostsee. Eine Sperrung des Skageraks durch Schweden begünstigte Husum als Hafen und Stapelplatz für Flensburg und zur Ostsee. König Christian I. verlieh 1461 an Kaufleute aus Amsterdam und dem friesischen Enkhuizen für Husum das Stapelrecht mit Weiterhandel auf dem Landweg von Husum nach Flensburg, siehe dort den heutigen Stadtteil Friesischer Berg und die Friesische Straße. Der heutige Binnenhafen erhielt unter König Friedrich I. ab 1526 mit Hafenbollwerk, Kran und Stapelplatz seine heutige Form.

Der Reichtum der Utlande und Nordfriesen im Verbund mit der Kirche zeigte sich ab dem 12. Jahrhundert an zahllosen Feld- und Backsteinkirchen: Olderup, Pellworm, Gaikebüll, Odenbüll, Breklum, Leck, Langenhorn, Bordelum, Keitum, Nieblum, Schobüll, Schwesing, Mildstedt, Tönning, Poppenbüll, Tetenbüll, Garding. Schwabstedt wurde ab 1268 wegen Streitigkeiten der Bischöfe mit den Gottorfern für Jahrhunderte befestigter Bischofssitz, teils mit Stadtrecht im 13. Jahrhundert – ohne Urkunde. Das Bischofsschloss als eines der Gottorfer Schlösser wurde 1705 geschleift (siehe *Auge, Magnussen*). Die Buchten der Utlande und Pellworm galten im 15. Jahrhundert als Seeräuber-Rückzugsraum, eine Gefahr für den Handel.

1465 wurde Husum Marktflecken mit florierendem Nordseeraum-Handel und wichtigster Marktplatz südlich von Ripen, wo 1460 der neue König Christian I. als erster Oldenburger Herrscher Dänemarks das Privileg von Ripen unterzeichnete. Auf Betreiben der Hansestädte wurde auch die Münz-Kompatibilität Dänemarks mit den Hansestädten verankert. Husum erlangte erst 1603 Stadtrecht, später als Tönning und Garding, wohl wegen seiner Beteiligung an der Grafenfehde von 1472 zwischen König Christian und seinem Bruder Graf Gerhard von Holstein, auf dessen Seite sich das aufblühende Husum gestellt hatte. Husum war bis 1431 Teil des Kirchspiels Mildstedt mit dessen St. Lambertikirche als Hauptkirche der Südergoesharde.

Exkurs zur Abb. 41 St. Marienkirche, Spätgotik, 1507 (siehe *Appuhn* 1953). Sie bauten die eigene Kapelle ab 1431 weiter aus. 1448 bekam Husum mit eigener Kapelle das Kirchspielrecht gegen Zahlung einer langfristigen Ablöse an die Mildstedter Lambertikirche. 1465 wurde Husum zum Blecke, Flecken mit eigenem Wappen. Schritt für Schritt wurde aus der Kapelle bis 1507 die St. Marienkirche. Die wurde von Herzog Friedrich befürwortet, geboren 1471, aufgewachsen in Hadersleben, gestorben 1533 im Schloss Gottorf. Friedrich wurde 1523 in Husum zum König proklamiert. Die Marienkirche zeigt die Aufwertung der Handelsstadt Husum durch Herzog Friedrich (*Appuhn* 1953, auch im Folgenden). Die Kirche wurde zu Ehren des Heiligen Kreuzes, der Jungfrau Maria und des heiligen Lambert für die Husumer 1431 bis 1507 schrittweise als spätgotische Backsteinkirche lübscher Prägung mit viel Sandstein und Granit gebaut. Baumeister sind nicht bekannt. Als Vorbilder der Kirche gelten neben Lübeck und Lüneburg der Dom zu Hadersleben, der Heimatstadt des Herzogs Friedrich, mit dem sich die Marienkirche vergleichen lässt. Für solche Bauwerke kamen Spezialisten für Sandsteinarchitektur aus Westfalen und nach *Appuhn* aus niederländisch-friesischer Gegend. Das 1520 fertige Innenschiff war 22 m hoch, ähnlich dem Dom zu Hadersleben, der Turm wohl 96 m, ab 1506 mit Kupferdach, das Herzog Friedrich wollte. Das Kirchenschiff war 72 m lang, die Chorfenster 14 m hoch. Die Innenausstattung wurde bestimmt von einem hängenden Kruzifix im 22 m hohen Chor, mit aufwändig gestalteten Nebenaltären, prächtigen Epitaphien, bemerkenswert geschnitztem Altaraufsatz. Die Husumer Kirche war

Abb. 41: St. Marienkirche Husum von 1507

damals höher als der Schleswiger Dom und in den Ost-West-Maßen nur wenig kürzer. 1602 riss ein Sturm 24 m von der Spitze ab, die wieder aufgesetzt wurde; 1669 wurde der hohe Turm abermals durch Blitzeinschlag zerstört. Der Wiederaufbau war erst 1760 mit gut 70 m möglich (siehe *Lass*). Die mächtige Backsteinkirche zählte (s. *Appuhn*) zu den zehn größten spätgotischen Backsteinkirchen Norddeutschlands, mit achtzehn Altären, Epitaphien, einer vergoldeten Bronzetaufe nach dem Entwurf des bekannten Snitgers Berend Cornelissen, genannt van Husum, gegossen vom Bronzegießer Lorenz Carstensen. Der Kirche dienten bis 24 Vikare, auch der spätere Reformator Hermann Tast, der vom Schwiegersohn des Herzogs, Hans Knutzen, unterstützt wurde. Der Herzog hatte „linker Hand" (außerehelich) zwei Töchter. Seine Husumer Schwiegersöhne waren Harmen Hoyer, der Lange Harm, in dessen Haus in der Langenharmstraße ihm 1523 die Dänen „die dänische Königskrone anboten" (*Appuhn*, S. 9 ff.), und Hans Knutsen, der im Herzogsauftrag 1522 nördlich eine Kapelle anbauen ließ, womöglich, um dort „dem Reformator Hermann Tast die evangelische Predigt ... zu ermöglichen". Um die große Kirche lag der Friedhof, betreut vom Totengräber, der südlich an der Kirche an der Roten Pforte zu den Gärten Richtung Husumer Au eine karge Behausung hatte. Die Kirche hatte Gewölbe mit Familiengruften angesehener Bürger, wie später den Woldsens, deren Familiengrab nach Abbruch der Marienkirche 1810 nach St. Jürgen verlegt wurde. Für die Marienkirche arbeiteten Snitgermeister Johan van Groningen, dessen Neffe Berend Cornelissen, genannt „van Husum" und Hans Brüggemann, der sein Handwerk um Osnabrück und in den Niederlanden lernte. Er schuf 1514–1521 den einzigartigen Bordesholmer Altar in Bordesholm und gleichzeitig in Husum für St. Marien bis 1520 das einzigartige, 20 m hohe Sakramenthaus im nördlichen Kirchenschiff und, nach dem Vorbild von Meister Bernd Notkes St. Jürgen in Stockholm, den St. Jürgen mit dem Drachen, dem Theodor Storm in der Novelle „Renate" eine Szene widmet. Die Holzplastik wurde 1830 vom Husumer Senat dem Nationalmuseum Kopenhagen gestiftet. Brüggemann schuf für Husum auch die „Gottesmutter", heute königlich dänischer Privatbesitz, den „Engel mit der Harfe" und den „Engel mit der Laute", seit 1846 im jetzigen Bodemuseum Berlin. Brüggemanns tüchtigster Geselle und Mitarbeiter am Altar war Benedikt Dreyer. Der wurde 1520 in Lübeck Meister und wirkte für die Marienkirchen in Lübeck und Lüneburg. Berend „van Husum" wurde 1592 in Groningen geboren, die Familie war seit 1600 in Husum, wo Berend beim Vater das zünftige Tischler- und Snitgerhandwerk bis zur Gesellenprüfung 1614 erlernte. Die Wanderschaft führte ihn auch nach Hamburg zum Meister Münstermann. Ab 1623 in Husum wurde er Zunftmeister und legte den Bürgereid ab. Nach 1664 war er Zunft-Äldermann. Seine Meisterwerke sind der Rotter Abendmahlsschrank im Nordfrieslandmuseum Nissenhaus Husum, 1905 erworben durch Magnus Voß für das Ostenfelder Haus, die Kanzel der Mildstedter Lambertikirche, der Entwurf der Taufe der Husumer Marienkirche, die Kanzeln der

St. Marien-Kirchen in Bergenhusen, Horsbüll, Rabenkirchen, in Kahleby. Von 1658 bis 1668 hat er viel in St. Jürgen und in der Marienkirche gearbeitet. 1684 starb er in Husum als mehrfacher Vater; die Söhne gehörten ebenfalls zur Snitkerzunft. Von der großartigen Ausstattung der Marienkirche blieb nach Abriss 1807 die bronzene, blattvergoldete Taufe von 1643 in Husum. Der Altar wurde zerlegt, der eindrucksvolle Altaraufsatz wurde 1834 als Restaltar verkauft in die Schwabstedter St. Jacobikirche, eine der ältesten Feldsteinkirchen von etwa 1165. Schwabstedt war bis 1705 Bischofssitz mit Schloss; die Gottorfer Herzöge waren gleichzeitig Bischöfe.

Zurück zu Husum als wichtige Handelsstadt an der Westküste

Den Nordseehandel dominierten damals die Hollandfriesen und Westfriesland, mit denen handelten Ribe und Husum. Die Nordfriesen und Husumer Kauffahrer hatten in Amsterdam, Hoorn und Emden eigene Kontore, so die Kaufmannsfamilien Woldsen und Feddersen. Die Schiffseigner im 15. /16. Jahrhundert waren oft wohlhabende Bauern. *Poulsen* (in *Pingel/Steensen*). nennt etliche Husumer, Eiderstedter und Strandinger Namen wie Wessel Goltsmede, Peter Lemgow und Gerd Monster aus Husum. Das Husumer Schloss **(Abb. 42)**, 1582 kurz nach dem Tönninger Schloss errichtet nach dem Vorbild vom Frederiksborg Slot in Hilleröd, entwickelte sich neben Gottorf zum kulturellen Zentrum. Husum war in der Blütezeit des 16. Jahrhunderts neben Flensburg wichtigste Stadt, ausgestattet mit anspruchsvoller Spätgotik- und Renaissance-Architektur, Standort für zeitweise bis zu 70 Mälzereien, Brauereien, Wind- und Wassermühlen. Mit der Stadtwerdung 1603 war die wirtschaftliche Blüte Husums vorüber. Es kam unter den Gottorfern auf dem Schloss vor Husum mit den beiden Witwen Herzogin Augusta von Dänemark und Maria Elisabeth

Abb. 42: Schloss vor Husum um 1612

aber zu einer ungeahnten kulturellen Blüte, trotz vieler Rückschläge wie die Pest 1603/1605, bedrückender Schatzungen im Kaiserlichen Krieg 1627–1629 und der Groten Mandränke 1634, die Husum seiner Kornkammer Strand beraubte, Husums Handel schädigte und Kaufleute in Finanznöte stürzte.
Das Schloss war 1582 eines von vier Gottorfer Schlössern, wurde ständig ausgebaut und unter den Herzoginnen mit viel Kunst und Kulturgütern ausgestattet. Der berühmte Steensnitger Henni Heidtrieder schuf im Schloss und rundherum am 1612 fertigen Torhaus zum Schloss die einzigartige Marmor- und Sandsteinkunst, als wahre Meisterwerke auch die acht Kamine im Schloss. Das Kavaliershaus zum Schloss wurde 1630 gebaut, 1601 das Rathaus am Markt. Herzogin Augusta von Dänemark ließ ihr Stadthaus am Markt ab 1620 mit einer einmaligen Spätrenaissance-Lehmstuckdecke schmücken, heute ein touristischer Magnet. Die sogenannte Kunstkammer der Gottorfer wurde im Schloss vor Husum durch die künstlerische Ausgestaltung mit Kaminen, Möbeln, Bildern und Skulpturen bereichert, ergänzt durch einen eindrucksvollen Barockgarten, einen der zehn schönsten im Norden. Im Verbund mit der Kunstausstattung aller Schlösser galt die Kunstkammer der Gottorfer Herzöge als bedeutendste Nordeuropas nach der Kunstkammer des Königshauses in Kopenhagen. 1652 erschien in Husum als einzigartiges Werk der Kartographie der erste Atlas im Königreich Dänemark: Die „Neue Landesbeschreibung der Herzogthümer

Abb. 43: Torhaus zum Schloss, 1612, eindrucksvoller Renaissancebau

Schleswig und Holstein" mit 39 Landkarten und 52 Stadtplänen, vom Husumer Bürgermeister Caspar David Danckwerth, Kupferstecher Johannes Mejer (1606–1674) und vier Husumer Goldschmieden und Kupferstechern Matthias und Nicolaus Petersen, Andreas und Christian Lorenzen. Danckwerth/Mejers Werk wurde in Schleswig in der Gottorfer Hofdruckerei gedruckt und vom dortigen berühmten Hofbibliothekar Adam Olearius für gut befunden. Hoch angesehen war der Husumer Kaufmannssohn Magnus Wedderkop, Schüler der Gelehrtenschule, Professor der Kieler Christian-Albrecht-Universität Kiel, Hofrat zu Gottorf. Bekannter Husumer war der Kirchenmusiker und Organist Nicolaus Bruhns (1665–1697), Lieblingsschüler von Dietrich Buxtehude, geboren in Schwabstedt, trotz seines frühen Todes Komponist bedeutender Kirchenmusik, Kantaten und Orgelwerke, noch heute in Europa gespielt, Kantor der Husumer Marienkirche.
Eine zeitweise blühende Nicolaus Bruhns-Gesellschaft wurde 2015 aufgelöst, ein neuer Nicolaus-Bruhns-Chor sucht noch Mitglieder und tritt nach einer Corona-Zwangspause 2023 wieder öffentlich auf. Ausweis der „Gottorfer Kultur" unter den Herzögen Friedrich III. und Christian Albrecht von Schleswig-Holstein-Gottorf war der „Gottorfer Garten", ab 1624 ausgebaut unter jahrzehntelanger Regie des Hofgärtners Clodius zur schönsten Hanggartenanlage nördlich der Alpen. Davon zeugt als einzigartiges Prachtwerk botanischer Buchmalerei der „Gottorfer Codex", als Auftragsarbeit Herzog Friedrichs vergeben an den damals besten Blumenmaler Hans Simon Holtzbecker aus Hamburg. Krönung war wohl der „Gottorfer Globus" von Adam Olearius. Zum Hofe gehörten die Nebenresidenz in Husum, Tönning und Schloss Reinbek. Gottorf war mit den klangvollen Namen der Herzöge Friedrich, Christian Albrecht, Adam Olearius, Magnus Wedderkop, Johannes Clodius und für Husum mit den Herzogswitwen Maria Elisabeth und Augusta von Dänemark ein kulturelles Zentrum Nordeuropas für Musik, Botanik, Wissenschaften und Bibliothekswesen, nur übertroffen vom Kopenhagener Hof.

Zum Schloss vor Husum:

1721 übernahm der Dänenkönig das Schloss. Wertvolles Inventar wie der Augsburger Silberaltar der Schlosskapelle, viele Möbel und Kunstwerke, wurden nach Kopenhagen verbracht oder verkauft, das Schloss vernachlässigt. 1748 konnte der König wegen Baufälligkeit der Räumlichkeiten dort nicht übernachten. Auf den Rat des dänischen Staatsbaumeisters Möller wurde es 1750–1752 völlig umgebaut, der Dachstuhl wurde niedriger gesetzt, das Bauwerk wurde barockisiert, beide Seitentürme neben dem Hauptturm wurden entfernt, Flure und ein zentrales Treppenhaus eingebaut. Das Schloss war Amts- und Wohnsitz dänischer Amtmänner. Die hatten die Overøvrighed, Oberhoheit, über Husum, den Magistrat, das Deputiertenkollegium, den Bürgermeister, Polizei und vier Senatoren, auch über das Amt Bredstedt, waren Oberstaller für

Abb. 44: Schloss vor Husum heute

Eiderstedt, die Städte Tönning und Garding, Pellworm, waren königliche Kommissare für Bredstedt, Nordstrand und Eiderstedt und Oberdeichgrafen. Husum Amt entsandte je einen Deputierten in die Schleswiger Ständeversammlung und mit Friedrichstadt und Bredstedt in die Kjöbstæderne, die Versammlung der Kaufstädte; außerdem zusammen mit Bredstedt, dem Amt Hütten, Stapelholm und Eiderstedt ein Mitglied in den Reichsrat nach Kopenhagen.1864 wurde das Schloss preußischer Verwaltungssitz und Wohnsitz der Landräte im Amt Husum mit rund 35.000 Einwohnern, dem späteren Kreis Husum. Es wurde oft umgebaut für die Amtmann-Familien. 1919 wurde der wertvollste Kamin, der Todeskampfkamin von Henni Heidtrieder, für 5.000 Reichsmark nach Berlin ins Bodemuseum verbracht. Erst 1989 erhielt das Schloss eine Replik des Kamins aus der DDR, diese steht seitdem im Rittersaal des Schlosses. Mit der Kreisreform 1970 wurde Husum Kreisstadt von Nordfriesland aus den alten Kreisen Südtondern mit Niebüll, Kreis Husum und Kreis Eiderstedt mit Tönning. Das Schloss wird als Museum ständig weiter in Stand gehalten und ausgestattet.

Die Bautätigkeit in Husum hinterließ bedeutende Kaufmanns- und Bürgerhäuser. Erhalten sind aus dem 16. bis 18. Jahrhundert die Kaufmannshäuser der Woldsens, ein Haus des Kornhändlers Cosmos von 1730, ein frühes Kaufmannshaus von 1592, das Haus eines Weinhändlers in der Großstraße, die Beischlagwangen am Haus Dr. Lathers und seiner Frau in der Norderstraße von 1616. Diese Kulturblüte in Husum ist Ausdruck der Kraft der Husumer Kaufleute, Handwerksmeister, Viehhändler und der guten Ausbildung der tragenden Schicht in einem herzoglich und dänisch geförderten Schulwesen aus Gelehrtenschule und gut ausgestatteten bürgerlichen Schulen. Die Gottorfer Herzöge und ihre Witwen Augusta und Maria Elisabeth im Schloss im 17. Jahrhundert beförderten in Husum Kunst und Architektur. Im Schloss übernahmen die Gottorfer die sogenannte „Specklagen-Bauweise", im Mauerwerk abwechselnd rote Backsteine und helle Sandsteinbänder, das sorgte für Stabilität. Nach Abriss der Marienkirche 1807 entstand bis 1835, vom dänischen König veranlasst, die neue Marienkirche vom dänischen Baumeister C. F. Hansen, gebürtiger Husumer, im dänischen Neoklassizismus. Damals wurde eine unscheinbare Behelfsorgel eingebaut, versteckt hinten über dem Altar, die um 1900 von einer hochwertigen, pneumatischen Orgel der bekannten Orgelbaufirma Marcussen aus Apenrade ersetzt wurde, ein Beweis für die damalige Bedeutung und Wirtschaftskraft Husums. 1963 wurde diese Orgel von einer Kleukerorgel geringeren Werts ersetzt. 1905 erhielt die Hermann-Tast-Schule auch eine hochwertige Marcussen-Schwesterorgel. Der neue Kirchturm war nicht halb so hoch wie der alte. Die rein klassizistische

Abb. 45: Marienkirche heute – nach der aufwändigen Restaurierung nach 2010

Bauweise der Kirche, von Schinkel beeinflusst, den C. F. Hansen als Mitstreiter ansah, macht diese Kirche zur vielleicht schönsten neoklassizistischen dänischen Kirche außerhalb Dänemarks. C. F. Hansen ist einer der bekanntesten Architekten Dänemarks aus dem Goldenen Zeitalter um 1830. Für Husums Marienkirche war die Christiansborgs Slotskirke das Vorbild. Das zeigt ein Blick in die schneeweiße Kirche mit der Anordnung der 16 dorischen Säulen, mit Altar- und Deckengestaltung und den mit den Säulen im Kirchenschiff korrespondierenden doppelten Kopflindenreihen außen herum, beim Kirchenvorplatz und Marktplatz. Klassizistisch dänisch auch die weiß-golden gestaltete Kanzel über dem Altar und die goldenen Sterne am weißen Himmel des Kirchenschiffs. Eine aufwändige Renovierung zurück zur puren Linie des Baumeisters C. F. Hansen war 2015 fertig. Zum Advent 2021 erhielt die Kirche eine neue Orgel der Bonner Orgelbaufirma Klais, die auch die Orgeln der Elbphilharmonie, im Marburger Münster und im Kölner Dom gebaut hat.

C.8 Husum – das Geschenk von Nordsee, Marschen, Viehzucht und Viehhandel

Nordfrieslands und Eiderstedts Wohlstand ruhen auf Viehzucht, Milchwirtschaft und Ackerbau. Nordfriesland beherbergt die eindrucksvollsten Bauernhaustypen. Der Haubarg kam ursprünglich aus Westfriesland, zur Beherbergung von Mensch, Tierbestand, Ernte, allen Gerätschaften unter einem hohen Reetdach in Ständerbauweise. Von über 400 sind heute rund fünfzig erhalten, etliche mit Denkmalschutz aufwändig restaurierte Beispiele nordfriesischer Baukultur: Roter Haubarg, Haubarg Middelborg, Pastoratshaubarg Poppenbüll, Staatshof Tetenbüll, Haubarge in Wester- und Osterhever, Arlewatthof, der Honnenshof in Seeth. Weitere Bauernhoftypen in Ständerbauweise sind der Vierseit- und Dreiseithof, das friesische Utlande- und das Geesthardenhaus, siehe die Modelle von Karsten Kühl im Nordfriesland-Museum Nissenhaus. Eichen-Ständerwerke haben auch Angeln-Bauernhäuser und Fachhallenhäuser. Das fette Gras der Marschen mit hohen Mineralsalz- und Magnesiumanteilen hatte den Nährwert von Hafer und garantierte eine erfolgreiche Rinder-, Pferde- und Schafzucht. Schon 1382 lag am Husumer Quickmarkt – „Quick" heißt „lebend" – ein Lebendviehmarkt, an der damaligen Einmündung des Ochsenweges in die Altstadt, heute eine Auffahrt vom Shoppingcenter „THEO". Auftriebszahlen und Viehmarktpreise des Viehmarktes sind ab 1478 dokumentiert. Viehhändler kehrten ein im herzoglich privilegierten Gasthaus Engel. Das wurde nach 1592 auf Herzogsorder mitsamt Nachbarhaus abgerissen für das neue Rathaus mit Durchgang zum Schlossgang. Das Rathaus vom Baumeister Peter van Maastricht aus Tönning, dessen Zunftzeichen am Bau erhalten sind, stand mit reichhaltiger Renaissance- und Backstein-Architektur für Bedeutung und Reichtum Husums.

Trotz Unterbrechungen durch Kriege, Streitigkeiten unter den Herrschenden, Sturmfluten, Missernten, fehlendem Viehfutter, mehrfachen, heftigen Pestausbrüchen nach 1600 verzeichnete Husum eine Aufwärts-Entwicklung für den Viehmarkt als auch für Land- und Seewege. Sturmfluten wie die Grote Mandränke 1634 brachten große Verluste an bestem Marschland. Einbrüche brachten auch der Kaiserliche Krieg 1627–1629 und der Nordische Krieg 1701–1721, als Husum von vielen Einquartierungen, Schatzungen, Krankheiten und Seuchen geplagt wurde. Gottorf im waghalsigen Bündnis mit Schweden war als Zankapfel zwischen den mächtigen Dänen, Russen und Schweden machtlos und verlor sein Herzogtum Schleswig-Holstein-Gottorf; der dänische König wurde wieder Herr im Gesamtstaat Dänemark. Ihm mussten am 9. September 1721 alle Husumer und Anlieger einschließlich Inseln und Halligen auf dem Schloss huldigen. Das Schloss diente während des Krieges mehrfach als Quartier für den Dänenkönig, den Zaren, für Generäle und Feldherren, aber im Herbst 1721 fiel es nach gerade im Juni noch vom Herzog beauftragten Dachdeckerarbeiten für ein neues Schieferdach zurück an den König und wurde fortan vernachlässigt.
Wegen Kriegswirren, Sturmfluten, schweren Deich- und Sielschäden und Viehseuchen kam der Vieh- und Getreidehandel zeitweise zum Erliegen. Trotz alledem beteiligten sich Husumer Schiffe sogar während dieser Kriegswirren erfolgreich am Robbenfang. Auf einer Tranfabrik außerhalb des Zingels auf der Rödemisser Hallig wurde erfolgreich Tran produziert. Ab etwa 1750 vergrößerten sich infolge des Bevölkerungswachstums und steigendem Marktvolumen die Beschaffungsprobleme beim Ankauf von Magervieh. Das wurde in Triften von bis zu 1.000 Stück, je 50 ein Treiber, über Wochen weit von Norden nach Husum getrieben. Vier Meilen (25–30 km) pro Tag, als Vorhut die Futterbeschaffer, die für Futter und Quartiere in den am Ochsenweg verteilten Krögen sorgten. Die jütischen Viehhändler fuhren auf ihren Wagen hinterher. Aus dem dünn besiedelten Jütland und der mageren Geest wurde der Überschuss an Magervieh in großen Triften zu den Märkten nach Ripen, Tondern, Leck, Bredstedt und Husum getrieben. Dabei verlor das ursprünglich gut genährte Vieh an Gewicht. Auf den mehrwöchigen Triften gab es ein Netz von Versorgungsstationen, den Krügen, wo das Vieh sich über ein, zwei Nächte erholte, z. B. Rödekrog, Risum-Lindholm, Hockensbüller Krug, Feddersburg, Engelsburg, Kronenburg, Rosenburg, Häckelsburg. Das Vieh wurde in Herden von bis zu 50 Stück von Viehtreibern getrieben, oft gegen Stücklohn, von teils ruppigen Gesellen aus Jütland mit Holzschuhen. Daran erinnerte früher der Spottvers auf die Jüten: „Hannemann, gah du vöran – Hannemann hett blots Holtschoh an, Hanneman mutt sik Stäveln kopen, denn kann Hannemann bäter lopen". Es gab zwischen jütischen und schleswigschen Viehtreibern oft Streit auf Krügen und Märkten. Auf den Magerviehmärkten im Frühjahr dort wurde Vieh an „Gräser", kapitalkräftige Bauern, verkauft, die die Ochsen im Sommer auf fetten Grasweiden laufen ließen, bis sie 15 Zentner und mehr wogen. Der Viehhandel auf

den Ochsenwegen wurde über die Zeiten gut dokumentiert und machte viele Viehhändler, Bauern, Bürger, Adelige wohlhabend. Viele davon in Husum, auf Eiderstedt, auf Nordstrand mit angesehenen Viehhändler-Familien wie z. B. Harring, Thomsen, Spreckelsen, Jacobsen, Carstensen. Im 19. Jahrhundert verlagerte sich der Husumer Viehmarkt ganz in die Breite Straße, heute Großstraße. Als es dort für die gutbürgerliche Stadt um 1860 zu eng, unruhig und schmutzig wurde, auf den Kamp, Ochsenkamp an den Außenbereich Husums nördlich des Schlossgrundes.

Der Eiderstedter Statthalter Caspar Hoyer setzte gegen das Husumer Verbot des Handels von Fremden und Auswärtigen schon vor 1600 den freien Handel in Husum durch; es durften dort ortsfremde Eiderstedter genauso wie Jüten und Dänen frei handeln. 1607 wurden im Zuge des Viehhandel-Booms zwei Drei-Tage-Viehmärkte im Frühjahr und Herbst für Vieh und Pferde festgelegt, später galt das für den Viehmarkt auf Neustadt und Kamp.

Der Vieh- und Pferdehandel war die wichtigste Säule der Husumer Wirtschaft, wie es 1817 der Magistrat festgestellt hat: „Es ist vielleicht kein Ort in den Herzogthümern, der zu Viehmärkten sich so qualificiert als … Husum".

Der Viehmarkt Husum erlebte mehrere Blütezeiten, früh durch Versorgung der Hansestädte Lübeck und Hamburg, dann im 16. Jahrhundert durch starken Viehhandel mit niederländischen blühenden Handelsstädten wie Amsterdam, Hoorn, Enkhuizen, Harlingen, Campen, Utrecht. Vor allem im 19. Jahrhundert infolge von Importzoll-Aufhebung durch England, schwerpunktmäßig zu den Viehmärkten London-Blackwell, London-Islington, London-Smithfield Road. Wegen der Beengtheit des Standortes Breite Straße/Großstraße kam es wie erwähnt zur Verlagerung des Viehmarkts zum Kamp/Ochsenkamp nördlich des Schlossgrundes. Das setzte sich fort mit einem Magerviehmarkt im Frühjahr und im Herbst mit dem nach 1840 noch weiter aufblühenden Fettviehmarkt. Auf den Frühjahrs-Magerviehmärkten auf dem Kamp vor Husum wurde das Magervieh den Gräsern zum Kauf angeboten, die es entweder auf eigenen oder gepachteten Fennen zur Gräsung gaben, um es im Herbst als Fettvieh mit teils großen Gewinnen zu verkaufen. Um 1800 war der Kamp/Ochsenkamp Markt für Tausende Stück Großvieh. Hütejungen hatten trotz Schulpflicht mit einem häufig vom Lehrer ausgestellten Dispens schulfrei, also für Kinderarbeit, teils Tage und Wochen. Die besten Ochsen neuerer Zeit waren die Jütochsen vom Limfjord und von Randers, die auf dem Kamp gehandelt wurden, dänische Kühe standen auf dem südlichen Kamp, die einheimischen Ochsen von Eiderstedt auf der Neustadt. Rund um die Magervieh-Frühjahrsmärkte waren viele Ochsentriften unterwegs. Kurz vor den Zielmärkten wurde das Magervieh seit altersher während der langen Triften auf den Krügen 2–3 Tage lang versorgt, getränkt, gefüttert, gestriegelt und dann zum Markt geführt. Die Stadt erhob einen Groschen Marktgeld pro Großvieh. Von den etwa 50.000 Stück Jütland-Magervieh jährlich plus den weiter gehandelten jütischen

Fettochsen wurden rund 15.000 in Husum gehandelt, Tausende wurden weiter getriftet nach Eiderstedt und weiter nach Süden, nach Itzehoe, Wedel, Hamburg. Auf Frühjahrs- und Herbstmärkten in Husum wurden 20–25.000 Stück Vieh sowie 10.000 Schafe gehandelt, dazu Hunderte Pferde. Jütochsen wurden paarweise gehandelt, „im Schlump" mit dreimaligem Handschlag, nach Augenschein, das erforderte Erfahrung und Vertrauen, erst ab 1900 nach gewogenem Lebendgewicht. Bezahlt wurde bis ca. 1880 in „Schenkzelten" oder später in den Gaststätten auf der Neustadt. Es gab „Bedeckung", Geleitschutz, für die Viehhändler mit ihren Geldkatzen oder Kisten mit Silbergeld aus dänischen Rigsdalern und Speciestalern, plattdeutsch „Spetjes".

Abb. 46: Neustadt-Viehtrift 1924 vor Schleswig-Holstein Bank und Storm-Haus

Dieser organisierte Viehhandel hatte seine Kosten auf Märkten: Zu Standgebühren oder Marktgebühren kamen die Kosten für Kommissionäre, also die Mittelsmänner, für Knechte und Treiber, die auch auf dem neuen Viehmarkt nötig waren, für Futter pro Nacht bei Aufstallung vor dem Viehmarkttag, für die Zechkosten nach dem Verkauf – den „Weinkauf". Das war der Umtrunk beim Abschluss, der je nach finanzieller Stärke der Geschäftspartner im jeweiligen Gasthof oder Hotel gebührend gefeiert wurde. Bis 1788 wurde bezahlt mit dänischen Rigsdaler Courant-Silbermünzen, auch mit Lübscher Mark, 3 Mark waren ein Couranttaler zu 48 Schillingen. Dann mit Schilling Courant, das konnten auch zwei Mark Lübsch sein, später mit Speciestalern zu 3 Mark Lübsch plus 12 Schilling, also 60 Schilling zu je 12 Pfg. Nach 1815 und dem Dänemark-Bankrott als Folge der napoleonischen Kriege erfolgte die Umstellung auf Rigsbankdaler und Rigsbankschilling, wobei der vorherige, bessere Wert auch auf Münzen vermerkt war. Der Silberwert der Münzen nahm übrigens stetig in schleichender Inflation ab. Bald darauf gab es auch wieder Speciesdaler als Rigsdaler.

In Husum kostete derzeit ein Mastochse 4–5 Reichsthaler (Rthlr.) pro 100 Pfund; in Hamburg 5–7 Rthlr.; in Bremen 5–6 Rthlr.; im Rheinischen 8–10 Rthl. Seit 1832 wurden im „Husumer Wochenblatt" die Auftriebszahlen fast lückenlos dokumentiert. Der außerordentliche Vorteil des Viehmarkt-Standortes Husum brachte einen langen Aufschwung mit Auswirkungen auf Städtebau, Demographie, Infrastruktur, Fremdenverkehr, Gastronomie und Prosperität des Umlandes – bis heute noch spürbar.
Am Tag zuvor wurde das Vieh Hinter der Neustadt auf Anbindeplätzen bei Gottburgsens Hotel, Hotel Fuchs, Gaststätte Schumann, Carstensen, Hotel Schulterblatt u.v.a. marktfein geputzt. Es wurde ab Abends nicht mehr gefüttert, damit es rechtzeitig abmistete, und kam morgens im Herbst sauber geputzt auf das Viehmarktgelände am Kamp und Neustadt, mit über 8.000 Anbindeplätzen. Ab 1887 mit der Fertigstellung der Marschbahn von Hamburg über Elmshorn, Itzehoe, Heide, Lunden, Friedrichstadt, Husum, Bredstedt, Niebüll bis Tondern war Husum der bedeutendste Viehmarkt auf dem Festland Nordwesteuropas. Neben Magervieh- und Fettviehmärkten gab es Pferdemärkte und Hengststationen in den größeren Gemeinden, in Husum, Tönning, Süderstapel, Schwabstedt, Hollingstedt, Bredstedt. Nordfriesland ist bis heute ein Pferdezuchtgebiet für Friesen, Holsteiner und Schleswiger Pferde. Der Pferdehandel früher erfolgte auch mit Triften durchs Land, mit Zollabschöpfungen, Zuchtzentren, Körungen, mit Veredelungsanstrengungen. Standbeine Husumer Wirtschaft waren auch Schaf-, Schweine- und Ferkelmärkte. Der Husumer Schweinemarkt war auf einem Platz zwischen dem heutigen neuen Rathaus und den Stadtwerken, dort stand später die Ferkelhalle, heute ein roter Klinkerbau am Rathaus. Schafmärkte, Schafkörungen und die deutschlandweit größte Schafbockauktion gibt es bis heute in der HMC Husum Messe und Congress. Es gab in Husum oder auf Nordstrand sowie Eiderstedt viele Gräser, Viehzüchter und Viehhändler, z. B. die Familie Harring in Rantrum, in Husum die Familien Carstensen, Jacobs und Thomsen, in Friedrichstadt auch geachtete jüdische Viehhändler. 1871 erfolgte die Gründung des Eiderstedter Shorthorn-Zuchtverbandes auf Drängen des englischen Marktes mit der Einzüchtung englischer Shorthorn-Rinder, die kamen schneller zur Marktreife, hatten weniger Schlachtabfälle und brachten mehr Profit. Trotz hoher Importkosten wurden ab 1843 englische Shorthornbullen bei den Eiderstedter Rinderzüchtern eingestellt. Nordfriesische Viehzüchter ernteten viel Anerkennung. Einzüchtungen gab es auch mit Schafen, das Schwarzkopfschaf, und mit englischen Hochleistungsschweinen. Die Viehzucht Nordfrieslands ist erfolgreich mit Rinderzucht, Pferdezucht, Schafzucht. Diese Thematik wurde oft künstlerisch dargestellt, z. B. durch Alex Eckener oder heute von den norddeutschen Realisten, zu sehen z. B. im Nordfrieslandmuseum Nissenhaus.
Führend waren finanzstarke Viehhändler und Viehzüchter, die Eiderstedter Züchter Andresen aus dem Dreilandenkoog, Hamkens aus Tetenbüll und Reeder vom Holmhof.

Sie gründeten 1871 den Eiderstedter Herdbuchverband. Mit der Shorthorn-Einkreuzung wurde die Schlachtreife bei Fettvieh schon in der kurzen Zeit von 2 $^1/_2$ Jahren erreicht; auch die Milchviehleistung stieg deutlich an. 1911 wurde der Magerviehmarkt wegen Maul- und Klauenseuche geschlossen, 1912 wieder geöffnet. Der Verlust Nordschleswigs 1920 brachte 10.000 Stück Einbuße an Großvieh. Auf dem Viehmarkt lösten lokale Vermarktungen den zentralen Viehmarkt ab. Ab 1922 begannen mit der Inflation ein Preisverfall, die Versailler Vertrags-Abgaben an Großvieh an Belgien, Frankreich, Inflation und Weltwirtschaftskrise. Die Bauern radikalisierten sich in der Landvolkbewegung in Dithmarschen und Nordfriesland.

Tab. VIII: Auftriebszahlen im Husumer Viehmarkt im Deutschen Reich 1871 bis 1925

	Magervieh		Fettvieh	Versand		Schafe
Jahr	Frühjahr	Herbst		nach England	nach Süden	mager u. fett
1871	–	–	11.096	4.950	–	12.298
1876	18.000	6.620	13.487	4.580	–	21.061
1881	11.400	9.251	20.651	3.375	6.900	30.571
1886	15.482	8.011	31.507	1.497	23.493	41.926
1891	14.610	10.566	53.500	–	34.400	36.895
1896	15.074	9.148	60.189	–	43.302	26.982
1901	10.130	6.652	65.113	–	43.412	27.662
1906	10.214	4.043	66.755	–	50.000	20.496
1911	gestoppt	gestoppt	48.097	–	27.200	3.689 fett
1917	5.186	1.430	–	–	–	2.046 mager
1921	11.195	2.760	34.605	–	–	12.647
1925	6.746	445	36.267	–	–	13.090

Zur Bedeutung des Viehmarktes Husum mit dem Exporthafen Tönning: Zwischen 1844, Öffnung des England-Marktes, bis 1888, Ende des Viehexports, wurden 1 Million Rinder und ebenso viele Schafe über Tönning, dem größten deutschen Viehexporthafen, exportiert. Im Schnitt wurden jährlich 20.000 Stück Magervieh und 43.000 Stück Fettvieh aufgetrieben, 6.000 Magerschafe jährlich im Frühjahr; 18.000 Fettschafe im Herbst. 1889 verbot England den Import deutscher Rinder und Schafe.
Hier ein Zeitungsbericht über die ersten Viehhändler, die per Flugzeug in Schwesing landeten – siehe Sonderausgabe der HN vom 04. Juli 1953:

„Die ersten fliegenden Viehhändler

Trotzdem kam der Viehmarkt ab der Einführung der Festmark, offiziell der neuen Rentenmark 1925, wieder gut in Gang – die Auftriebszahlen stiegen. Und der Name

des Viehmarkts war immer noch deutschlandweit so bekannt, dass auch die Viehaufkäufer aus den Rheinlanden wiederkamen. Weil aber die Anfahrten aus größeren Entfernungen zeitraubend waren, legte die Husumer Fluggesellschaft 1928 beim Narrenthal nördlich einen Flugplatz mit hölzerner Flugzeughalle an. Es wurde optimistisch ein regelmäßiger Flugverkehr zum herbstlichen Husumer Fettviehmarkt eingerichtet. Ein Lufthansaflugzeug brachte die ersten drei Viehhändler aus dem Rheinland, die feierlich – mit Husumer Nachrichten – begrüßt wurden. Aber ... nach kurzer Zeit blieben die Fluggäste aus, die Linie wurde ... eingestellt."
1934 beendete die NS-Planwirtschaft den freien Viehhandel. Der begann erst wieder 1949 mit dem Fettviehmarkt. Heute gibt es keine Viehmärkte mehr, Viehhandel geschieht ab Hof per LKW und liegt in Händen privater Viehhändler, mit einem Stamm bäuerlicher Kunden – entweder für Aufzucht von Kälbern und Jungtieren oder für die Schlachthöfe. Viehhandel und Viehzucht werden heute von der EU und zugehörigen Behörden geregelt, von der Geburt bis zur Stallhaltung, der Tiergesundheit und der Vermarktung bis hin zur Verwertung der Gülle. Der Landwirt ist heute Agrar-Unternehmer, Fleischerzeuger, Erzeuger landwirtschaftlicher Produkte im europaweiten Netzwerk und Bewahrer der ländlichen Umwelt und damit Umweltschützer. Nach 1954 gab es noch einmal einen Aufschwung des Fettviehmarktes und eine Modernisierung der Anlagen auf der Neustadt mit dem Abriss hinderlicher Mauern und des alten Haupttores 1962 sowie mit Ampelanlage, der ersten in Husum, für den Viehtrieb Richtung Treibweg und Güterbahnhof mit Polizeiaufsicht: Wenn die Rinder zum Bahnhof getrieben wurden, ruhte der Autoverkehr. Seit 1954 fand er dort in und um einen dort „umgesiedelten" Hangar des Flugplatzes Schwesing statt. 1974 wurde der Husumer Viehmarkt geschlossen. Der Husumer Schlachthof auf dem Maas, hervorgegangen aus der „Nordfleischzentrale" NFZ, ist einer der größten in Schleswig-Holstein und gehört heute zum dänischen Großkonzern Danish Crown.

C.8.1 Welche Kostenfaktoren beeinflussten den Viehhandel und Viehmarkt?

Die Land- und Pachtpreise schwankten immer. Um 1800 hatte sich nach der Feldaufteilung, der sogenannten „Verkopplung", im Königreich Dänemark und im Herzogtum Schleswig wieder viel Land auf wenige Höfe konzentriert. Vor 1800 kostete ein Hektar, also rund zwei Demat gutes Marschland auf Eiderstedt und rund um Husum etwa 800 Mark Schleswig-Holstein Courant, dann verfiel infolge des dänischen Staatsbankrotts 1807 der Landpreis auf 180–300 Mark Courant.
Aber die Kosten der Bauern für Landsteuern, Deich- und Sielabgaben und dänische Bankhaftungen stiegen allesamt, sodass Steuern und Abgaben viele zur Aufgabe zwangen. Kapitalbesitzer kamen nun für wenig Geld zu großem Landbesitz und ganzen Höfen. Landwirtschaft auf geringeren Böden als z. B. auf Eiderstedt mit

Abb. 47: Viehmarkt 1924 auf dem neuen Viehmarkt an der Marktstraße

fetten Marschen war mühselig. Bis gegen 1860 hatten die Landpreise infolge höherer Getreide- und Rindviehpreise den Stand von 1800 eingeholt oder überschritten. Nach 1870 kostete ein ha Land wieder 1.000 Mark Courant, also neue 1.200 Reichsmark. Rinder- und Getreidepreise stiegen weiter; die Landpreise bis 1914 auf fast 4.000 Reichsmark pro Hektar Marschland. Auch in Angeln, im östlichen Hügelland und auf fruchtbaren Altmoränen wie um Ostenfeld oder Schwabstedt wurden ähnlich hohe Preise erzielt.

Tab. IX: Landpreise für Marschland

Jahr	Preis pro Hektar	Einheit
1800	800	MSH Cour.
1815	300	MSH Cour.
1860	900	MSH Cour.
1870	1.000	MSH Cour.
1914	4.000	RM
MSH Cour. = Mark Schleswig-Holsteinisch Courant		
1000 MSH Cour. entspricht 1.200 Reichsmark (RM)		

Wenn die Rinderpreise verfielen, nahm die Pflugbewirtschaftung zu, es gelangten mehr Flächen unter den Pflug. Rund um Husum, auf Eiderstedt, in der Südermarsch, auf Nordstrand waren Weidewirtschaft und Rinderhaltung vorherrschend, aber trotz

der schweren Bodenverhältnisse gab es immer wieder eine Steigerung des Getreideanbaus. Heute ist das übrigens ähnlich, es gelangen große Marschflächen unter den Pflug für Mais-, Raps- und Getreideanbau, für Weizen, Hafer, Gerste, sogar Spargel und Erbsen werden auf Nordstrand angebaut, in den letzten etwa 30 Jahren auch vermehrt Kartoffeln. Um 1900 waren wegen des Rindfleischbedarfs um die 90 % der Marschen Grasland. Im Zuge des landtechnischen Fortschritts mit besseren Maschinen, wirkungsvolleren Pflügen, gezielten Düngemitteleinsätzen, Entwässerungsanstrengungen und der nachfolgenden Bodenmeliorisation, Bodenverbesserung, war es leichter, auch schweren Marschboden für Ackerbau aufzubereiten, wie es in Nordfriesland seit Jahrzehnten, seit der Krise der Milchwirtschaft mit Überproduktion, Preisverfall und Quotenregelungen, auch der Fall ist. Schweinezucht unterliegt ähnlichen Marktgesetzen, ist aber gegen plötzlich auftretende Seuchen übermäßig anfällig – Stichwort Schweinepest. Die heutige Landwirtschaft ist infolge starker Marktregulierungen durch die EU-Agrarpolitik deutlich stärker staatlich eingeschränkt als früher. Husums Viehmarkt blühte bis 1970, ihn löste im Strukturwandel ein großer Schlachthof ab.
Wie war es nun mit den Kosten für die Viehtriften zu Lande, zu Wasser und auf Märkten?

A. Kostenübersicht in Posten auf den Viehtriften

Einkaufspreis: Schon im Herbst vereinbart; zahlbar im Frühjahr bei Abholung; Ochsentrift: Zölle, Brückengeld, Fährgeld, Futtergeld, Treiberlohn, Verpflegung; Logis in Krügen für Futterbeschaffer; Futtergeld für Viehfutter, Knechtslöhne; Zechen, Trinkgelder für Treiber, Fährleute, Krugsknechte, Bewirtung in Krügen; Faustregel für Kosten bei Triften: Bis zu 1/5 der Einkaufskosten pro Tier;

B. Kosten auf dem Markt

Marktgeld für die Stadt/Marktmeister, Standgeld für den Markt; Futter pro Tag und bis zu drei Tage bis zum Verkauf; ggf. Kommissionsgebühren für den Kommissionär/Agent; Kosten für Bewirtung nach Verkaufsabschluss in Gastwirtschaft/ Hotel/ Wirtschaft, für Weinkauf, Speisen /Getränke, Trinkgelder;

C. Schiffstransport:

Frachtkosten, Ausfuhr- und Frachtzoll, Versicherungsprämien; Ochsenknechte bei Be- und Entladung und auf Seereise; Viehfutter; Be- und Entladekosten extra; ab 1854: bei Bahntransport gekoppelt mit Schiffstransport Extrakosten; Kommissionär/Agent für den Auslandshandel;

Die Kosten für Bahn- und Schiffstransport betrugen bis zu $^1/_2$ der Einkaufskosten.

Husum wurde zum Maß aller Viehmärkte, ab 1832 wurden die Auftriebszahlen lückenlos dokumentiert. Ab 1870 gab es den Bahn-Versandmarkt mit Verladerampe ab Nordbahnhof.

Die Neustadt und die dahinter bereitgestellten Viehställe boten Platz für mehrere Tausend Stück Vieh und ebenfalls Schafe. Die großen Partien Limfjord-Ochsen, teils bis fünfzig und hundert auf einmal, wurden auf dem weiten Kamp, nördlich des Wasserturmes, verhandelt. Kleinere Partien Eiderstedter Ochsen oder Ochsen, die per Schiff von Pellworm und Nordstrand am Außenhafen angeliefert wurden, standen auf der Neustadt in Stallungen hinter der Neustadt angebunden und warteten morgens vor den Gaststätten mit Anbinde-Vorrichtungen auf der Straße auf Käufer. In der Straßenmitte sorgte eine Mistrinne für den Abfluss per Gefälle Richtung Hafen. So konnten z. B. die Husumer auf der Neustadt Zeugen ihres prosperierenden Viehmarktes sein, die Ochsen zogen Richtung Hafen mit Bahnanschluss oder zum Nordbahnhof über Nordbahnhofstraße oder Treibweg. Ein ständiges Problem beim überregionalen Viehhandel war aber die Beschaffung von Magervieh, weil der Bedarf an Magervieh immer größer wurde. Während bis weit ins 19. Jahrhundert hinein dänische schwerere Jütochsen zur Weitermast gehandelt wurden, von denen weniger für den Weidebesatz nötig waren, blieben diese nach 1870 immer mehr aus. Die Grünlandmäster mussten auf Magervieh ausweichen, das kleiner und leichter, aber weniger verfügbar war, deshalb wurde mehr gebraucht und die Preise stiegen. Auch die im 19. Jahrhundert einsetzende Einzucht von Shorthornrindern, die zu schnellerem Wachstum führte, erhöhte die Einkaufspreise. Nach 1914 fehlten durch die Abtretung Nordschleswigs weitere 25.000 Stück Magervieh. Man richtete in Husum zusätzlich zum Frühjahrs-Magerviehmarkt einen Herbst-Magerviehmarkt ein, aber dieses Vieh musste im Winterhalbjahr in Strohfütterung gegeben werden und kam dann schlechter genährt ins Frühjahrsgras. Der Gräser musste genau rechnen, um mit dem richtigen Viehbesatz auf bestimmter Weidefläche eine solche Gewichtszunahme zu erzielen, die genug Profit brachte. Der Frühjahrsbesatz mit schwereren Ochsen oder im Herbst zur Stallfütterung musste kalkuliert werden. Ein Ochse musste mehr als drei Zentner, rd. 35 %, an Gewicht auf Grünland zunehmen, um Profit zu erzielen. Eingekreuztes Shorthornvieh nahm schneller zu, es brachte 50 % Gewichtszunahme. Die allgemeine Kostensteigerung hatte zur Folge, dass nur kapitalkräftige Gräser mit genug eigenem Weideland ohne Kredite auskamen, die anderen entweder Land zupachten oder auf immer teurere Bankkredite angewiesen waren. So wurden die großen Landbesitzer auf Eiderstedt wie der Husumer Asmussen auf dem Roten Haubarg auch zu großen Gräsern mit den größten Renditen. Als Agrarüberschussländer waren Schleswig-Holstein und Dänemark seit Jahrhunderten die natürlichen Exporteure in die Hansestädte Hamburg und Lübeck, an die südliche Nordseeküste oder nach England. Das galt bis in die zweite Hälfte des 19. Jahrhunderts, dann änderten sich die Grundbedingungen durch eine andere politische Großwetterlage. Das Gleichgewicht in Europa wurde mit der Reichsgründung des Deutschen Reiches in Unordnung gebracht. Vorher dänisches Vieh von Husum und Eiderstedt war nun Vieh aus dem

Kaiserreich, das nicht mehr verlangt wurde. Die englische Regierung mit ihrem neuen Landwirtschaftsminister verweigerte 1888 nach der Maul- und Klauenseuche, die im Frühjahr von Hamburg nach England eingeschleppt wurde und den Importstopp für nordfriesisches Vieh brachte, die Wiederaufnahme der Importe. Der Anteil nordfriesischen Viehs fiel auf unter 1 %, Großbritannien deckte seine Importe woanders, Deutschland wurde fallen gelassen. Aber schnell war ein neuer Abnahmemarkt für nordfriesisches Vieh mit Hilfe neuer Bahnlinien nach Süden inzwischen in Hamburg, in den Ballungszentren der Rheinlande, Berlin, Sachsen gefunden, sogar den Rhein hinunter bis nach Hessen, Baden und in die Schweiz. Sicher traf der Handelskonflikt mit England die Tönninger Dampfschifffahrtsgesellschaft am härtesten – bis hin zur Liquidation und Aktienvernichtung. Aber die Viehhändler und Gräser kamen schnell wieder auf die Beine. Die Einzüchtung mit englischen Shorthorns war gut gelungen und hatte den Profit für Gräser erhöht. Der deutsche Verbraucher- und Abnahmemarkt bestimmte die Viehpreise und verlangte deutschlandweit nach dem Qualitätsprodukt „Husumer Vieh – Husumer und Eiderstedter Ochse", das wurde zum Maßstab für gutes Rindvieh. Der Husumer Viehmarkt mit seinen Marschweiden rundherum wuchs weiter bis zum Weltkrieg 1914; es gab genug Nachschub an Schlachtrindern für den Eisenbahntransport, genug Gräser und Viehhändler.

C.8.2 Wie entwickelte sich der Husumer Viehmarkt vom 19. aufs 20. Jahrhundert?

Nach der Reichsgründung 1871 kamen Viehhändler von Rhein-Ruhr-Main-Süddeutschland-Berlin auf den Husumer Markt. 1887/88 initiierte Bürgermeister Emanuel Gurlitt, der nicht nur als Stadtpolitiker gewichtige Entscheidungen durchsetzte, er galt mit seiner Körperstatur als schwerster Bürgermeister Deutschlands, den neuen Viehmarkt auf dem Kamp hinter dem Schlosspark mit fugenlos verlegtem Klinkerboden zur hygienischen Reinigung, mit Eichenbalken-Anbindungen, 1905 mit Stahl-Anbindungen, mit Quarantäne- und Veterinärversorgung: **Husum wurde modernster Großviehmarkt Deutschlands.**

So brachte der plötzliche englische Importstopp 1888 nicht die Katastrophe, sondern nur eine Umschichtung der Handelsströme in Richtung Süden, weil die neue Marschbahn Hamburg-Heide-Husum-Tondern gleichzeitig fertig gestellt wurde. Die neuen Ziele waren die Absatzmärkte Hamburg, das Rhein-Ruhr-Gebiet und Süddeutschland. Ab 1894 wurde die Husumer Viehausstellung ins Leben gerufen, die deutschlandweit ausstrahlte; Viehhändler kannten nun Husum. Das hatte den Ausbau der Gastronomie, der Hotellerie und des Viehmarkts in dem Viertel Hinter der Neustadt zur Folge, allerdings auch unerwünschte Nebenwirkungen wie den Abriss halber Straßenzüge in der Altstadt. Schöne alte Architektur wurde ersetzt durch moderne Zweckbauten. Das Problem der Volksgesundheit war inzwischen immer mehr ins

Bewusstsein gerückt, überall wurde auf Sauberkeit der Straßen, der Bürger, auf saubere Kleidung, gewaschene Hände geachtet, besonders im Schulwesen. Die Einrichtung einer öffentlichen Warmbadeanstalt erfolgte 1862, die bestand dann bis etwa 1970, war nicht mehr nötig und musste den neuen Stadtwerken weichen. Der Wasserturm war 1902 zum 300-jährigen Stadtjubiläum fertig, gleichzeitig die neue zentrale Wasserleitung. Es folgte der Ausbau der Gaststätten und Wirtschaften.
Die Viehbestände lieferten Überschüsse für den Viehhandel (**siehe Tab. X,** für Südtonderns geringeren Viehbestand waren nur für 1926 Zahlen verfügbar).

Tab. X: Viehbestand ab 1873 in Tausend

Jahr	Kreis	Pferde	Hornvieh	Schafe	Schweine
1873	Husum	5,6	38,3	34,6	2,7
	Eiderstedt	2,2	14,8	28,6	0.9
	Schleswig	8,4	47,9	17,5	8,9
1883	Husum	6,2	38,1	30,7	4,5
	Eiderstedt	2,5	13,3	24,4	1,3
	Schleswig	9,2	47,5	11.5	16,0
1900	Husum	7,2	45,8	26,6	12,2
	Eiderstedt	2,6	14,8	18,6	3,3
	Schleswig	11,0	60,0	7,8	45,6
1913	Husum	7,9	57,5	23,5	41,4
	Eiderstedt	2,5	18,6	19,5	10,4
	Schleswig	11,8	76,9	4,7	118,3
1924	Husum	9,6	56,5	24,3	25,3
	Eiderstedt	3,2	20,4	17,6	4,7
	Schleswig	12,6	70,6	4,5	63,0
1926	Husum	9,4	57,3	19,4	39,02
	Südtondern	7,2	46,9	21,8	12,9

Die Viehmarkt-Gasthäuser waren z. B.: Jebens, Gottburgsen, Hotel Schumann, Hotel Fuchs, Hotel Schulterblatt, Hein Naver, Wohlert, Haus der Landwirte, Husumer Krug – bis um 1970. Der Viehhandel lebte seit alten Zeiten mit altüberkommenen Ritualen, wie sie überall beim Viehhandel gebräuchlich waren. Verhandelt wurde nach der Begutachtung der Tiere mit wiederholtem Handschlag und Zeugen für den dritten, entscheidenden Handschlag. Der Viehkauf erfolgte „auf Schlump, auf dem Fuß" – das Vieh wurde gekauft wie gesehen. Das erforderte auf Seiten der beteiligten Bauern und Viehhändler Erfahrung und Vertrauen. Der Käufer hatte ein Recht auf Rückgabe. Die Handelssprache war seit undenklichen Zeiten Niederdeutsch/

Plattdeutsch, vielleicht auch bis Mitte des 19. Jahrhunderts noch Dänisch. Man konnte „af und torüch" – hin und zurück – handeln, das heißt, vom Kauf bei nachträglich ersichtlichen Mängeln zurücktreten, bis hin zu einer gegebenenfalls nötig werdenden rechtlichen Schlichtung. Erst nach 1900 wurde die Umstellung auf Lebendgewicht durchgesetzt. Die Viehhändler waren teils alte Familien wie Harring, Spreckelsen, Carstensen, Thomsen, Jacobsen, ebenfalls gab es respektierte jüdische Viehhändler aus Nah und Fern, die ihre Geschäfte bis 1938 führten. Kommissionäre oder Agenten als Mittels- und Vertrauensleute gab es bis 1940, die Viehhändler ließen sich oft durch Kommissionäre oder Agenten vertreten. Diese Vertrauensleute für Handel und Finanzen mit Vertrauensstellung wirkten auch im Ausland, in Großbritannien, den Niederlanden, der Schweiz.
Obacht: Es entwickelte sich also maßgeblich von Husum aus der bargeldlose Viehhandel mit Geld- und Bankanweisungen.
Der Viehschreiber, Kommissionär/Agent schloss laut Handelsrecht von 1868 Handelsgeschäfte ab „... in eigenem Namen für Rechnung eines Anderen, des Kommittenten". Agenten oder Vertrauensleute verantworteten im Namen der Eigner die Auslandsgeschäfte gegen eine vertraglich festgesetzte Kommission und Verkaufsprämie. Es gab aber ein Problem: Der Eigner hätte persönlich vielleicht mehr herausholen können, der Kommissionär verhandelte im Wissen seiner späteren Prämie ggf. nicht mit genug Druck. Die Marktleitung der Stadt Husum war geregelt, die Marktkommission war besetzt mit vier Markt-Kommissionären der Umgebung: Viehhändler, Bankdirektoren und ein Marktvogt.
Verkaufszahlen für Magervieh 1880–1890: jährlich 22.000, dazu 12.000 Schafe. Herbst-Fettviehmarkt: jährlich 25.000 Stück Fettvieh, 30.000 Stück Fettschafe; Verkaufserlös: um 17 Millionen Mark/Jahr. Im Rekordjahr 1910 wurden 20.000 St. Magervieh, 5.000 Magerschafe, 79.000 Stück Weidefettvieh und 74.000 fette Schafe vermarktet – für 45 Millionen Goldmark, meist in Bar.
Dazu kam früher der englische Markt. Viehgräser/Vieheigner bekamen beim Englandhandel über den Kommissionär einen Brief mit „Bankbill" als Zahlungsanweisung in Pfund Sterling. Diese wurde von der Schleswig-Holsteinischen Bank eingelöst. Das heißt bankwirtschaftlich: In Nordfriesland liegen die Ursprünge des bargeldlosen Viehhandels. Bis ca.1875 galt die Barzahlung in dänischen Speciestalern, Silbermünzen Courant, dann die deutsche Reichsmark, die es auch in Silber oder Gold zu 10 und 20 Goldmark gab. 100 Ochsen zu je 100 Speciestaler ergaben fünf Zentner Silbergeld, das in Holzkisten transportiert wurde. Nach 1875 wurde die Umstellung auf Papiergeld verfügt. Geachtete Viehhändler und Züchter standen für die beherrschende Stellung des Viehmarktes Husum.
Nach beginnenden Rückgängen im Weltkrieg ab 1916 kam es ab 1919 zu einem starken Rückgang. Im Versailler Vertrag wurden Zwangsablieferungen für Zuchtvieh,

Mastvieh, Zuchtpferde beschlossen, was sich für den Viehhandel krisenhaft auswirkte, dann kam die Inflation. Im Juni 1921 kostete ein Rind 7 Mark pro Pfund lebend, im Juni 1922 rund 31 Mark, Herbst 1922 rund 300 Mark, Juli 1923 bis 20.000 Mark/Pfund, August 1923 schon 39.000 Mark/Pfund. Das Geld verfiel von Tag zu Tag; auf dem Höhepunkt der „galoppierenden Inflation" am 31.10.1923 sage und schreibe rund 9 Milliarden Reichsmark pro Pfund. Gleichzeitig nahm das Vertrauen in die Regierung der Weimarer Koalition aus Zentrum, DDP und SPD, die 1920 noch bei fast 75 % die politische Mehrheit hatte, auf unter 40 % ab; republikfeindliche Parteien wie NSDAP und KPD waren gefragt. Dann gab es eine Erholung mit der Einführung der Rentenmark, das war die vorläufige neue Währung. Die „Goldenen Zwanziger" dauerten nur fünf Jahre. 1929 ging der Abstieg weiter mit der

Abb. 48: Viehmarkt Husum um 1960 mit Markthalle von Norden aus

Weltwirtschaftskrise und der staatlichen Deflationspolitik. Die Pfund-Preise fielen ins Bodenlose, von 31 Pfennig pro Pfund Ochse lebend, 27 Pf. pro Pfund Kuh und beim Weidemastlamm auf 20 Pf. Es kam ab 1929 zu heftigen sozialen und politischen Konflikten zwischen der Regierung, die von den Deutschnationalen und den Nationalsozialisten als „Erfüllungsschergen des Versailler Vertrages" beschimpft wurden, und den aufgebrachten Bauern in Nordfriesland, Eiderstedt und Dithmarschen, die sich bis hin zur „Landvolk-Bewegung" gerade hier in Nordfriesland radikalisierten und nicht vor Gewalt zurückschreckten. Dazu schrieb Hans Fallada aus Neumünster den erfolgreichen Roman „Bauern, Bonzen, Bomben". Der Viehmarkt geriet in diesen Strudel, der Auftrieb brach ein. Ab 1933 erfolgte die NS-Viehvermarktung in Planwirtschaft. Husum wurde regulierter Großviehmarkt und maßgeblicher Viehmarkt im Reich, die Marktkommission wurde größer mit Bauern auf Parteilinie aus Ostenfeld und dem NS-Kreisbauernführer. Daraus wurden 16 Jahre Planwirtschaft übers Kriegsende hinaus unter der britischen Militärregierung bis 1950.
Schon in der Zeit vor 1933 begann der Bau einer Kanalisation, das dauerte bis gegen 1950, die Abflüsse liefen meist in den Hafen oder die Au. Erst in den 1980er Jahren erfolgte der Bau von getrennten Regen- und Schmutzwassernetzen. Noch bis 1965 gab es in Rödemis-Schockedahl eine Müllhalde, die oft brannte und unangenehm stank. Husum hat heute südlich des Außenhafens an der Dreisprungwehle eine hochmoderne Kläranlage. Auch die Entsorgung von Mist des Viehmarktes bestand lange meist in Misthaufen, Jauchegruben, oberirdischen Abflüssen, Straßendreck und Straßenreinigung.
Der Husumer Binnenhafen erhielt in der Zwischenkriegszeit auch einen Bahnanschluss bis zum Ende der Schiffbrücke, bis etwa 1960.
Nach 1945 war eine langsame Markt-Wiederbelebung möglich, ab 1950 wieder ein freier Handel mit neuer, freier Marktorganisation durch einen Viehmarkt-Ausschuss von vier Fachleuten. Der Husumer Fettviehmarkt blühte auf, es gab eine neue Weidemast-Viehausstellung ab 1950. Die neuen Weidemast-Bereisungen ab Großviehmarkt Husum wurden in Deutschland tonangebend und preisgestaltend. Zur ersten Weidemast-Viehausstellung 1950 kamen 15.000 Besucher, wieder etliche aus dem Ausland. Der Auftrieb dieser Jahre, bis und über 20.000 Rinder, erfolgte durch die Staatliche Einfuhr- und Vorratsstelle. Der gesamte Viehhandel wurde nun beaufsichtigt durch den Landesmarktverband und die Arbeitsgemeinschaft für Vieh und Fleisch in Schleswig-Holstein mit Vertretern aller Beteiligten. Die neue Markthalle mit einem ausrangierten Flugzeug-Hangar vom Schwesing-Flugplatz wurde 1952 am Wasserturm eingerichtet. Husums Viehmarkt bekam 1963 eine Ampel in der Marktstraße für den Marktbetrieb. Die Markthalle arbeitete ab 1975 nur noch für Schafbock-Körungen, Ferkelmärkte, Kleinvieh und Kälberauktionen bis 1978. Um 1960 wurden auf dem Viehmarkt wöchentlich noch 10 Mio. DM in Bar umgesetzt.

Abb. 49: Transport von Lebendvieh: Rund 100 Pellwormer Rinder um 1965 auf dem Fährschiff Pellworm. Das Vieh für den Husumer Viehmarkt wurde verladen am Pellwormer Fährhafen Tammensiel, verschifft nach Husum, entladen am Husumer Außenhafenkai und zum Viehmarkt getrieben, ab 1960 auch zum neuen Nordhusumer Schlachthof auf dem Maas.

Die über 30 Husumer Schlachtereien sicherten sich oft die besten Ochsen. Immer noch galten das Husumer Rind und Eiderstedter Mastochsen bis 1974 als das beste Rindfleisch Deutschlands. Die Abrechnung mit Marktgeld und Standgeld erfolgte mit Bricken als vorher gekaufte Wertmarken pro Rind. Immer mehr Rinder wurden seit Ende der Fünfziger Jahre als Schlachtgut für den Totversand zubereitet, der Trend setzte sich überall fort und machte nicht vor Husum halt. Steigende Löhne und Kosten, Arbeitszeitersparnis, Abnahme der bäuerlichen Betriebe, Möglichkeiten der Schlachtgutkühlung und dessen Transport besiegelten das Schicksal der Viehmärkte. Ab den Sechziger Jahren nahm der Auftrieb deutlich ab; die Transportkosten für Lebendvieh wurden zu hoch, der Viehhandel von Lebendvieh erfolgte kleinräumig vom Erzeuger über den Vertrauensmann zum Schlachthof. In Husum nahm der erste Schlachthof 1964 den Betrieb auf, vorfinanziert durch die Stadt Husum. Die Marktglocke des Viehmarkts läutete nicht mehr. Das war nach rund 600 Jahren das Ende des Husumer Viehmarkts 1971. Einzelhandel und Neustadt-Gastronomie litten stark unter dem Viehmarkt-Aus. Diese Hauptsäule der Husumer Wirtschaft und der

Nordfriesland-Landwirtschaft überdauerte ganze Zeitalter vom ausgehenden Mittelalter über den Dreißigjährigen Krieg, über die Zeit von dänischen Königen, Gottorfer Fürsten, Napoleon, das 19. Jahrhundert von der ersten Eisenbahn bis zum Flugzeug, über das Kaiserreich, zwei Weltkriege und die Nachkriegszeit. Der Strukturwandel musste geschafft werden, eine gewaltige Herausforderung, die mit neuer Kongresshalle, neuer Gewerbeansiedlung, Tourismus-Förderung geschafft wurde. Da gab es schon den Schlachthof auf dem Maas, am Nordwestrand Husums, mit Bahnanschluss. Dieser Schlachthof hieß zuerst Nordfleisch AG, ab 1966 NFZ – Nord Fleisch Zentrale, dann bis heute Danish Crown. 1965 wurden im Schlachthof über 5.000 Rinder und 60.000 Schweine verarbeitet, 1991 mit fast 110.000 Rindern die höchste Schlachtmenge in Deutschland. In Niebüll, damals Kreis Südtondern, entstand ebenfalls ein leistungsfähiger Schlachthof des Unternehmers Annus. Diese Großschlachthöfe in Husum und Niebüll gewährleisteten die Abnahme und Verarbeitung von über 200.000 Rindern, ebenso vielen Schweinen, Zehntausenden Schafen und Lämmern aus dem großen Überschuss an nordfriesischen Schlachttieren. Im Schlachthof arbeiten mehrheitlich deutsche Fachkräfte als Meister und Gesellen, dann EU-Schlachthelfer z. B. aus Osteuropa, die ohne Familie hier logieren und ihren hart erarbeiteten Lohn nach Hause schicken, es kommen auch Schlachthelfer aus der Ukraine. In Husum werden unter kontrollierten Hygienevorkehrungen wöchentlich 2.000 Rinder geschlachtet. Das Problem von überall in Deutschland aufgetretenen Covid-19-Ausbrüchen 2020 und Anfang 2021 lag nicht nur in den dortigen Arbeitsabläufen an Schlacht- und Zerteilbändern, sondern auch in den Mehrbett-Unterkünften. Der Schlachthof mit über 275 Mitarbeitern Anfang 2022 einschließlich der Reinigungskräfte wurde behördlich für eine Quarantäne geschlossen. Trotz striktem Kontrollmanagement kam es im Februar 2022 wieder zu einem Infektionsausbruch mit rund 100 fehlenden Mitarbeitern, ohne Betriebsschließung, bei vollem Arbeitsumfang und einem Grundstock an Ungeimpften und Genesenen (HN 4.2.2022). Der Mutterkonzern Danish Crown will (HN März 2021) auswärtige Arbeitskräfte nicht mehr in engen Sammelunterkünften unterbringen, sondern zukünftig dezentral und privat, das braucht Zeit.

C.8.3 Was für ein Geschäftsmodell war die Fettgräsung?

Husum erlebte mit dem Viehhandel und dem Boom des Viehmarktes infolge der Öffnung Großbritanniens von 1844–1888 bis 1914 einen markanten Aufschwung, teils in Kooperation mit dem Hafen Tönning auf Eiderstedt und mit einer Reihe namhafter Viehhändler. Es konnte kaum so viel Vieh auf den Markt kommen, wie verkauft werden konnte – bis an 100.000 Rinder jährlich. Dies ging einher mit dem Aufschwung von Handwerk, Handel und Gewerbe, dem Aufstieg einer Reihe von Husumer Geschäftsleuten und einer gewinnbringenden Wirtschaftsform, der Fettgräsung. Die

Grünland-Gräsung in Nordfriesland wurde ursprünglich weitgehend von Marschbauern betrieben, die Ochsen und Getreide auf eigenen Schiffen über die Nordsee ausführten. Im 19. Jahrhundert schälte sich eine andere Form heraus: Die Fettgräsung durch Kapitaleigner, die Kapital und Marschweiden hatten, bei Hamburger oder Husumer Banken Kapital leihen und das Risiko tragen konnten. Dieses Geschäftsmodell fand bei wohlhabenden Husumer Familien etliche Teilhaber, die den oben schon zitierten Werbespruch des Husumer Magistrats von 1817 in die Tat umsetzten: „Es ist vielleicht kein Ort in den Herzogthümern, der zu Viehmärkten sich so qualifizieret ... als Husum."
Was bedeutete das für Kapitalanleger? Wer nach 1815 Geld als Kaufmann, Geschäftsmann, Freiberufler verfügbar hatte, der fand vom 19. bis Mitte des 20. Jahrhunderts als sehr profitable Anlageart die Fettgräsung. Geld wurde angelegt mit Kauf von Jung- und Magerochsen auf dem Husumer Markt. Die Ochsen ließ man auf eigenen Marschweiden rund um Husum und auf Eiderstedt laufen. Man konnte bei der Gewichtszunahme fast zusehen, die Renditen waren beachtlich. Der dänische Staatsbeamte Jens Peter Trap, 1810–1885, kannte das Königreich und das Herzogtum Schleswig von mehreren Reisen mit dem dänischen König. Als Kabinettsekretär mehrerer dänischer Könige schrieb er das mehrbändige Werk „Statistisk-topographisk Beskrivelse af Danmark" und als weiteres 1861 das „Hertugdømmet Slesvig". Husum und Nordfriesland sind mit rund 120 Seiten und exakten topographischen Karten und Zeichnungen umfangreich erfasst. *Trap* beschrieb die nordfriesische Grünlandmast um Husum respektvoll so:
„Kvæghandelen er af stor Betydning for Husum, deels fordi her er Midtpunctet for denne Handel for Marskens Vedkommende, og deels fordi mange af Byens Borgere for egen Regning lade fede Kreaturer i Omegnen. Denne Handel, saa betydelig den end endnu er, har tabt sig ikke lidet siden 1850, da man begyndte at sende de fede Kreaturer directe til England ..." (*Trap*, S. 230)
Trap sagt: „Viehhandel ist von großer Bedeutung für Husum, Husum ist Mittelpunkt für diesen Handel in den Marschen. Viele Stadtbürger lassen ... auf eigene Rechnung Magervieh in der Umgebung mästen, dieser Handel ist bis heute bedeutend und hat sich verfestigt, indem man begann, dieses Mastvieh ab etwa 1850 direkt nach England zu verfrachten."
Bestes Beispiel neben den Woldsens für diese Wertschöpfung war der Deichgraf des Porrenkooges, Husums Zweiter Bürgermeister Christian Albrecht Asmussen, 1792–1858. Er war mit dem Besitz von 2.000 Demat – rund 1.000 Hektar – besten Marschlandes in der Südermarsch und auf Eiderstedt der größte Landbesitzer in Nordfriesland und stammte aus der über Generationen angesehenen Familie Asmussen. Die Geschwister von Christian Albrecht Asmussen waren Hans und Anna Catharina Asmussen, alle drei unverheiratet und auch Geschäftsleute, auch Catharina. Ein Vorfahr

Christian Albrechts war Mitte des 17. Jahrhunderts Patenkind des Herzogs Christian Albrecht von Gottorf. Die Asmussens besaßen neben viel Landbesitz den herrensitzähnlichen Roten Haubarg bei Witzwort mit rund 140 Hektar. Sie bewohnten in Husum ein schönes Treppengiebelhaus im Backsteinstil, früher am Markt 17, 1896 abgebrochen. Der Vater Hans Asmussen, ebenfalls Senator und Kirchenvorsteher, erwarb 1801 den Roten Haubarg. Die Asmussens betrieben neben ihrer Brauerei und anderen Geschäften noch ihre gewinnbringenden Ochsengräsungen.
Christian Albrecht Asmussen trat jährlich auf dem Husumer Viehmarkt am Ochsenkamp, eben nördlich des damaligen Fischerhauses, als Käufer von dänischem Magervieh auf für seine fetten Marschweiden.
Das Asmussenhaus kam dann an andere Husumer Familien, z. B. an Bürgermeister H. F. Hansen und dessen Sohn Friedrich Hansen, Besitzer des bekannten „Husumer Krugs" am Markt. Bekannt waren auch Kaufmann Heinrich Mordhorst und dann nach Aufgabe der Brauerei im weitläufigen Hinterhaus bis zum Abbruch 1896 Weinhändler Arthur Hansen. Catharina A. erbte 1859 als letzte der drei Geschwister alles, auch den Roten Haubarg. Mit ihrem Cousin August Friedrich Woldsen, dem letzten Woldsen, in Hamburg erfolgreicher Kaufmann, begründete sie das „Asmussen-Woldsen-Vermächtnis" (siehe unten). Zur Stiftung gehören der „Witwenstift" und auch das „Ostenfelder Bauernhaus". Wer kein eigenes Land hatte, konnte die Ochsen als Pensionsvieh zu Grünlandbauern in Gräsung geben – gegen geringes Grasgeld. Dieses „Fettgräsungs-Geschäft" wurde bis in die Mitte des 20. Jahrhunderts vor allem auf Eiderstedt betrieben, wo der Grünlandanteil bis zu 80 % betrug, teils in den benachbarten Marschen vor Husum und auf Nordstrand.
Bekannt dafür war der Husumer Bürgermeister Feldberg, der sich, wie es hieß, auf sein Haus in der Großstraße oben einen Turm setzen ließ, um per Fernglas seine Ochsen in der Marsch zu zählen. Husum und die Marschgemeinden beherbergten eine Reihe angesehener Viehhändler, die damit wohlhabend wurden, unterstützt von hiesigen Banken. In der Husumer Südermarsch, Koldenbüttel, Hattstedter Marsch und in Eiderstedter Gemeinden mit hohen Grünlandanteilen auf großen Bauernhöfen wurden bei der Erhebung der Grundsteuer A – für land- und forstwirtschaftliches Grundvermögen – Spitzenwerte erzielt, die höchsten in Nordfriesland und Schleswig-Holstein. Nach 1960 begann der Umbruch von Grünland zu Pflugland mit Getreideanbau, teils für Hamburger Kapitalanleger. Warum? Um 1965 war die Zeit der Weidemastgräsung vorbei, der Viehhandel ging andere Wege. Das Vieh wurde seither direkt vom Hof an Viehhändler und Vertrauensleute verkauft. Ein Schlachthof, zuerst noch in heimischer Verantwortung, heute zum dänischen Großkonzern Danish Crown gehörig, ersetzte auch in Husum die Viehmärkte. Dort werden jährlich Zehntausende Rinder und Schafe geschlachtet, die von Schleswig-Holsteinischen Höfen stammen, von Viehhändlern direkt zum Schlachthof geliefert und verarbeitet.

Die Gesellschaft für Husumer Stadtgeschichte bemüht sich um Bewahrung der letzten Reste des Viehmarkts. Es gibt Viehtreiber-Fresken an einem Wohnblock am Kuhsteig und drei eiserne Vieh-Skulpturen auf der Neustadt und am Wasserturm. Der alte Viehmarktbrunnen stand lange am Kuhsteig-Osterende, wurde zur Restaurierung abgebaut und ersetzt durch einen gusseisernen Springbrunnen. Seit Herbst 2020 ist der originale Viehmarkt-Brunnen restauriert und harrt eines neuen Standortes. Letzte Viehställe „Hinter der Neustadt" und am Treibweg sind Zeugen der Vergangenheit. Frühere Viehmarktbauten sind die Halle des Autohauses Johannsen, die Galerie von Okke Peters am Stadtweg, einige Hinterhofgebäude der oberen Neustadt am Schlossgarten, und gegenüber vom erhaltenen Stall in **Abb. 50.**

Abb. 50: Einer der letzten Viehmarkt-Viehställe heute, Hinter der Neustadt

C.8.4 Wie geht es der Landwirtschaft rund um Husum heute?

Die folgenden Tabellen belegen das Höfesterben in den letzten Jahrzehnten.

Tab. XI: Hofsterben in Schleswig-Holstein 2003–2016		
Jahr	Anzahl der Höfe	Ø Größe in ha
2003	16.533	61
2010	14.123	70
2016	12.716	78

(Quelle: top agrar online)

Nordfriesland-Landwirtschaft 2016, Statistikamt Nord

Tierbestand in Nordfriesland: 1.665 Betriebe 2016; durchschnittlich 80 ha groß;
Rinder gesamt: 203.436; davon Milchkühe älter als 2 J.: 77.515;
Schweine gesamt: 251.156; Ferkel: 121.326; Zuchtsauen: 27.132;
Schafe gesamt: 86.176; Lämmer: 23.227, Mutterschafe: 61.223;
Pferde/Einhufer gesamt: 3.046; Pferde-Betriebe: 530; ökologisch: 17;
Kühe haltende Betriebe 2016: 1.150; ökologisch wirtschaftend: 55 Betriebe;
Schweine haltende Betriebe in 2016: 128; ökologisch wirtschaftend: 23;
Schafe haltende Betriebe in 2016: 539; ökologisch wirtschaftend: 21.

Vergleich: Betriebsgröße Mecklenburg-Vorpommern 272 ha; in Gesamt-Deutschland 63 ha. (Anmerkung d. Verf.: Nach Ende der DDR entstanden mit Westkapital aus einigen früheren LPG große Privatbetriebe besonders in Mecklenburg-Vorpommern.)

Tab. XII: Land- und Pachtpreise in Nordfriesland um 2020			
Dauergrünland (DGL) für Rinderhaltung/Milchwirtschaft; Ackerland (AL) für Getreide, Raps, Futtermais, Kartoffeln und Hackfrüchte			
	Pachtpreis	Kaufpreis	Euro/ha
AL 2018	x	–	Ø 546
DGL 2018	x	–	Ø 411
DGL 2018	–	x	Ø 19.415
AL Eiderstedter Marsch – ohne St. Peter Ording	–	x	37.815
AL Marschinseln – Pellworm, Nordstrand	–	x	36.494
AL Bredstedt – Husumer Geest	–	x	30.033
DGL 2018 Eiderstedt-Marsch	–	x	20.762
DGL 2018 Husumer Geest mit Bredstedt	–	x	16.756
DGL Gesamt – Nordfriesland	–	x	Ø 34.104
Spitzenwerte Ostholstein/Fehmarn	–	x	Ø 39.013

Ein Problem ist seit Jahren der strengere EU-Umweltschutz. Die HN am 9.7.2022: „Viele Bauern müssen weniger düngen", der „Bund verdoppelt ‚rote Gebiete' für strengere Düngeregeln" und deutlich weniger Pestizidanwendungen für mehr Arten- und Grundwasserschutz auf 9,5 % der Landwirtschaftlichen Nutzfläche, auch in Nordfriesland (HN, 30.11.2022). Der Bauernverband stimmte zu, aber Bauern protestieren, ihre Ernteerträge würden sinken. In den Niederlanden könnten wegen der höchsten Belastungen bei Umsetzung der EU-Regeln bis 40 % der Bauernhöfe gefährdet sein; die Bauern drohen mit Krieg: „De oorlog is begonnen – wi winnen" (HN 13.7.2022). In Nordfriesland wollte man vor vier Jahren mit Bauernprotesten an die „Landvolk"-Bewegung aus der Zeit um 1928 anknüpfen, wie sie in Hans Falladas Roman „Bauern, Bonzen, Bomben" geschildert werden. Der Wortführer, ein Eiderstedter Bauer, wurde wegen Aufruf zur Gewalt angeklagt, aber freigesprochen. Die Massenproduktion auf Kosten der Umwelt muss aufgegeben werden. „Methanbremse für die Landwirtschaft" titelte die HN am 19.9.2022: Der Methan-Ausstoß in Schleswig-Holstein ist dreimal höher als im Bundesdurchschnitt wegen relativ mehr Nutzfläche, höherem Viehbesatz, weniger Industrieemissionen; das Land plant ein „Kompetenzzentrum für klimaeffiziente Landwirtschaft". Die Agrarwirtschaft braucht zur Erreichung der festgesetzten Ziele des Klimaschutzgesetzes umsetzbare Hilfen, Verbraucher werden mehr für Lebensmittel ausgeben müssen, das kann zu unannehmbaren sozialen Ungleichheiten führen. Zur Abfederung der stark gestiegenen Lebensmittelpreise in der Energiekrise 2021/2022 gab es Anfang 2023 vom Agrarministerium erste Vorschläge zur Senkung der Mehrwertsteuersätze.

C.9 Welche Bedeutung hatten selbstständige Handwerker und Kaufleute?

Die Friesen waren in frühesten Zeiten an ihrem mare frisicum, der Nordsee, und Ostsee bekannt als tüchtige Händler, die sich außerhalb ihrer Stammwohnsitze in ihrem Handelsraum niederließen. Sie siedelten z. B. am Friesischen Haff, „Frisches Haff", und waren Händler in Ribe, Haithabu, Schleswig, Flensburg, Emden, Amsterdam, Hoorn, Enkhuizen, Brügge. Die friesischen Erzeugnisse des frühen Handels wurden gehandelt von friesischen Schiffern, oft aus dem Kreis wohlhabender Bauernfamilien. Deren Waren waren laut Zollrechnungen von Gottorf, Husum, Eiderstedt, Emden: Zuerst Friesensalz, dann Rinder, Ochsen, Pferde, Schafe, Butter und Käse, Getreide wie Gerste, Roggen, Malz und Bier, Leinenstoffe, Tierhäute. Herkunftsorte wurden in Zollrechnungen selten genannt. Die Friesenhändler waren keine Berufskaufleute, sondern tüchtige Privathändler aus dörflichen Erzeugergemeinschaften wohlhabender Viehzüchter und Getreidebauern, die auf eigenen Schiffen, siehe Schiff und Pflug als Wappen, rund um die Nordsee mit Überschusserzeugnissen der

Veredelungswirtschaft erfolgreich auf den großen Märkten unterwegs waren. Damit trugen sie zum Aufblühen der Wirtschaft in den Häfen der Utlande und in Husum, Tönning, Garding, Bredstedt, Niebüll, Leck, Tondern, Hoyer bei, spülten den Herzögen viele Steuergelder in die Taschen. Der frühe Nordseehandel mit Salz, Vieh und Getreide von Husum, Eiderstedt und der Region war Thema des 6. Historiker-Treffen des Nordfriisk-Instituuts 2007 in Bredstedt: Friesischer Handel im Friesischen Meer (s. *Pingel/Steensen*). Friesische Händler und Schiffer handelten auf eigenen Schiffen mit bis zu 30 Lasten Getreide oder Rinder an Bord von Nordfriesland in die südliche Nordsee (vgl. *Poulsen*, 2008, S. 41 ff.). Sie erwarben bedeutende Vermögen, bauten ansehnliche Haubarge und Friesenhäuser in Backsteinarchitektur, Wahrzeichen großen Wohlstandes z. B. der Familien Woldsen, Feddersen, Asmussen, Bahnsen, Petersen. Manche friesischen Händler ohne Verwurzelung in Kaufmannstraditionen verloren ihre Bedeutung. Sie wurden verdrängt von ständischen Kaufmannsfamilien. Friesische Schiffer, die bis etwa 1600 auf eigene Rechnung mit den friesische Waren handelten, mussten weichen. *Poul Enemark*, schreibt: „Mit dem Aufblühen der festen Stadtgemeinden als der Grundlage für einen kapitalkräftigeren berufsmäßigen Kaufmannsstand ging die Periode der umherziehenden saisonbedingten kaufmännischen Form zuende, und damit war die Rolle der Friesen als führendes Handelsvolk ausgespielt." (*Enemark*, S. 100)

Erste Blütezeit Husums war unter Herzog Adolf von 1544–1588. Ab 1603 begannen Katastrophen: Pestausbrüche, lange Leidenszeiten im Dreißigjährigen Krieg, die 1629 am Ende des Kaiserlichen Krieges Husums Schuldenlast in Höhen von 230.000 Reichstalern trieb. Dann die verheerende Sturmflut 1634, die die reiche Insel Strand verwüstete, Speise- und Kornkammer Husums. Es blieben ortsansässige Kaufmanns-Familien aus den Hafenstädten Tönning, Garding, Husum mit ortsfestem Handel und bewährten Produkten. Für Husum z. B. die Familien Woldsen, Feddersen und Petersen. Peter Petersen war Reeder, Brauer, Mälzer, Kaufmann, betrieb mit seinen Schiffen eine Kauffahrtei nach Emden und Friesland. Der Familie gehörten um 1460 Grundstücke beim Herrenhaus, wo er ein erstes Kaufmannshaus errichten ließ; er baute neu. Das Petersensche Kaufmannshaus wurde nach dessen Tod 1603 abgebrochen. Die Erben, Gebrodere Simon und Peter Petersen, bauten 1605 ein Kaufmannshaus im Backstein Renaissance-Stil, Markt 19, mit Treppengiebeln und zwei Sandstein-Beischlagwangen, wohl gefertigt vom Flensburger Bildhauer Ringerink (oder Ringeling). Das Haus wurde vor 1900 zur Centralhalle, Gasthaus mit Saalbetrieb, und musste 1936 dem Kaufmannshaus der Firma Plath und Timmann (heute Drogerie Rossmann) weichen. Die Beischlagwangen wurden vor das naheliegende Herrenhaus gesetzt, wo sie bis heute stehen. Weitere Kaufherren waren die Familien Feddersen, Petersen, Bahnsen, Asmussen, die als Kaufherren mit Ochsen, Roggen, Gerste, Hafer, Butter, Käse, Hopfen- und Malzhandel zur wohlhabenden Oberschicht gehörten. Sie trieben erfolgreich Handel mit den niederländischen Provinzen, hatten Kontore in Emden und Enkhuizen. Dazu zählten auch Familien von Bierbrauern und Viehhändlern aus Husum und Umgebung, wie Harring, Spreckelsen, Thomsen, Carstensen, Carstens. Die Woldsens waren Anfang des 17. Jahrhunderts aus Eiderstedt als Sturmflutgeschädigte von der Paddelackhallig bei Simonsberg nach Husum gezogen. Ein früher Woldsen war Verwalter auf dem herzoglichen Gut Arlewatt. Sie kamen zu Geld und unterhielten Handelsbeziehungen zeitweise bis in die Karibik zu den Jungferninseln und nach St. Martin. Ein anderer Woldsen hatte zeitweise eine Zuckerfabrik in Husum an der Kleikuhle. Im 18. Jahrhundert waren die Woldsens die wichtigste Reederfamilie mit vielen Schiffen, manche zu groß für den flachen Binnenhafen, sie lagen am Außenhafen auf Reede. Simon Woldsen I (1696–1765) war Kaufherr und Bürgermeister. Die Vornamen wurden oft weitergegeben, so tauchte August Friedrich Woldsen oder auch Friedrich Woldsen mehrfach auf. Ein August Friedrich Woldsen wurde 1739 zweiter Bürgermeister. Der letzte Woldsen war dann wieder Theodor Storms unverehelichter Onkel August Friedrich Woldsen, Kaufmann und Reeder in Hamburg, der ein ansehnliches Vermögen erwarb und die Asmussen-Woldsen-Stiftung mit seiner Cousine Catharina Asmussen ins Leben rief. Deren Vater, Storms anderer Urgroßvater, war Joachim Christian Feddersen (1740–1801), Kaufherr, Bierbrauer und Senator. Das weitläufige Kaufmannsanwesen lag an der Twiete, Ecke Schiffbrücke. Sie vermachten der Stadt Husum 1869 fast 100.000 Reichstaler, mit den Ländereien des Roten Haubarges **(Abb. 51)** als Besitz der

Abb. 51: Roter Haubarg Witzwort, bis 1868 Besitz der Anna Catharina Asmussen; Asmussen-Woldsen-Vermächtnis. Der „Haubarg" wurde „Haustyp des Jahres 2021"

Alleinerbin Catharina. Das ist heute der Grundstock für das Asmussen-Woldsen-Vermächtnis. August Friedrich Woldsen ließ den friesischen Woldsenhof von 1740 am Stadtrand zum Woldsen-Witwenstift von 1866 umbauen, eine weitere Woldsen-Stiftung. Dort wurde auf dem Grund der Woldsenstiftung 1899 das „Freilichtmuseum Ostenfelder Bauernhaus" als erstes Freilichtmuseum Deutschlands errichtet. Weitere Kaufmannshäuser aus der Zeit der Spätrenaissance gehörten u. a. der Kaufmannsfamilie des Weinhändlers Werner in der Großstraße, den Petersens am Markt, den Asmussens und den Feddersens. So war Husum seit dem 16. Jahrhundert mit großen Kaufherrenhäusern ausgestattet, vom Gelehrten Heinrich von Rantzau in seiner Landesbeschreibung von 1590 hoch gepriesen (siehe S. 81).
Der dänische Historiker und Staatsminister *J. P. Trap* schrieb 1864 respektvoll über Husum: „... ingen By i hele Monarchiet har forholdsviis saa mange interessante ældre Bygninger fra det 16de og 17de Aarhundrede som Husum." Übersetzt: „... kein Ort in der gesamten Monarchie hat verhältnismäßig so viele interessante Bauwerke aus dem 16. und 17. Jahrhundert wie Husum".
Der Schriftsteller *Theodor Mügge* bereiste mit Theodor Storm 1844/45 Nordfriesland und alleine Schleswig-Holstein und beschrieb Husum so: „Die alten, rothen Backsteinhäuser der Stadt mit ihren Giebeln und Vorsprüngen, wie die beschnittenen Lindenbäume vor manchen Thüren, zeugen noch jetzt von niederländischer Bauart und Sitte" (*Mügge*, S. 273).
Ausdruck der Blüte Husums mit eindrucksvollen Renaissance- und Backsteinbauten waren neben dem Herrenhaus von 1441, Schloss von 1582 und Rathaus von 1601 schon 1507 die spätgotische Marienkirche mit ihrem unerhört hohen Turm **(Abb. 41)**. Diese Kirche wurde 1807 abgebrochen und 1832–35 durch die neue Marienkirche des dänischen Baumeisters C. F. Hansen aus Husum ersetzt – im Dänischen Klassizismus, wie auch die von C. F. Hansen gebaute Marienkirche in Kopenhagen – siehe auch bei *J. P. Trap 1864.*
Ein von Langenharmstraße und Neustadt um sich greifender Brand in der Altstadt Husums im Juli 1852 zerstörte an die 40 Altstadthäuser der unteren Neustadt, der westlichen Großstraße, der Hohlen Gasse, der Schiffbrücke. Husum, das Rothenburg des Nordens, in Schutt und Asche. Der Ruf nach einem Wiederaufbau wurde laut, Spendenaufrufe erbrachten hohe Summen aus den Herzogtümern. Dänemark stiftete 20.000 Rigsdaler für die dänische Stadt Husum, sogar die Hamburger stifteten, weil Husum nach dem verheerenden Hamburgbrand von 1842 für Hamburg auch gespendet hatte. Viele Häuser der Schiffbrücke und der Altstadt wurden neu gebaut im Stil der Zeit, Biedermeier und im Neoklassizismus oder in Mischform wie das Haus des Kaufmanns Friccius, oder Historismus wie der Gasthof Seier Ecke Hafenstraße, oder modernere Zweckbauten. Der Brand hat Husum stark verändert und alte Bauten unwiederbringlich zerstört; die danach errichteten „Nachbrandhäuser" konnten

Abb. 52: Husum, Großstraße 1924 – Schaufenster mit Wetterschutz, keine Autos.

die Lücken nur bedingt schließen. Die Baldachine der Großstraße (s. Abb. 52) gehörten früher teils zu offenen Verkaufsluken, hervorgegangen aus den frühen Verkaufsschrangen. Noch im 19. Jahrhundert gab es hinter manchen Verkaufsluken die Pottekisten, kleine Kramwarenkammern, wo Teepott und Teekessel Tee oder Teepunsch bereit hielten, verbunden mit einem Gespräch oder Schnack, meist auf Plattdeutsch, über die Neuigkeiten. Pottekisten, Verkaufsluken und Hökereien gehörten zu den nötigen Versorgungsstellen mit Waren. In Husum kauften die Insulaner und die Bevölkerung der umliegenden Dörfer Husums auf dem Donnerstagmarkt oder an anderen Tagen alle möglichen Waren ihres Bedarfs und Erzeugnisse des Umlandes. Im Herbst war die Winterbevorratung. Husum hatte bis 1939 rund 14.000 Einwohner, die umliegende Region mit den Inseln Nordstrand und Pellworm noch einmal etwa 15.000. Bredstedt, Friedrichstadt, Tönning und Garding waren die nächsten anderen Einkaufsmärkte, aber mit weniger Menschen im Einzugsgebiet. Vorn rechts im Bild ist das Herrenhaus, dahinter das Haus der Herzogin Augusta, dann das Rathaus, das Haus mit Aussichtsturm gehörte Bürgermeister Feldberg, später Uhrmacher Petersen, bis zum Abriss für „THEO".

Die Kaufleute und Handwerksmeister brauchten ein Schulwesen, das der Stadt zur Ehre gereichte und den Nachwuchs ausbildete. So hat es schon vor der Reformation seit etwa 1440 eine Lateinschule gegeben. Auf der 1449 gegründeten Rostocker Universität waren von 1449 bis 1529 gesamt 140 Husumer Studenten eingeschrieben (*Trömel*, S. 9), vor der vom Prediger Hermann Tast und dem Husumer

Bürgermeister Matthias Knutzen gegründeten evangelischen Gelehrtenschule. Die stand ab 1527 östlich der Marienkirche als erste evangelische Gelehrtenschule der Herzogtümer, neben Meldorf, Flensburg, Hadersleben, Rendsburg und Kiel. 1533 folgte ein Erlass König Friedrichs zur Gründung christlicher Schulen für Jungen „ ... für die zarte Jugend"(*Laß*, S. 50). Die armseligen Winkelschulen wurden bis 1700 durch Volksschulen ersetzt, so in Husum, in Mildstedt, Rödemis, Schwabstedt. Die Gelehrtenschule wurde 1588 und später herzoglich und privat durch Stiftungen und Zuwendungen besser ausgestattet, erhielt 1588 eine neue lateinische Schulordnung durch den langjährigen Rektor Johann Oldenburg und konnte sich um gute Rektoren bemühen. Die erste deutsche Schulordnung von 1763 ist von Rektor Schaumann (1726–1793), der begründete die einmalige Bibliothek mit rund 15.000 Bänden, die heute noch gehütet werden.

Die HTS-Bibliothek enthält z. B. die *Landesbeschreibung 1652* von *Danckwerth*, dann eine kostbare *Reisebeschreibung* von *Olearius*, sogar den einzigartigen *Den danske Vitruvius* von *Lauritz de Thurah* über dänische Architektur und ein Werk des Kirchenvaters *Augustinus* von 1475. Teils ganze Bibliotheken wurden der Schule von den Kaufherren Woldsen, Asmussen und von Pastoren gestiftet. Damals wurde, weil die Schulen unter kirchlicher Oberaufsicht standen, das Amt der Gymnasiallehrer und Rektoren von der Kirche verliehen. Viele wechselten in besser bezahlte geistliche Ämter.

Abb. 53: Hardesvogthof, 1754 Harringhof Osterhusum: Friesische Wohnhauskultur

Abb. 54: Großstraße historisch (J.P. Trap 1864), nach 1896 völlig umgestaltet

1797 gab es im Herzogtum Schleswig durch königliches Regulativ nur noch vier Gelehrtenschulen, die alle mit guten Lehrern über Generationen für erfolgreiche Schulbildung sorgten. Bis ins 20. Jahrhundert hinein war es Gepflogenheit der Kaufleute und Handwerksmeister, ihre Söhne einige Jahre die Gelehrtenschule besuchen zu lassen, um z. B. eine gute Weiterbildung beim Rechenmeister der Schule zu erhalten, dann nach der Konfirmation die Ausbildung im elterlichen Geschäft zu beginnen; ein Lehrjahr oft bei einem befreundeten Meister. Das dänische Regulativ für das Schulwesen von 1814 nennt keine Realschulen, daher fehlten diese noch länger in den Handelsstädten und Flecken für das tragende Bürgertum.
Der Gesamtstaat Dänemark hatte um 1770 die Überzeugung gewonnen, dass der zunehmende deutsche Einfluss in den Herzogtümern, besonders im Herzogtum Schleswig – Sønderderjylland – rückgängig zu machen sei. Daher wurde schon 1776 das Indigenatsgesetz – Landeskindergesetz – wirksam. Fortan durften alle frei werdenden Ämter nur noch von dänischen Landeskindern besetzt werden und andere ausgeschlossen – ob als Lehrer, Beamter, in der Verwaltung, im dänischen Staatsdienst. Es wirkte auch im Herzogtum Schleswig und in Husum. Diese im dänischen Sinn folgerichtige Danisierung des im Lauf der Zeiten vorgedrungenen Deutschtums im dänischen Herzogtum Schleswig führte zur Abwendung vieler Husumer Kaufleute und Handwerksmeister von der Schule und vom dänischen Mutterstaat. In Husum überwog nach 1815 das Bewusstsein, Schleswig-Holsteiner zu sein. Theodor Storm wechselte als privilegiertes Kind von 1835 bis zum Abitur 1837 an das renommierte Katharineum in der Hansestadt Lübeck, wohin Schleswig-Holsteins Adel und Großbürgertum die Söhne schickte. Storms Eltern wollten wohl Storm die

beste Schulbildung angedeihen lassen und ihm ermöglichen, Eingang in die einflussreichen Schichten zu finden. Um 1850 bis 1865 ging die Zeit der Kaufherren in Husum zu Ende. Die letzten alten Kaufmannsfamilien waren die Woldsen, Glommert, Bahnsen, Jürgensen; neue kamen aber dazu. Aus dieser Zeit des Dänischen Gesamtstaats folgt nun eine Ausfuhrliste Husumer Waren:
„Von Husum, Nordstrand und Pellworm, Husumer Zolldistrikt, sind an Landesprodukten ... 1831 in die Fremde, einschließlich Altona, ausgeführt worden: 10 Oxhoft Branntwein, 260 Pfund geräucherter Speck, 5690 Pfund gesalzen Fleisch, 360 Pfund Käse, 651 Tonnen Butter, 789 Tonnen Weizen, 1012 Tonnen Gerste, 2967 Tonnen Hafer, 326 Tonnen Rapssaat, 76 Tonnen Roggenmehl, 20405 Pfund rohe Wolle, 8353 Pfund ges. und getr. Felle". (Ausgabe HN 04. Juli 1953)
Es kam zum dänisch sogenannten „Treårskrigen", Dreijahreskrieg, der Schleswig-Holsteinischen Erhebung 1848–50 mit dem Sieg Dänemarks im Juli 1850 in der Schlacht

Abb. 55: Das Wernersche Haus, backsteingotisches Zeugnis der Kaufherrenkultur, war im 17. Jahrhundert ein Weinhandel, der in den Besitz der Familie Werner kam. Dort probierte der junge Advokat Johann Casimir Storm um 1815 seinen Wein. Er heiratete 1816 Lucie Woldsen, Tochter einer der angesehensten Familien. Um 1950 wohnte dort Volquart Pauls, nach dem eine Husumer Straße benannt ist. Es beherbergt seit Jahrzehnten ein arko-Kaffee- und Süßwarengeschäft, einen China-Imbiss und mehrere Rechtsanwalts-Kanzleien.

bei Idstedt. Ein sinnloser Artilleriebeschuss Friedrichstadts am 28.9.-04.10.1850, nach der Niederlage, durch Schleswig-Holsteinische Truppen kostete Hunderte Tote, darunter viele Friedrichstädter, ein Großteil der niederländischen Bebauung aus dem 17. Jahrhundert wurde im Artilleriefeuer zerstört. Auf dem Husumer Westfriedhof wurde später den gefallenen dänischen Soldaten ein Denkmal gesetzt, später als das Denkmal für die gefallenen Schleswig-Holsteiner. Bei der Danisierung von 1851 bis 1864 waren die Eiderdänen, dänische Nationalisten, in Kopenhagen tonangebende Verfechter. Fast alle Lehrer und viele Schüler verließen die Gelehrtenschule, es wurden Lehrer eingestellt, die kaum Deutsch sprachen, das war zu viel für viele Husumer. Der König ließ nur noch die Gelehrtenschulen Flensburg, Hadersleben und Schleswig bestehen, die Husumer Gelehrtenschule wurde 1852 eine Höhere Bürgerschule unter Kopenhagener Direktive. Das wurde nach 1864 durch die neue preußische Regierung rückgängig gemacht. Die Gelehrtenschule entstand wieder mit moderneren Lehrplänen und erhielt 1867 als Königlich Preußisches Gymnasium einen repräsentativen Neubau gegenüber. 1903 zum Stadtjubiläum wurde sie Königliches Hermann-Tast-Gymnasium, als Hermann-Tast-Schule bestand sie dort bis 1971. Ein berühmter Lehrer war Rudolf Eucken, Literatur-Nobelpreisträger. Die Ausstattung der Schulaula mit einer hochwertigen Marcussen-Orgel 1905 zeigt die Wertschätzung der Schule. Manche Lehrer setzten sich für das Gemeinwohl Husums ein, so der Ostenfelder Magnus Voß und sein Kollege Rohweder. Voß, der bei den Schülern Papa Voß hieß, sorgte für den Erwerb des Heldtschen Hauses aus Ostenfeld und dessen Verlegung nach Husum 1899 als erstes deutsches Freilichtmuseum, das Ostenfelder Haus. Sein Kollege Joachim Rohweder war 1879 sowohl Gründungsmitglied des ersten Husumer Tierschutzvereins als auch 1902 des Nordfriesischen Vereins. Er hatte als Naturschützer und renommierter Ornithologe große Verdienste um den Naturschutz um Husum, auf den nordfriesischen Inseln und an der Mühlenau, Mildstedter Tannen. Dort erinnert ein Gedenkstein an ihn. Husum bekam erst im Kaiserreich eine Realschule – 1905 am nordöstlichen Stadtrand, heute ist das die Gemeinschaftsschule Nord, ein sorgsam erhaltener Schulbau, modern ausgebaut für über 600 Schüler, mit Fachräumen, Mensa, Sporthalle. Eine bessere Mädchenbildung war erst im 19. Jahrhundert möglich geworden mit der Mädchen-Bürgerschule von 1835, östlich hinter der neuen Marienkirche und ebenfalls im dänischen Neoklassizismus errichtet. Seit 1866 gab es auf Bestreben der Husumerin Sophie Jacobsen eine Höhere Töchterschule. Die Rektorklasse der Bürgerschule von 1876 für Mädchen war mit dem in Husum sehr angesehenen Rektor Peter Ferdinand Siemonsen sehr erfolgreich, 40 Mädchen wurden Lehrerinnen in Volksschulen. Rektor der Bürgerschule war von 1878 bis 1895 Ulrich Anton Christiansen, der sich für die Schule und mit Volkswohlverein und Volksbibliothek für die Volksbildung einsetzte. Er schrieb zum Stadtjubiläum 1902 die erste Geschichte Husums. 1854 hatte der Husumer Jurist *Ulrich Beccau* 1854

eine „Geschichte Husums bis zur Stadtwerdung" verfasst. Rektor Möller formte die „Rektorklasse" zu tüchtigen Schülern; es erschien eine eigene Schülerzeitung, „Die blaue Mütze", Markenzeichen der Rektor-Möller-Schüler.
Starke Umbrüche gab es in der Zeit der Kriege 1864–1871. Handel und Wirtschaft mussten sich umstellen, es gab Auftrags- und Verdienstausfälle, Existenznot vieler Betriebe, eine große Auswanderungswelle nach Amerika. Es entstanden technische Gewerbebetriebe wie 1852 ein Eisenwerk, eine mechanische Getreidemühle, eine Zichorienverarbeitung, eine Tabakwarenfabrik, der Ausbau der Husumer Bierbrauerei. Der italienisch-stämmige Carlo Manarin, Terrazzo- und Kunststeinmeister, gründete1898 in Husum den größten Terrazzobetrieb der Westküste. Von deutscher Seite entstand wirtschaftlich Bahnbrechendes bis 1914. Der Hafenausbau mit neuen Speicherhäusern, eine neue Schleuse, die Marschbahn von Hamburg nach Tondern ab 1887 mit großem Bahnhofsgebäude von 1910 und großem Bedarf an Eisenbahnbediensteten, Bahnarbeitern und Reichsbahnbeamten. Das machte den Bau der neuen Aubrücke als Verbindung zwischen dem Bahnhof und der Altstadt nötig. Es folgten eine zentrale Wasserleitung, eine Gasbeleuchtung, eine Warmbadeanstalt, 1887 ein neuer hochmoderner Viehmarkt auf dem Standort Kamp. Aus dem verwilderten Schlossgarten wurde 1878 der Schlosspark als Englischer Garten mit dem Storm-Denkmal von Adolf Brütt 1898 und mit Wasserturm 1902.

C.10 Was brachte das 20. Jahrhundert?

Ein Meilenstein in Husums Entwicklung war 1910 der oben erwähnte Marschbahnhof unweit des ersten Bahnhofs von 1854. So ein Bau wäre nach 1918 wohl kaum möglich gewesen. 1918 war der Krieg verloren, in dem viele Husumer Söhne aus allen Schichten starben. Trotzdem wollte die kaiserliche Heeresleitung noch Ende Oktober die Kriegsflotte aus Kiel gegen England in die Nordsee auslaufen lassen. Die Kieler Matrosen weigerten sich, es kam Anfang November zum Matrosenaufstand, aus dem sich schnell eine Revolution entwickelte. Am 9.11.1918 wurde die Republik ausgerufen. Der Kaiser dankte am 11.11. ab und ging mit Familie und Hofstaat nach Holland ins Exil. Aus den Wahlen 1919 zur Nationalversammlung ging die SPD als Sieger hervor. Sie übernahm als Regierungspartei zusammen mit der katholisch geprägten Zentrumspartei und der liberalen DDP die Regierung. Die ersten bahnbrechenden Reformen waren die Abschaffung von Adelstiteln, die Einführung des Frauenwahlrechts und die Abschaffung der privaten Vorschulen. Bis dahin hatten überall in den Städten, auch in Husum, die Kinder der wohlhabenden Bürger solche privaten Vorschulen besucht. Die meisten Kleinbürger-, Handwerker- und Arbeiterkinder saßen in überfüllten Volksschulen und Dorfschulen, wo oft das Regiment des

Rohrstocks regierte und bis zu 50 Kinder und mehr von nur einem ausgebildeten Lehrer und einem kaum ausgebildeten Hilfslehrer gedrillt wurden. Frauen durften nur als unverheiratete Volksschullehrerinnen arbeiten und waren bis gegen 1900 von universitärer Bildung ausgeschlossen. Ab 1920 sollten alle Kinder des Volkes wenigstens vier Jahre lang gemeinsam die Volksschule besuchen. Es blieb für die nächsten rund 80 Jahre eine Trennung der Kinder nach dem 4. Schuljahr in einem dreigliedrigen Schulwesen von Volks- und Realschulen und Gymnasien bestehen. Für Husum als Handelsstadt und als größter Viehmarkt Deutschlands war der verlorene Krieg mit so vielen Kriegsopfern aus Husum und Rödemis – siehe das Husumer Ehrenmal im Husumer Schlosspark – wirtschaftlich bedrückend und folgenreich. Die Abtretung Nordschleswigs 1920 bedeutete den Verlust eines großen, vorher nach Husum hin orientierten Gebietes; Husum verlor rund 10.000 Rinder für den Viehmarkt. Die Inflation 1922–1923 war der nächste Schlag. Zum Höhepunkt der galoppierenden Inflation war der US-Dollar 1 Billion Reichsmark wert, Löhne wurden mit wertlosem Papiergeld in Wäschekörben ausbezahlt. Alle paar Tage, zuletzt Stunden, verfiel der Geldwert, erst die Festsetzung der neuen Rentenmark 1924 brachte Besserung, die „Goldenen Zwanziger". Aber die brachten ab 1925 nur eine kurze Besserung, schon 1927 folgte die nächste Krise. Husum musste den Bau einer Kanalisation stoppen, es war kein Geld da. So war es die böse Folge, dass die Bauern rund um Husum sich auch häufig dem Landvolk anschlossen und später der NSDAP. Nordfriesland wählte ab 1930 mit großer Mehrheit die NSDAP. Husum sorgt heute mit nur 23.500 Einwohnern für ein breit gefächertes Schulangebot für Husum und Umgebung. Das ist das Erbe der vorangegangenen Zeiten einer jahrhundertelangen Wirtschaftskraft und das Ergebnis der Stellung Husums als historisches Zentrum. Nach 1945 hatten die Bürgerschule z. B. mit Rektor Brar Riewerts, ebenfalls um die Aufarbeitung von Husums Stadtgeschichte bemüht, die Iven-Agßen-Schule Rödemis und die Adolf-Brütt-Schule in Osterhusum als Volksschulen einen guten Ruf.

Nach Rektor Siemonsen wurde um 1960 die neue Volksschule an der Schobüller Straße benannt, deren Rektorin Agnes Stich ebenfalls für einen guten Ruf der Schule sorgte. Daraus wurde nach Umstrukturierung der Schulen um 2014 die neue VHS. Volksschulen waren nun die Bürgerschule, Klaus Groth-Schule, Osterhusumer Adolf-Brütt-Schule sowie in Rödemis die Iven-Agßen-Schule. Für Kinder mit Lernschwächen wurde die Pestalozzischule eingerichtet, früher Hilfsschule genannt, weil die damalige Gesellschaft mit ihrer Bildungspolitik die Kinder nach vermeintlichen fest stehenden Begabungen in Schubladen einsortierte. Daher die Einteilung in das dreigliedrige Schulsystem aus Hauptschule, Realschule, Gymnasium, das erst nach 1945 in Deutschland ersetzt wurde durch heutige zweigliedrige Organisationsformen nach der Grundschule. 1907 wurde aus der Höheren Töchterschule die Theodor Storm-Schule mit einem repräsentativen Neubau gegenüber dem Amtsgericht von 1907.

Abb. 56: Gelehrtenschule, später Hermann Tast-Schule, heute Hotel Altes Gymnasium

Die bezog 1965 einen Neubau an der Ludwig-Nissen-Straße. Die alte TSS wurde Pestalozzischule, dann Volkshochschule, dann abgerissen und durch die Hauke Haien-Seniorenwohnanlage im südlichen Teil auf dem früheren Sportplatz sowie einem Komplex von Apartmenthäusern ersetzt. Ein Neubau der Hermann-Tast-Schule steht seit 1971 am Bahndamm hinter dem Berufsschulzentrum. Beide Gymnasien mit Schülerzahlen jeweils 900 genießen einen guten Ruf und sind die größten Schulen Nordfrieslands mit Einzugsbereichen bis Norderdithmarschen hinein. Hier einige Husumer Gelehrtenschüler und -lehrer vergangener Zeiten, die bekannt und angesehen wurden: Caspar Hoyer, Minister und Staller des Herzogs; D. Johannes Mejer, Kartograph, Mathematiker; Magnus von Wedderkopp, Universitätsprofessor, hoch angesehener Hofrat und Minister im Schloss Gottorf; Paul Wirtz, Feldmarschall der Niederlande; C. D. Danckwerth, Kartograph, Bürgermeister Husums; Hermann Lather, Jurist und Gelehrter; Peter Goldschmidt (Sohn des Kupferstechers Matthias Petersen, Mitarbeiter von Danckwerth), ein umstrittener Theologe. Im 19. Jahrhundert Theodor Storm, Jurist, Landvogt und Dichter; Adolf Brütt, Bildhauer; Ferdinand Tönnies, Begründer der universitären Soziologie in Deutschland; Georg Beseler, Jurist und Mitglied der Frankfurter Nationalversammlung 1848/49; Oskar Vogt, bedeutendster deutscher Neurologie-Forscher der ersten Hälfte des 20. Jahrhunderts, anerkannter Professor, Begründer des Kaiser-Wilhelm-Instituts für Hirnforschung Berlin, international sehr respektiert; Richard von Hagn, erfolgreicher Maler; Gustav Frenssen,

Heimatdichter; Hans von Petersen, Marinemaler; Johann Max Böttcher, Unternehmer, Stifter, Philanthrop; Goslar Carstens, angesehener Husumer Jurist, Heimatkundler und Bürgermeister; Peter Harry Carstensen, Politiker, Ministerpräsident Schleswig-Holsteins. Über Jahrzehnte gibt es viele Hermann-Tast-Schüler, die Hochschulprofessor wurden. Etliche Kinder von Kaufleuten und Handwerksmeistern besuchten einige Jahre die Gelehrtenschule. In der Altstadt gingen von 1852 (großer Brand) bis 1914 viele Gebäude des 16. bis 19. Jahrhunderts verloren. Die Bevölkerung stieg nach 1871 schnell – gefolgt vom Aufschwung in Handel, Gewerbe, Landwirtschaft, Viehmarkt, Schulwesen, Straßenbau. Husumer Kaufleute wie Holzkaufmann Gehlsen, Brauereidirektor Fuglsang, die reichen Privatiers Hans Hansen Engel, Arfst Arfsten und viele andere ließen sich bis 1914 stattliche Häuser im neuen Stil des 19. Jahrhunderts erbauen, in der Süderstraße, Catharinenstraße (heute Asmussenstraße), Adolf-Menge-Straße, Mönkeweg, Parkstraße, Brinkmannstraße, Hohle Gasse, Wasserreihe nahe der Innenstadt, die heute Husums Stadtbild zieren, auch das Haus des Direktors der Husumer Stadtwerke und einzelne Geschäftshäuser an der Schiffbrücke. Um 1890 wurden zudem eine Reihe neuer Speicherhäuser und Lager am Hafen errichtet, heute sind das die Speicher von Peter Peters auf der Hafen-Südseite, das Kulturzentrum „Husumer Speicher auf der Nordseite, Speicher von Rothgordt in der Rosenstraße, etliche große Viehställe in Viehmarktnähe und links und rechts hinter der Neustadt, Erweiterungen von Geschäften einiger Kaufleute wie Momme Jürgensen, oder einige Villen-Neubauten im Jugendstil, z. B. in der Hohlen Gasse. Weitere Bauten: Das neue Amtsgericht 1907, ein neues Gymnasium, eine Höhere Töchterschule, eine Realschule, die Neugestaltung des Marktplatzes mit dem Asmussen-Woldsen-Gedächtnisbrunnen von 1902, nach Catharina Asmussen „Tine" genannt, Husums Wahrzeichen. Dann die neue Schleswig-Holsteinbank, später Westbank, auf der Neustadt, ein Neubau der Landesbank 1907 am Zingel (heute Schifffahrtsmuseum Nordfriesland), das Freilichtmuseum Ostenfelder Haus von 1899 als ältestes deutsches Freilichtmuseum am Witwenstift von August Friedrich Woldsen. Neue Straßenzüge entstanden wie Lornsenstraße, Jebensweg, Schulstraße mit südlicher Verlängerung zur Verbesserung der Wohn- und Verkehrssituation in der Innenstadt.

C.11 Wie wurde Husums Wirtschaft finanziert?

C.11.1 Von der Stadt- und Kreissparkasse Husum zur Nospa

Die **Stadtsparkasse Husum** wurde 1830 als älteste Husumer Bank vom Husumer Bürgermeister Lüders begündet. Firmensitz war das Haus des ersten Rechnungsführers, des Husumer Kaufmanns Ingwer Woldsen in der Krämerstraße, heute C. J. Schmidt **(siehe Abb. 58)**. Theodor Storm, 14 Jahre alt, zahlte damals bei seinem Onkel Ingwer Woldsen sein Erspartes ein – 33 Mark, 14 Schillinge (s. HN 4.7.1953). Die Stadtsparkasse Husum von 1830 expandierte trotz großer politischer und wirtschaftlicher Umwälzungen und kriegerischer Zeiten mit den Jahren stetig und bezog 1889 ein neues Geschäftshaus im Schlossgang **(siehe Abb. 57).** Diese Bank und die **Kreissparkasse Husum** vereinigten sich. Die Kreissparkasse Husum wurde 1925 als letzte eigenständige Bank nach dem Ersten Weltkrieg und den Umbruchsjahren des Verlustes von Nordschleswig mit drückenden Versailler Vertragslasten und Inflation begründet. Schon 1922 wurde als Folge der veränderten Bankgeschäfte mit ausgeweitetem Geschäftsverkehr ein größeres Haus in der Großstraße 17, nochmals 1936 in die Großstraße 24 nötig. Sie hatte 1953, im Jahr des 350. Stadtjubiläums,

Abb. 57: Stadtsparkasse Husum, 1889–1922 im Schlossgang (hier: Gebäude heute)

35 Bankangestellte und eine Bilanzsumme von rund 300 Millionen Mark. 1925 war nach der Inflation das Geld knapp, ein weiteres Institut musste die Versorgung mit Kapital für die Förderung von Handel, Gewerbe und Landwirtschaft im Kreis Husum betreiben. Erster Vorsitzender und Initiator wurde Landrat Dr. Clasen, der im Schloss das Landratsamt leitete. Dort wurde die Kreissparkasse eingerichtet, die standfest die Bankenkrise 1931 bewältigte und im Verbund mit umliegenden Gemeinden bis 1933 über eine Million Reichsmark an Spareinlagen verzeichnete. 1932 wurde die Gemeindesparkasse in Mildstedt-Rödemis von 1857 übernommen.

Abb. 58: Danckwerth-Haus; heute: Kaufmann Peter Cohrs, Firma C. J. Schmidt

Die nächste Hürde war die vom NS-Regime befohlene landwirtschaftliche Entschuldung. Angeordnet wurde 1935 die Eingliederung der Gemeindesparkassen Bargum, Bordelum, Drelsdorf, Joldelund, Nordstrand, Ostenfeld und Wittbek, die als Nebenstellen in den Dörfern blieben. 1939 folgten die Gemeindesparkassen Schwabstedt und Olderup und in Kriegszeiten 1941 bis 1943 die Sparkassen Viöl und Hattstedt. Nach dem Krieg konnte die Sparkasse mit ihren vier Haupt- und vielen Nebenstellen nach der Währungsreform nur unter großen Schwierigkeiten bestehen. 1949 wurde das neue Verwaltungsgebäude auf der Neustadt Ecke Langenharmstraße bezogen, Vorstandsvorsitzender war Landrat Dr. Borzikowski, vertreten durch sechs Vorsitzende aus dem Umland. Die Spareinlagen gingen mit der Währungsreform nicht alle verloren, die Bilanzsumme 1953 stieg auf fast 7 Millionen DM, davon die Hälfte Spareinlagen. Nun die Veränderungen in der Organisation und der Betriebsform der Kreissparkasse im Zeitraffer: Bald nach 1990 wurden die kleinen Nebenstellen geschlossen. Die nach der Kreisreform in „Kreissparkasse Nordfriesland" umbenannte Bank fusionierte mit der Stadtsparkasse, eine gewaltige Ausweitung des Geschäftsbereiches, bezog ein ausladendes Haus in der Großstraße, bald ein größeres auf der anderen Straßenseite. 2003 erfolgte die Fusion von Sparkasse Nordfriesland mit der

Sparkasse Schleswig-Flensburg, die nächste Fusion dann 2008 mit der Flensburger Sparkasse und 2013 mit der Spar- und Leihkasse Bredstedt. In den Dörfern gab es Unruhe in der Bevölkerung wegen der Schließung von Zweigstellen. Nach Auflösung der ein- oder zweiklassigen Dorfschulen keine Schule, keine Bank, kein Kaufmann, keine Dorfgaststätte, kaum Handwerker. Eine Verödung der Dörfer auf Kosten der Kreisstädte und ländlichen Zentralorte, die auch die Ämter und Zentralschulen bekamen. Darunter leidet der ländliche Raum, zumal mit dem Geburtenrückgang, dem Sterben der Dorfschulen und der weiteren Zentralisierung in Gemeinschaftsschulen. Heute ist die Nospa, Nordostseesparkasse, eine Universalbank, sie arbeitet mit der LBS Landesbausparkasse, der Provinzial Versicherung Nordwest, der Deka Bank, der Deutschen Girozentrale und der Deutsche Leasing zusammen. 2019 betrug die Bilanzsumme 6,749 Milliarden (Mrd.) Euro, Kundeneinlagen 4,73 Mrd., die Bank belegt mit 77 Filialen und Selbstbedienungsterminals sowie rund 1.000 Mitarbeitern Platz 43 im Bankranking.
Die Nospa unterhält im Geschäftsbereich Flensburg, Kreis Schleswig-Flensburg und Kreis Nordfriesland sieben Stiftungen. Die Nospa-Kulturstiftung Nordfriesland ist unabdingbar für Nordfriesland. Seit 2022 ist Landrat Florian Lorenzen Nordfrieslands Vorstandsvorsitzender.

C.11.2 Die Schleswig-Holsteinbank, Deutschlands wichtigste Viehhandelsbank

Beim Viehhandel wurden ab der England-Öffnung für den Viehhandel zunehmend große Geldsummen bewegt. Geldgeber waren bis dahin viele Privatbanken aus der Region, die ihre Geldgeschäfte eher familiär-privat abwickelten – nach den Grundsätzen des ehrbaren Kaufmanns. Aber zunehmend übernahmen leistungsfähigere Sparkassen und Darlehenskassen, auch aus den großen Städten wie Hamburg, Flensburg, Lübeck diese Kreditgeschäfte. Dabei spielte die 1871 gegründete Tönninger Dampfschifffahrtsgesellschaft TSGD als Export durchführendes Unternehmen die wichtigste Rolle. Die

Abb. 59: „Schleswig-Holstein Bank" 1925, heute Brauhaus/Theodor Storm-Hotel

tonangebenden Eiderstedter Gräser und Viehhändler wollten sich gegen die Interessen der englischen Banken und Schifffahrtslinien behaupten. 1875 wurde die Tönninger Darlehnsbank als Aktiengesellschaft und damals wichtigste Bank für den Viehhandel gegründet. Eiderstedter Gräser und Viehhändler wurden Geschäftspartner. Die TDSG gab es erst ab 1871, die größere englische Reederei für den deutsch-englischen Viehhandel war älter. Das Kapital der Bank sollte durch Anteile je 100 Reichsmark (RM) und höchstens 5 Aktien pro Mitglied begrenzt sein, schon 1876 waren 95 Anteilscheine und ein Aktienkapital von 42.000 RM gezeichnet. Die Bank sollte erstens die kurzfristigen Kredite der Gräser – mit bis zu fünf Monaten Laufzeit – und zweitens als Hausbank die Finanzierung der TSG sichern. Für den Englandhandel galt die Geschäftsabwicklung mit „Bankbills", virtuelles Geld in Form von Papierschecks, das gewährleistete die Tönninger Darlehnsbank – einmalig in Deutschland.

Die Tabelle XIII „Bankbills aus London" unten nennt nur volle Beträge in Pfund ohne Schilling und Pence und zeigt die großen Summen, in England erzielt, mit Bankbills bezahlt und nach Rückkehr der Viehhändler von der Tönninger Darlehensbank eingelöst wurden.

Obacht: Das Englische Pfund entsprach etwa 10–12 Euro.

Tab. XIII: Einlösungen von Viehhandels-Bankbills durch Tönninger Darlehensbank	
Jahr	**Pfund-Summe**
1876	126.643
1877	130.159
1878	191.514
1879	156.358
1880	186.770
1881	111.788
1882	202.788
1883	238.428
1884	175.296
1885	122.884
1888	200.164
1888 war Schluss!	

Der letzte Viehdampfer-Neubau „Holstein" der TDSG wurde noch sicher finanziert. 1887 wurde wegen der Expansion der Bank eine Husumer Tönninger Darlehensbank, Husumer Filiale eingerichtet, die ganz nah am Husumer Viehmarkt dran war und sofort ausstrahlen konnte in den Kreis Husum. Tönning blieb noch Hauptsitz.

Bald wurde die Husumer Privatbank Herrmann mit gut situiertem Kundenstamm übernommen, in dessen neues Bankhaus auf der Neustadt, repräsentativ im Jugendstil erbaut (heute Theodor Storm-Hotel) **(siehe Abb. 59)**, die Filiale 1908 einzog. Es folgte die Übernahme eines Bankhauses in Friedrichstadt.1890 betrug der Jahresumsatz des Husumer Viehmarktes mit 100.000 Tieren (Rinder, Schafe, Pferde) 28 Mio. Reichsmark. Die Tönninger Bank änderte ihren Namen in Schleswig-Holstein-Bank und zeigte damit ihren Anspruch.
Die Jahre 1890 bis 1914 sind Jahre ständiger Übernahmen und Geschäftserweiterungen: Neue Filialen bzw. davon einige Nebenstellen in Heide, Schleswig, Flensburg, Apenrade, Tondern, Wesselburen, Garding, Meldorf, Marne, Sonderburg, Hadersleben. In Flensburg fusionierte man mit einer weiteren Privatbank. Weitere Übernahmen eines Bankhauses in Glückstadt und des angesehenen Bankhauses Davids in Tönning folgten. Diese Expansion war mit mehreren Kapitalerhöhungen und einem vergrößerten Geschäftspartner- und Aktionärsstamm verbunden, man zählte 1905 fast 10.000 Geschäftspartner. Husum wurde 1908 im Neubau von 1907 der Hauptsitz, Tönning hatte aber doppelt so viel Umsatz wie Husum und dreimal so viel wie Heide. Nach einem Streit gründete Direktor Thomsen in Heide als Konkurrenz die Westholsteinische Bank, Tönning blieb einflussreiche Filiale. 1912, zum Höhepunkt des Viehmarktes, wurde die Milliarde Umsatz erreicht bei 20.000 Kunden bzw. Geschäftspartnern. Die Bank, mit großem Neu- und Umbau 1924 auf der Neustadt, unterhielt in Hotels für die Viehhändler zu Markttagen eigene Zahlstellen, pflegte ein ehrenwertes Verhältnis zu Gräsern und Viehhändlern, auch in England, mit eigenen Kommissionären. Die Bank wurde bis 1914 zur bedeutendsten deutschen Viehhandelsbank, Husum zum Vorzeige-Viehmarkt. Nach 1919 wurde die Abtretung der Nordschleswiger Geldhäuser an die Kjøbenhavns Handelsbank glimpflich überstanden. Trotz Verlust eines Drittels des Geschäftsraumes in Nordschleswig expandierte die Schleswig-Holstein-Bank nach Osten bis Kappeln, nach Holstein – Rendsburg, Neumünster, Preetz, Altona, Kiel – und nach Westerland, Niebüll, auch in der Inflationszeit. Aber die Erfolge als größte deutsche Bank für den Viehhandel waren vorbei, es folgten Weltwirtschaftskrise und die NS-Machtergreifung. Da war der Husumer Viehmarkt für Bankgeschäfte nicht mehr gefragt; die linientreu geführte Bank wurde für die NS-Planwirtschaft eingesetzt. Im Krieg 1943 kam die politisch gewollte Fusion mit der rund 50 Jahre älteren Westholsteinischen Bank Heide und der Schleibank Schleswig zur Schleswig-Holsteinischen und Westbank mit Sitz in Husum als größte AG-Bank mit 150 Niederlassungen. Die Nachkriegszeit wurde geschäftsmäßig ohne schwere Schäden gemeistert. Ab 1953 hieß sie wieder Schleswig-Holsteinische Westbank, ab 1968 Westbank AG, verschmolz 1974 mit der Hamburger Vereinsbank zur Vereins- und Westbank AG, wurde übernommen von der Unikredit AG, heißt seit 2009 Hypovereinsbank Unikredit AG.

C.11.3 Von der Husumer Volksbank zur Raiffeisenbank und VR-Bank Westküste

Abb. 60: VR Bank (Foto: VR Bank Westküste)

Die Volksbank wurde 1870 vor dem Krieg gegen Frankreich gegründet. Die Mitgliederliste, jeweils mit Geldeinlage, enthält viele wohlhabende Bauern von Nordstrand, Pellworm, der Südermarsch sowie Eiderstedts und von Geschäfts- und Kaufleuten, deren Namen noch heute in der Husumer Geschäftswelt eine Rolle spielen. Erster Vorstandsvorsitzender wurde Bürgermeister Gurlitt, das erste Geschäftshaus am Markt wurde schon 1887 zu klein. Weil die Kapitaldecke der Volksbank zu dünn war, wurde Gurlitt ermächtigt, einen hohen Kredit von 80.000 Mark Courant von der Vereinsbank Hamburg aufzunehmen, aber nur, weil die Mitglieder mit Vermögen ab 2 Millionen preußische Mark Courant mit ihrem gesamten Vermögen hafteten. 1888 zog man in einen Neubau in der Großstraße 8. Während der Blütezeit Husums vor 1914 wuchs die Bank trotz sparsamer Öffnungszeiten, nur Dienstag und Freitag von 3–5 Uhr Nachmittags, so dass sich die Bilanzsumme trotz Krieg stark erhöhte. 1920 wurde die Volksbank auf Grundlage des Genossenschaftsgesetzes von 1870 in eine Genossenschaftsbank umgewandelt. Nach Verlusten 1919–1923 und 1930–1933 und mit Zwangswirtschaft nach 1933 ging es nach 1949, dem Ende der Zwangswirtschaft, wieder aufwärts.

Abb. 61: Villa Engelsruh (Kaufmann Hansen Engel) um 1890 – Süderstraße

Die Volksbank hatte einen treuen Kundenstamm einschließlich der Genossenschaftsmitglieder. Wie in den anderen hier skizzierten Banken war auch der Lebenslauf der Husumer Volksbank gesäumt von Fusionen und Eingliederungen im Geschäftsbereich, wozu auch die vielen dörflichen Spar- und Darlehenskassen gehörten. Im Jahr 2000 fusionierte die nach Übernahme der erwähnten Spar- und Darlehenskassen Volks- und Raiffeisenbank Husum benannte Bank mit der Raiffeisenbank Viöl und 2002 mit der Volksbank Eiderstedt als Volksbank-Raiffeisenbank Husum-Eiderstedt-Viöl. Dann erfolgte die Umbenennung zur Husumer Volksbank, eine Vereinigung mit der Raiffeisenbank Heide, und seit 2017 zur VR Bank Westküste in Husum. Diese Großbank hat heute mehr als 33.000 Mitglieder, gleichzeitig Kunden, eine Bilanzsumme von rund 1,6 Milliarden Euro, Kundeneinlagen von rund 900.000 Euro und hat Kundenkredite von rund 1,3 Mrd. Euro vergeben. Das geschieht oft für die Finanzierung von Solar-, Biogas – und Windkraftanlagen, für neue große, landwirtschaftliche Stallungen und ähnliche Projekte für die Region. Sie hat heute rund 60.000 Kunden, pflegt die Zusammenarbeit mit der Bausparkasse Schwäbisch Hall, mit den R+V-Versicherungen, mit Union Investment, der DZ-Bank und weiteren Partnern. Wie die Nospa ist sie Sponsoring-Partner für viele Projekte und unterstützte rund 400 Vereine und Einrichtungen mit 430.000 Euro. Beispiel ist das 2021 aufgelegte Zertifikat „VR Bank Westküste ZinsFix2021 auf einen Nachhaltigkeitsindex II". Mögliche Anleger können die Einrichtungen der Husumer Werkstätten unterstützen: Bei Zeichnung von 1.000 Euro gehen 10 Euro der DZ- und VR-Bank direkt an die Husumer Werkstätten. Die geplante Fusion mit der Raiffeisenbank Handewitt und VR Bank

Neumünster zur VR Bank zwischen den Meeren als größte Bank der Westküste klappte im Mai 2021 nur ohne Neumünster. Die Vergrößerung steigerte die Bilanzsumme um gut 12 % und um 8 % bei den Kundeneinlagen. Die VR Bank Westküste hat nun (Ende 2021) 75.000 Kunden, davon 37.000 Anteilseigner als Mitglieder. Die Coronazeit stärkte das neue Digitalkonzept „vr more", das die Kommunikation zwischen Kunden und Beratern per Bildschirm erleichtert. Die Immobiliensparte erweiterte sich auf 300 Mio. Euro in 2022. Das Gesamt-Ertragsergebnis 2021 betrug fast 20 Mio. Euro. Andere Banken, z. B. die Deutsche Bank oder die Commerzbank, sind nicht so verwurzelt in Stadt und Region.

C.12 Welche Unternehmerfamilien prägten Husums Wirtschaft seit etwa 1850?

Nach der Reichsgründung 1871 im Schwung der Gründerjahre flossen Milliardensummen an Kriegsreparationen aus Frankreich. Husumer Kaufleute und Handwerksmeister gründeten neue, größere Firmen. Manche gibt es bis heute. Husumer Kaufmannsfamilien wurden Wohltäter für ihre Heimatstadt. Catharina Asmussen und ihr Cousin August Friedrich Woldsen gründeten 1859 mit großen Vermögen, Landbesitz, Häusern das Asmussen-Woldsen-Vermächtnis. 1925 stifteten Ludwig Nissen und seine Frau ihr in den USA erworbenes Vermögen für die Nissenstiftung und den Bau des Nissenhauses. Verleger Johannes Thordsen (1899–1973) und Frau Irene (1900–2000) gründeten um 1960 die Irene Thordsen-Stiftung mit 10 Mio. DM für Kulturförderung und den Bau des Parkhotels Thordsen mit der Irene Thordsen-Kongresshalle. Von der Ede-Sörensen-Stiftung, 1980 von der Tochter Christel des Husumer Fischhändlers Eduard Sörensen (1897–1971) und ihrem Mann, Architekt Hans Jochem Feddersen, im Andenken ihres Vaters begründet, stammen 17 Statuen und Kunstwerke in Husum, zuletzt die 2022 vom gebürtigen Husumer Künstler Rolf Krüger kreierte Sitzröhre vorm Kulturkeller aus dem Besitz der Stiftung. Familie Peter Cohrs sen. von CJ Schmidt initiierte mit einem finanziellen Grundstock die Stiftung Schifffahrtsmuseum Nordfriesland. Eine Vielzahl von Stiftungen kommen Husum zu Gute, z. B. gab die Max Böttcher-Stiftung zuletzt 10.000 Euro für den Musikzweig der Bürgerschule (HN 28.4.2022). Husum hat diesen Stifterfamilien und ihrem sozialen Engagement viel zu verdanken. Weitere Unternehmerfamilien sind u. a.:

a) **Firma C. J. Schmidt** – gegründet von J. H. Paulsen und C. Jensen Schmidt aus Scherrebeck/Skærbæk in Nordschleswig1876 in der Krämerstraße als Textilgeschäft. Das war so erfolgreich, dass es 1882 und 1884 mit einem früheren Geschäftshaus von Ingwer Woldsen, dem „Weihnachtsonkel" in einer Erzählung von Theodor Storm, erweitert wurde bis zur Ecke Twiete. Es hatte 1913 dann 32 Herren als Angestellte, drei Hausdiener, zwei Lageristen und drei Reinmachefrauen; bedient wurde

grundsätzlich durch Herren, auch in der Damenabteilung. Die Firma wurde schon vor 1914 das größte Kaufhaus der Westküste. Ständig wurde ausgebaut mit Speichern in der Twiete, mit Neubauten und Lastenaufzügen. Sogar eine Lorenbahn zur Anlieferung der Schafwolle durch die Twiete wurde genehmigt – CJ Schmidt war Annahmestelle der Reichswollverwertung; Schafwolle war ein wichtiger Rohstoff. Die Arbeitszeit war zehn Stunden täglich, Sonnabends bis 21 Uhr, Sonntags von 8–9 und von 11–13 Uhr. Es kamen viele Kunden aus Dänemark, die Bedienung sollte gerne Dänisch sprechen können. 1923 starb der Seniorchef C. Jensen Schmidt, Nachfolger wurde der Sohn Hans, der als Kaufmann keine glückliche Hand hatte. Hans Schmidt verkaufte 1936 an den Nachfolger, Kaufmann Peter Cohrs sen. (gestorben 1976). Der war früh Waise geworden, hatte bald nach einer Kaufmannslehre mit seinem Kompagnon Paul C. Kähler in der Krämerstraße ein Geschäft, trennte sich vom Kompagnon und übernahm die Firma CJ Schmidt, musste tüchtig wirtschaften und die Konkurrenz zum ehemaligen Kompagnon Kähler aushalten. Seine Frau und er verloren zwei Söhne im Krieg. 1948 übernahm der Sohn Peter jun. (1924–2009) und führte die Firma in die Zeit vom Nachkriegs-Schwarzmarkt und des Wirtschaftswunder-Aufstieges der Bundesrepublik. Das Kaufhaus wurde mit dem Vertrauen der Sparkasse Husum als Gläubiger ständig vergrößert, breitete sich beidseitig von Twiete und Großstraße aus. Mehrere historische Häuser musten weichen für den Neubau 1951 und folgende Erweiterungen. 1965 entstand die Husumer Parkgemeinschaft zusammen mit 30 Husumer Firmen. 1963 wurde die Krämerstraße Husums erste Fußgängerzone, 1965 entstand das neue Dachgartenrestaurant als Kundenmagnet bis heute. Husum veränderte in den Jahren sein altes Erscheinungsbild. Der Viehmarkt und die Werft schlossen ihre Pforten, das Auto beherrschte die Stadt. Das war der endgültige Anstoß für einen Strukturwandel mit Gewerbegebiet, Tourismus und Windenergie, in Husum wurden mit Hafenbrücke, Ost- und Westtangente die Verkehrsanbindungen neu gestaltet, es wurden Parkplätze, autogerechte Kreuzungen mit Ampelanlagen und Fußgängerüberwegen gebaut.
1980 wurde ein noch größeres Parkhaus in der Innenstadt fertig. Zum 125. Firmenjubiläum 2001 entstand ein neues noch größeres Parkhaus hinter dem Binnenhafen. Von 1988 bis heute bestimmt Peter Cohrs jun. über die große Firma mit einem Jahresumsatz von etwa 56 Mio. Euro und rund 350 Mitarbeitern als erfolgreiches Familienunternehmen, in Husum umsatzmäßig (2020) nur übertroffen von Vestas-Windenergie.
Heute ist CJ Schmidt das größte Textilkaufhaus der Westküste, wird ständig ausgebaut und den Erfordernissen der Konsumgesellschaft angepasst. Der 1976 verstorbene Inhaber Peter Cohrs sen. stiftete mit seiner Frau Karin der Stadt Husum 50.000 DM als Grundstock nach Erwerb der früheren Landeszentralbank am Zingel von 1907 für die Gründung des Schifffahrtsmuseums Nordfriesland. Peter Cohrs jun. setzt das Engagement seines Vaters fort, bis 2022 als Vorsitzender der Werbegemeinschaft Husum e.V.,

des Commerziums und seit 2019 als Geschäftsführer des neuen Shoppingcenters THEO. 2020–2022 wurden für das traditionsreiche Haus mit der Corona-Pandemie wie für andere Betriebe belastend. Heute hat CJ Schmidt mit „Casablanca" eine neue Marke mit Präsentation in Husum, Schleswig und Heide, geführt von Frau Cohrs jun. Wie seit vielen Jahren gilt das Werbeversprechen: „CJ Schmidt – einmalig in Schleswig-Holstein".

b) **Buchhandlung C. F. Delff**

Der erste Besitzer war Buchbindergeselle Asmus Christian Delff (1757–1837). Der nutzte die Vorteile der gut situierten Handelsstadt Husum, heiratete die Tochter des Husumer Buchbinders Bode und wurde Geschäftsinhaber – ab 1817 als Buchhändler. Dessen Sohn Christian Friedrich Delff (1791–1868) ließ sich in der Krämerstraße nieder und hatte den damals größten Ladenraum mit einer Leihbücherei von 12.000 Bänden, erweitert zum Buchhandel 1863, wo die lese- und bildungsbeflissenen Bürger Husums, wie auch Theodor Storm, ihre Bücher orderten. Bei Christian Delff arbeitete als Buchhandlungsgehilfe auch Friedrich Petersen, der 1892 die Druckerei Christiansen in der Großstraße kaufte und fortan die dort dreimal wöchentlich erscheinenden Husumer Nachrichten stetig erweiterte. Christian Delffs Söhne Heinrich Christian und Hugo, selbst Schriftsteller und Philosoph, führten die Buchhandlung bis 1898. Das Grab der Delffs ist an der St. Jürgens-Kirche. Später übernahm Hugos Sohn Christian Delff 1912 bis 1942 das renommierte Geschäft. Er sorgte für den Patriziergarten im Hof mit alten Rosenstöcken schon aus Storms Zeiten, war über Jahrzehnte Schatzmeister des Nordfriesischen Vereins für Heimatkunde und Heimatliebe und gab 1929 das Jahrbuch des Vereins und das Standardwerk „Nordfriesland – Heimatbuch für ... Husum und Südtondern" von L. C. Peters heraus. Seine Witwe Katharina Delff führte die inzwischen als kultureller Mittelpunkt Husums anerkannte Buchhandlung allein weiter, ab 1946 unterstützt vom ehemaligen Buchhändlerlehrling Peter Marcussen von Nordstrand, der 1966 nach Käthe Delffs Tod die Buchhandlung übernahm. 1976 führte dessen Tochter Annegret die Buchhandlung weiter und heiratete Dr. Ulf von Hielmcrone, Rechtsanwalt, Historiker, Schriftsteller, Politiker und langjähriger Vorsitzender der Ludwig-Nissen-Stiftung. Frau von Hielmcrone initiierte die über rund 25 Jahre erfolgreiche Serie von Lesungen mit vielen Größen aus Kultur, Literatur und Philosophie. In Husum zu Gast waren z. B. Dieter Hildebrandt, Loriot, Boy Lornsen, Walter Jens, Gert Fröbe, Lew Kopelew, Uwe Johnson. Die Buchhandlung war Filmkulisse in einer Fernsehserie mit Helga Feddersen und Evelyn Hamann. Viele Jahre gab Annegret von Hielmcrone zudem den jährlich erscheinenden „Buchhandlung C. F. Delff Almanach" heraus, der die Buchhandlung Delff in die literarische Szene einbettete und Neuerscheinungen mit lesenswerten Klassikern verknüpfte. 2004 wurde die Buchhandlung übergeben an die Weiland-Buchhandlungskette, später Hugendubel benannt. 2013 schloss die traditionsreiche Buchhandlung Delff ihre Türen. Damit war ein Kapitel der Husumer Kulturgeschichte beendet; das alte Haus mit der schönen Buchkunst-Skulptur über dem Eingang fiel an andere Mieter. Ende 2019 und Anfang 2020 starben Annegret und Ulf von Hielmcrone, die sich der Politik und Kultur der Stadt Husum gewidmet und sich um Husum verdient gemacht haben. Ihr Erbe fiel an die Nissenstiftung.

c) Firma Topf, Husum

Diese Firma ist ein weiteres Beispiel für einen in Husum gewachsenen Familienbetrieb, einer der ältesten in Deutschland. Der 1804 geborene Zahnarztsohn Ernst-August Topf kam allein als achtjähriger Halbwaise aus Thüringen zu einem Onkel, einem Eisenwarenhändler, nach Flensburg. Ernst-August machte dann in Hamburg eine Kaufmannslehre und zog 1835 ins Herzogtum Schleswig, weil in Husum ein Eisenwarenhändler fehlte. Dort mietete er an der Großstraße für 60 Rigsdaler sein erstes Ladengeschäft **(Abb. 62).** Sein Sohn Johannes Theodor Topf übernahm am 1.9.1871, sorgte in einer Generation für eine schnelle Geschäftsausweitung über Nordfriesland und ließ sich 1908 einen großen Neubau im Jugendstil erbauen; als Vorbild diente das Kaufhaus Wertheim in Berlin. Dieses stattliche Haus bietet noch heute, dem Textilkaufhaus CJ Schmidt zugehörig, an der Fassade dem interessierten Betrachter die typischen Jugendstil-Verzierungen. Der Sohn Friedrich Johannes wurde 1908 Teilhaber, starb aber schon mit 45 Jahren. Seine Witwe Margarete Topf (1885–1965) führte das renommierte Geschäft durch schwierige Jahre bis 1933. Nachfolger wurde 1933 Ernst August Johannes Topf (1907–1942). Seine Mutter Margarete und er

Abb. 62: Erstes Geschäftshaus Firma Topf, Großstraße, 1908 durch Neubau ersetzt

hatten als Kritiker der damaligen NS-Politik keinen leichten Stand, kamen sogar einige Wochen in Haft. Ernst August wurde 1942 Soldat und fiel kurz danach. Wieder übernahm Margarete.
Hans Gerhard Topf (1923–1991) übernahm nach Kriegsgefangenschaft 1945 das Ruder in Nachkriegs- und Wirtschaftswunderzeiten.
Noch einmal blühte unter seiner Leitung und mit seiner Frau Frauke die Firma in der Großstraße auf und musste 1980 aus den beengten Räumen der Innenstadt, es fehlten Lager- und Parkplätze, umsiedeln ins neue Gewerbegebiet Siemensstraße in ein großzügiges Fachgeschäft auf 9.000 Quadratmetern mit großen Hallen. Die Umwandlung in ein breit sortiertes Großhandelsgeschäft wurde konsequent verwirklicht, 1995 und 1996 wurde noch einmal erweitert. 1988 wurden die innerstädtischen Geschäfts- und Lagerhäuser an Großstraße, Schiffbrücke und Rosenstraße verkauft. Im Mai 2010 konnte diese traditionsreiche Husumer Firma ihr 175-jähriges Jubiläum in der Messehalle, heute Husum Messe & Kongress, mit 800 Gästen feiern. Festredner waren Uwe Möser, Präsident der IHK Flensburg, und Peter Harry Carstensen, Ministerpräsident Schleswig-Holsteins. Die Firma mit rund 70 Mitarbeitern zählte 2010 zur Unternehmensklasse 10–50 Millionen Euro Umsatz. Der Sohn Rickmer Johannes Topf, geb. 1961, ist der heutige Inhaber, der den Weg der erfolgreichen Expansion weitergegangen ist mit zwei neuen Niederlassungen in Itzehoe 2001 und Hamburg 2013 mit Autobahnanschluss. 2014 folgte ein Neubau. Die neue, jetzige Generation begann mit Friederike Topf am 01. Oktober 2019.

d) Firma Goldschmidt, vom Fuhrbetrieb zur Tankstelle und Meisterwerkstatt

Zu den ansässigen Firmen zählte das Fuhrunternehmen mit Werkstatt und Tankstelle Goldschmidt im Nedderweg, gegründet von den Urgroßeltern Johannes und Christine Goldschmidt um 1900 als Leichen- und Lastfuhrbetrieb Goldschmidt an der Süderstraße neben dem Handwerkerhaus. Daraus wuchs aus kleinen Anfängen unter den Großeltern Hans Martin Jann und Frau Maria Goldschmidt ab 1927 am Standort Nordhusumer Straße und Nedderweg der Fuhrbetrieb mit Leichenwagen weiter. Dazu wurde ein Stall mit Belgier und Schleswiger Kaltblutpferden unterhalten und die Familie am Nedderweg aus dem großen Garten und Viehstall mit Kuh, Schwein und Hühnern selbst versorgt. Der Großvater war Mitbegründer einer Husumer Ringreitergilde. Unter den Eltern Peter und Gerda Goldschmidt kamen eine Kohlenhandlung und eine Tankstelle dazu, die 1957 zu einer Zapfsäulentankstelle mit Garagenbetrieb ausgebaut wurde. Um 1950 kostete ein Wagen mit Kutscher und zwei Kaltblutpferden 3,50 DM Lohn pro Stunde. Ab 1957 waren viele Soldaten die Stammkunden der neuen Tankstelle, die gewisse Vergünstigungen erhielten.
Der letzte Besitzer Hans Dieter Goldschmidt, seit 1972 Kfz-Meister, erweiterte mit seiner Frau Erika den ererbten Betrieb zur Freien Tankstelle und zum Kfz-Meisterbetrieb. Es wurden weitere Mitarbeiter beschäftigt, später noch ein Meister, eine

Abb. 63: Leichen- u. Lastfuhrbetrieb Goldschmidt; mit Leichenwagen, 1950

Waschanlage kam dazu, ein benachbarter Schmiedebetrieb wurde dem Betriebsgelände angeschlossen. Tankstelle und Kfz-Meisterbetrieb wurden mit viel Geschäftssinn 1994 weiter ausgebaut zur größten Husumer Freien Tankstelle mit Garagen und Meisterwerkstatt und als zweites Standbein mit mehreren erworbenen Ferienhäusern in Husum und im Stadtteil Rödemis.

Allein rund 700 bis zeitweise an die 1000 Stammkunden ließen den Familienbetrieb florieren, der lange Öffnungszeiten auch an Wochenenden anbot, keine Betriebsferien machte, dazu die Tages- und Laufkundschaft versorgen konnte. 2015 erfolgte die Übergabe an die Tochter, 2015 bekam die Tankstelle einen eigenen Verkehrsan-

Abb. 64: Kfz-Meisterbetrieb Goldschmidt mit CJ Schmidt-Oldtimer in der Wartung

schluss von der Husumer Westtangente, der innerstädtischen Umgehungsstraße. 2020 schloss der Betrieb am Nedderweg nach rund 100 Jahren. Die beiden Kinder mit ihren Familien wählten einen anderen Lebensweg. Die florierende Ferienvermietung mit Nationalpark-Partnerschaft lief unter Dieter und Erika Goldschmidt weiter. 2021 wurden die alten Betriebsgebäude im Besitz der Kinder abgerissen, dort werden ab 2023 von privaten Investoren weitere Wohnungen errichtet.
Viele Husumer Firmen wurden, wie bei Familie Goldschmidt, Firma Topf oder Buchhandlung Delff, von Frauen mit oder allein geleitet, da zeigte sich ein neues Rollenverständnis: Frauen konnten Bildung erwerben, Berufe erlernen, studieren, durften aber andererseits nach der Heirat nicht berufstätig sein, das wurde erst 1969 geändert. Sie wurden anerkannt in Familie, Betrieb, Politik, wofür sie viele öffentliche Widerworte auszuhalten hatten. Frauen erhielten 1919 das Wahlrecht auf allen Ebenen. Husum hatte 1919 im Stadtverordnetenkollegium sieben Frauen, zwei Stadtverordnete und fünf Bürgerliche Mitglieder: Für die DDP die Lehrerin Emma Carstensen, für die SPD Christine Petersen, Bürgerliche Mitglieder waren die Frauen Klußmann, Wollesen, Tönnies, Jürss und Braker. 1924 wurde keine Frau gewählt, es wendete sich gegen Frauenemanzipation. In der NS-Zeit wurde die Mindestschulzeit für Mädchen auf acht Jahre gekürzt, getreu der Ideologie „Kirche, Küche, Kinder, Kleider". Die NS wollte keine politische und hochschulmäßig gebildete Frau.
Weitere Beispiele für Geschäfte, die ab Mitte des 19. Jahrhunderts das Stadtbild prägten:

1) **Husumer Eisenwerk** von 1852–1954 auf der Neustadt, Gründer waren in dänischer Zeit Holzhändler Christiansen und Eisengießermeister Möller, später gefolgt von Jan Hamkens, zuletzt von Familie Matz. Das Eisenwerk lebte vom steigenden Bedarf an Landmaschinen, Eisenwaren für Stallausbauten, Eisenbauteilen für Eisenbahn, Hafenausbau und Werft, Verkehr, Viehmarkt, Gewerbe sowie für Bauwerke und hatte die beste Zeit vor 1914.
2) Großhändler **Momme Jürgensen** an der Schiffbrücke, Ecke Hohle Gasse, der dort frühere Kaufherrenhäuser der Woldsens übernahm und neu baute. An mehreren Häusern der Hohlen Gasse und Nordseite Wasserreihe, um 1900 erbaut, sind auffällige Natursteintafeln mit den Initialen MJH angebracht; sie dienen heute Wohn- und Geschäftszwecken.
3) Firma **Rothgordt** – seit 1828 ältester Husumer Familienbetrieb, heute geführt von Familie Seikowski, Großstraße 28, begann auf der Neustadt mit Tauwerk für den Viehmarkt, seit Generationen der Anlaufpunkt als „Rothgordt Spiel-, Sport- und Lederwaren, Spielwarengeschäft", Schulranzen und Schlittschuhe. Jahrzehnte begeisterte die in der Advents- und Weihnachtszeit im Schaufenster der Großstraße aufgebaute, prächtige Eisenbahn-Modellanlage Generationen von großen und kleinen Schaufensterguckern.

4) Textilgeschäfte: (**CJ Schmidt** siehe Extra): 4a) Firmen Plath und Timmann, 4b) Paul C. Kähler., 4d) Herrenausstatter Harald Jürgensen,
5) Farben, Tapeten Willi Henkens, Schiffbrücke, früher Süderstraße,
6) Husumer Herrenhaus Pils-Bierbrauerei Clausen-Fuglsang – „Husumer Bier",
7) Firma Pahl, Westerende Ecke Rosenstraße, Feinkost, Weinhandlung, Süßwaren, später am früheren Busbahnhof Rote Pforte,
8) Uhren- und Schmuck-Geschäfte: 8a) Firma Goldschmied Steffens, Großstraße. 8b) Detlef Jensen, Markt 9, 8c) Christian „Uhren" Petersen, Großstraße, 8d) Uhrmacher Lütjens, 8e) Uhren & Schmuck Sievers, 8e) Goldschmied Raatz,
9) Husumer Nachrichten/Verlag Friedrich Petersen,
10) Landmaschinen Brauer (heute Wüstenberg), Am Schulwald,
11) Georg C. Hansen, Eisenwaren, früher Norderstraße, heute im IGO,
12) Holzhandlung Hansen & Dethlefsen, früher Großstr. und Ostenfelder Landstraße,
13) Holzhandlung, Baustoffe C. G. Christiansen, heute in Mildstedt,
15) Thoma's Hotel, Großstraße, heute Zingel,
16) Blunck's Hotel am Zingel neben dem heutigen Schifffahrtsmuseum,
17) Georg C. Hansen, Eisenwaren, Norderstraße, heute Großhandel für Baustoffe, Baumaterialien, Sanitär- und Badausstattungen, Eisenwaren und Fahrräder im Gewerbegebiet

C.13 Ein Überblick: Die NS-Zeit

Die NS-Zeit, hier im Überblick, brachte Unvorstellbares. Ihre Saat wurde Jahrzehnte vorher gesät, mit der Zeit des Imperialismus, des Nationalismus, dem Bewusstsein, die deutsche Nation sei die beste. Aber das sagten Franzosen und Engländer auch über sich. Von dem Standpunkt der Überlegenheit der eigenen Nation bis zu einer „arischen Herrenrasse" der NS-Ideologie waren nur wenige Schritte. Die kamen mit dem verlorenen Ersten Weltkrieg, dem Verlust des Kolonialreichs ohne Entschädigung, mit erzwungenen Gebietsabtretungen nach dem Versailler Vertrag 1919 und mit den Vertragsablieferungen für die deutschen Bauern und Großindustrien. Ländlich-bäuerliche Regionen wie Schleswig-Holstein und Nordfriesland litten besonders unter dem Entzug ihrer Existenzgrundlagen. Die Schuldigen waren schnell ausgemacht: Nicht die Verantwortlichen im Kaiserreich wie Hindenburg, Ludendorf, das kaiserliche Offizierskorps. Nein, die „Novemberverbrecher" der Revolution, die KPD, SPD, die Demokraten. Inflation und Weltwirtschaftskrise mit Massenarbeitslosigkeit, Straßenschlachten zwischen Nazis und Kommunisten, Entfremdung der Masse vom Ziel der Demokratie brachten dann das Fass zum Brodeln. Hitler, die NSDAP und die rechtsnationale DNVP nutzten ihre Chance. Das gesamte Gesellschafts- und

Staatsgefüge wurde „gleichgeschaltet“: „Ein Volk, ein Reich, ein Führer“. Schluss mit Gewaltenteilung, Gewerkschaften, Meinungs- und Pressfreiheit, Religionsfreiheit. Verfolgung von Christen, Homosexuellen, Zeugen Jehovas, Roma und Sinti. Entrechtung, Verfolgung, Auslöschung der jüdischen Mitbürger, Schändung ihrer Kirchen und Friedhöfe, auch in Friedrichstadt. Über 200 Konzentrationslager in Deutschland, auch in Nordfriesland. In Schwesing wurden ab Herbst 1944 in einer Außenstelle des KZ Neuengamme bis zu 2.500 meist politische KZ-Gefangene unter unmenschlichen Bedingungen in Baracken eingepfercht und täglich durch Husum an die Nordseeküste und zum Bau von Panzergräben im Rahmen des „Westwalls“ getrieben. HJ-Jugendliche und Volkssturmmänner haben diese Unglückseligen bewachen müssen. Ein Stolperstein vor dem Café Lassen in der Süderstraße erinnert uns daran. Vernichtungslager in Polen zur industriellen Vernichtung von Menschen, von Behinderten. Kaum einer wehrte sich. Verbot von KPD, SPD, Einparteienstaat der NSDAP. Alle Ämter und Posten mit Parteigenossen oder Anhängern besetzt. Schulen, Lehrpläne, Lehrkräfte gleichgeschaltet. Ein enges Netz von Bevormundung, Bespitzelung durch die Gestapo, Geheime Staatspolizei. Krieg als Vernichtungskrieg geführt, Millionen Soldaten starben, Hunderttausende wurden ausgebombt. Millionenfache Verschleppung von Zivilisten und Kriegsgefangenen im eroberten Europa und deren Ausbeutung als Fremd- und Zwangsarbeiter in der Industrie und Landwirtschaft bis ins kleinste Dorf Nordfrieslands. Daran erinnern die vielen „Ehrenmale“. Die Jugend im Netz von HJ, BDM, Jungvolk, Jungmädel, Arbeitsdienst, Wehrmacht gefangen. Wer war Schuld?

C.14 Wie schaffte Husum die Nachkriegszeit bis 1953?

Schleswig-Holstein und Nordfriesland waren zum Glück kein Frontgebiet. Noch im Januar 1945 verlangten die vormaligen „Reichskommissare Ostland“, Gauleiter Lohse und Kreisleiter Hansen in Husums proppevollem Stadtlokal „Hensens Garten“ westlich des Ostenfelder Freilichtmuseums mit Durchhalteparolen die Husumer zum Kampf bis zum Endsieg auf, aber vernünftige Husumer wie Advokat Goslar Carstens konnte Schlimmeres verhindern. Husum erklärte sich am 4. Mai 1945 zur Lazarettstadt und entkam damit Kriegshandlungen. Hier zog die Britische Besatzung kampflos ein und traf auf Zehntausende Flüchtlinge aus den Ostgebieten. Millionen Soldaten mussten entwaffnet, registriert, versorgt werden. Unmengen an Handfeuerwaffen in der Bevölkerung mussten abgegeben – oder versteckt werden. Auf Eiderstedt, in der Südermarsch, in Norderdithmarschen entstand 1945 ein riesiges, abgesperrtes Lager für 400.000 deutsche Kriegsgefangene, eingesperrt in Stacheldraht, nur wenige in festen Unterkünften. Zehntausende entlassene Zwangsarbeiter in den Dörfern und in ihren Lagern, eines davon in Osterwinnert, wurden entlassen und bekamen mit Glück für Überbrückungszeiten Arbeit in der Landwirtschaft oder im Handwerk. Diese „Displaced persons" konnten nur langsam in ihre Heimatländer entlassen werden: Osteuropa, Russland zerstört, wohin sollten sie? Die Versorgung der Kriegsgefangenen und „Displaced persons" war kaum zu schaffen. Bis zum Herbst waren die meisten in ihre Not leidenden Heimatgemeinden entlassen, Frühjahr 1946 wurden die Lager aufgehoben. Aus dem vormaligen Reichsarbeitsdienstlager am Marienhof wurde das „Marienhoflager" für Flüchtlinge und beherbergte bis in die Sechziger Jahre noch viele Familien, in Enge und ohne angemessene sanitäre Einrichtungen. Für etliche wurden später die ersten Sozialwohnungen in Schlichtbauweise gebaut, die bis heute genutzt werden. Ebenso standen verstreut in Husum noch „Nissenhütten" mit Wellblechdächern und Kanonenofen. Das waren nach einem USA-Offizier und Regierungs-Beauftragten benannten Behelfsheime für Heimatvertriebene, später zu kleinen Einfamilienhäusern ausgebaut, die letzten im Ortsteil Dreimühlen. Tausende Kinder, Hunderte von ihnen ohne ihre vermissten oder kriegsgefangenen Väter, brauchten Lebensmittel, Kleidung, Schulen, Lehrer, Liebe und Zuwendung. Ohne „Schulspeisung" und „Volksküchen" in Husum und auf den Dörfern, auch durch die Britischen Soldatenküchen, hätte auch der Verfasser in Fresendelf hungern müssen. Die Schwestern der Dänischen Minderheit, das DRK und die Evangelische Kirche arbeiteten unermüdlich, sammelten Spenden, Gartengeräte, Nähmaschinen zur Linderung größter Not. Im Hungerwinter 1946/47 starben viele Säuglinge. Und Abertausende mussten den Grad ihrer Verstrickung in die NS-Maschinerie nachweisen, mussten sich einer „Entnazifizierung" unterziehen. Am Ende stand dann die Entfernung aus dem Arbeits- oder Beamtenverhältnis oder der „Persilschein" mit Chance auf Wiedereingliederung in Arbeit und Brot. Tausende Bürgermeister, Lehrkräfte, Finanzbeamte, Zollbeamte, Polizisten verloren ihre Stellen. In den Schulen fehlten die Lehrkräfte – bis in die 50er Jahre wurden Berufsfremde als Hilfslehrer eingesetzt, Pensionäre wurden reaktiviert, viele über 65 Jahre alt. Überall wurden politisch Unverdächtige als Bürgermeister eingesetzt, ob in Husum oder auf den Dörfern; gerne frühere Kommunisten oder Sozialdemokraten. Überall begann in großem Stil die Demontage von Industrie- und Maschinenanlagen, die von der Besatzungsmacht demontiert und ins Gebiet der Siegermächte abtransportiert wurden, auch Kasernen, Flugplätze, Werften, Großbetriebe. Der Husumer Fliegerhorst mit Mengen an intaktem Kriegsgerät wurde leer geräumt.

Schon im September 1945 ließ die Britische Besatzung die Neubildung von Parteien zu. SPD und KPD konnten schnell wieder Fuß fassen, die CDU folgte im Frühjahr 1946, ein Mitbegründer war der Brauereibesitzer Dr. Walter Fuglsang. Rechtsanwalt Goslar Carstens wurde ehrenamtlicher Bürgermeister; der KPD-Stellvertreter war kurzzeitig Gustav Jahn.

Der Wiedereinstieg in bessere Fahrwasser war am 28.6.1948 die Währungsreform. Volle Schaufenster, Lohnauszahlung in Deutscher Mark. Der Schritt in die parlamentarische Demokratie war am 23. Mai 1949 die Verkündigung des Grundgesetzes der neuen Bundesrepublik Deutschland. Damit waren aber mitnichten die Probleme beseitigt. Aber es ging voran.

Nach Kriegsende war Husum 1953 zur 350-Jahrfeier vom 4.–12. Juli im Wirtschaftswunder angekommen. Der Viehmarkt war ein deutschlandweit führender Großviehmarkt, die hiesige Viehzucht bewies Leistungsfähigkeit auf Ausstellungen und Weidemastbereisungen. Über 10.000 Husumer Heimatvertriebene und Flüchtlinge fanden Arbeit, aber nicht alle, und wer hier nicht Fuß fassen konnte, zog nach Baden-Württemberg oder ins Rheinland.

Die vier Schrebergärten rund um die Innenstadt, „Ruhetal, Nordmark, Jebenslegat, Schnellsches Legat", sicherten die Selbstversorgung der Heimatvertriebenen. Heute sind Schrebergärten meist Freizeitgärten für Familien oder im Kleingärtnerverein.

In Husum musste für neuen, bezahlbaren Wohnraum gesorgt werden, ebenso für Spiel- und Sportplätze. Die Umgestaltung der verwilderten Mauseberge südlich der Au in Osterhusum-Dreimühlen war eine stadtplanerische Leistung, es entstand ein neuer großzügiger Sportplatz am Rande von Rödemis. Wohnraumnot in Husum gab es schon 1894 im Kaiserreich, als Pastor Otto Schwartz den Husumer Arbeiter-Bauverein gründete. Der Wohnungsmangel wurde nach 1945 drückend. Bis 1952 wurden fast 1.000 Wohnungen und ganze Wohnviertel am Kuhsteig, an der Schobüller Straße, am Bahnhof gebaut. Der Arbeiterbauverein sorgte für die Unterbringung von Wohnungssuchenden, abgelöst durch die Gewoba, Gemeinnützige Wohnungsbaugesellschaft, z. B. gegenüber der neuen Kreisberufsschule eine mehrstöckige Wohnblockreihe mit Kopflindenallee. Die Husumer Werft hatte volle Auftragsbücher, die Fischereiflotte gedieh, Hafen und Schleuse wurden zu klein, die Straßen füllten sich mit Autos, viele Kleinwagen, z. B. BMW Isetta, Messerschmitt und Goggomobil, dann die VW Käfer – nur wenige konnten sich größere Autos wie Mercedes, Borgward oder Opel leisten. Busse, Eisenbahnen, der Husumer Bahnhof, alles platzte wie der neue Busbahnhof an der Roten Pforte aus den Nähten, die Parkplätze auf dem altehrwürdigen Marktplatz wurden knapp. Die Menschen wollten nach den entbehrungsreichen Nachkriegsjahren in der Fresswelle, Bekleidungswelle und Reisewelle wieder konsumieren. Neue Schulen, die Kreisberufsschule am Bahnhof mit Zentralbücherei Westküste, die Osterhusumer Schule, die Dänische Schule nahmen Tausende Kinder auf, es gab eine rege politische Betätigung. Die damals redaktionell selbständigen Husumer Nachrichten (HN) waren eine gewichtige Informationsquelle der meisten Familien.

Husum war 1952 zum 50. Jubiläum des Friesenvereines Rödemis erstmals Austragungsort des Kongresses der drei Frieslande im Interfriesischen Rat, eine internationale Versammlung in Husum, so kurz nach 1945. Der Irene-Thordsen-Stiftung verdankt

Husum 1964 die Irene Thordsen-Halle, Hotel und Kongresshalle mit moderner Theaterbühne. Vom 4.–12. Juli 1953 war die 350-Jahrfeier Husums. Die *„Festschrift des Heimatfestes 1953–350 Jahre Stadt Husum"* enthielt für die „Nordfriesische Wirtschaftsschau *Husum – Schaufenster der Westküste"* die Namen von Husumer Firmen und Gewerbebetriebe. Die Liste ist nicht vollständig, nicht alphabetisch. Viele kleinere Bäcker, Schlachter, Milchläden, VIVO, EDEKA und SPAR-Läden, Gärtnereien, Blumenläden, Anwälte, Fachärzte fehlen.

Husumer Betriebe und Firmen 1953 zum 350-jährigen Stadtjubiläum
1. Kreissparkasse Husum; 2. Stadtsparkasse Husum; 3. Schleswig-Holst. Landesgenossenschaftsbank – vertrat 450 Spar- u. Darlehenskassen-Raiffeisenbanken; 4. Gerling-Versicherungen; 5. Landesbrandkasse – Provinzial; 6. ARAG Versicherungen; 7. C. J. Schmidt, Inh. Peter Cohrs; 8. Rothgordt, Inh. Fritz Iben; 9. Plath & Timmann, Wäsche, Inh. Hugo Horstmann; 10. Paul C. Kähler, Textil; 11. Schuhaus Mader, Omnibusbahnhof; 12. Hermann Fick, Großstraße, Busbahnhof, Spezial-Wäsche-Geschäft; 13. Harald Jürgens Textil; 14. Annemarie Andresen, Wollgarne; 15 . Nordfries. Handweberei Irma Mainz; 16. Husumer Wollspinnerei Degenkolbe; 17. Wannowski KG, Mode; 18. H. Wanger GmbH, Husumer Kleiderfabrik; 19. W. Thürmann, & Co Mode; 20. Carl Witt, Betten, Kleppermäntel; 21. Lederwaren Adolff; 22. F. W. Maack & Sohn Möbel; 23. Möbel Steinhagen; 24. H. Homfeldt, Kaufhaus; 25. Fritz Koch, Häute, Felle, Rohprodukte; 26. W. Urban, Nähmaschinen; 27. P. I. Orth, Bürowaren; 28. F. Rothgordt, Schafscheren Viehscheren; 29. Georg C. Hansen, Eisenwaren; 30. Johs. Topf gegr. 1835, Eisenwaren; 31. C. Mader Haushaltsgeräte, Fahrräder; 32. Johs. Jensen, Eisenwaren, Feuerwehrausrüstungen; 33. Aug. Boostedt Apparatebau; 34. Hansen & Dethlen, Holz, Baustoffe; 35. Johs. Jensen, Landmaschinen; 36. Brauer Landmaschinen, Am Schulwald; 37. Johs. Nachtigall, Fischereibedarf; 38. Johs. Mommsen, Weidezäune; 39. Willy Haye, Öfen, Herde, Fliesen; 40. P. Peters Nachf., Brenn- u. Kraftstoffe, Düngemittel; 41. A. Heinemann KG, Heizung Sanitär; 42. Opel Knüppel, Plan; 43. H. C. Walter, Mercedes; 44 W. Pahl, Kaffee, Tee, Konfitüre, Westerende; 45. C. G. Christiansen, Eternit Baustoffe; 46. Husumer Schiffswerft Gebr. Kröger; 47. SH Landwirtschaftliche HG; 48. W. Henkens, Farben, Schiffbrücke; 49. H. A. Boysen, Hansaboy Kaffee; 50. Mordhorst, Kümmel, Rum, Kaffee; 51. Wilss & Merker, Kaffeegroßhandel; 52. C. Mader, Porzellan; 53. G. Olroth, Kaffee, Tee, Spirituosen; 54. Elektro Dawartz, 55. Elektro Neupert; 56. Knud Roscher, Rundfunkgeräte; 57. Foto Knittel; 55. Foto Callsen; 56. Buchhandlung Delff, Krämerstr.; 56. Einhorn Ratsapotheke v. 1613, Markt; 57. Johs. Matthiesen, Tiefbau; 58. Kemna Bau; 59. Coca Cola; 60. Osterhusumer Meierei; 61. G. M. Gramm, Modehaus; 62. Berta Rothgordt, Handwebereien; 63. Seilerei Springer; 64. Wollwarenhaus, Husumer Wollspinnerei; 65. Husumer Krabbenkonservenfabrik Nachtigall; 66. Johs. Jensen, Eisenwaren;

67. Schleswig-Holsteinische u. Westbank, Außenhandelsbank; 68. Edeka Großhandel; 69. Husumer Volksbank e. G.; 70. WKG Warenkreditgenossenschaft; 71. Schleswig-Holst. Volkszeitung, Filiale Husum; 72. Elfriede Dohrmann, Mietwaschküche; 73. Drogerie Voss; 74. Hermann Hansen, Bücher und Papierwaren; 74. Leonhard Jacobsen, Mühlenbetrieb, Süderstraße; 75. Polstermöbel M. Paulsen, Plan; 76. Sattlerei C. Waterstradt, Norderstr.; 77. Dethlef Jensen, Uhrmacher, Optiker, Markt; 78. G Polzin, Sattlermeister, Jebensweg; 79. Auto Bruhn, DKW, Tankstelle; 80. W. Kessler, Kfz-Elektrik, Hinter der Neustadt; 81. Erh. Michelsen, Goliath PKW; 82. Peter F. Lorenzen, Lloyd PKW, Osterhusumer Str. ; 83. B. Böhrnsen, Ford PKW; 84. H. Hagge, Schneidermeister, Bei d. Kirche; 85. P. Mommens, Buchbinderei, Hohle Gasse; 86. W. Raatz, Goldschmiedemeister; 87. Goldschmiede Steffens, Großstraße; 88. Otto Gunia, Uhrenfachgeschäft, Süderstraße; 89. K. Lamp, Büchsenmacher, Messerschmiede; 90. Musikhaus Klemm, Schulstr.; 91. A. Plath, Töpfermeister, Süderstr. 45/Woldsenstr. 54; 92. Ebel & Reintjes, Friseurmeister.; 46. Schreib- und Tabakwaren Pezely, Süderstraße neben Uhrmachermeister Gunia.

Von den vielen weiteren Geschäften, rund 30 Schlachtereien und Bäckereien existieren nur noch wenige; aber seit 1989 sind vor allem im Gewerbegebiet Ost rund 300 Betriebe dazugekommen. Die Gastronomie war früher meist um Markt, Schiffbrücke, Norderstraße, Marktstraße und Neustadt angesiedelt. Stellvertretend für die Gastronomie um 1950 seien einige genannt.

Gaststätten u. Hotels um 1950 in Husum in Auswahl:

1. Ratskeller Husum, Markt; 2. Husumer Krug, Markt; 3. Gasthof Seier, Schiffbrücke; 4. Wwe. Johnsen – Tante Jenny, Schiffbrücke; 5. Dragseths Gasthof, Zingel; 6. Rödekrug Rödemis; 7. Haus der Landwirte, Hohle Gasse; 8. Hotel Gottburgsen, Neustadt; 9. Hotel Willi Schumann, Neustadt; 10. Hotel Goldener Anker; 11. Gaststätte Cartstens „Heinnaver", Neustadt; 12. Goldener Schlüssel, Neustadt; 13. Hotel Heinrich Wohlert, Markt; 14. Thomas Hotel, Großstr.; 15. Zur Erholung, Dockkoog; 16. Friesenkrug Martensen, Kleikuhle; 17. Café Feddesen, Busbahnhof; 18. Café Lassen, Süderstr. 17. Gaststätte Bonitz, Bahnhof; 18. Obsen's Hotel, Hafenstraße; 19. Café Baland, Norderstr.; 20. Park-Club-Restaurant „Resibar", Parkstr.; 21. Gaststätte Dawartz, Friedrichsberg; 22. Krug zur Schleuse, Zingel; 23. Stadtkaffee, Osterende; 24. Waldemar Lange, Altdeutsches Haus, Großstr.; 25. Twietenkrog, Großstr.; 26. Hotel Schulterblatt, Marktstr.; 27. Ewers, Bahnhofsgaststätte; 28. Fischerhaus; 29. Gaststätte Blinkfüür, Außenhafen; 30. Gaststätte Dreimühlen; 31. Schützenhof, Erichsenweg; 32. Bluncks Hotel, Zingel; 33. Café Hensen's Garten, Nordbahnhofstr.; 34. Kaffee Hartmann, Neustadt; 35. Hotel Zur grauen Sadt am Meer, Schiffbrücke; 36. Gaststätte Kielsburg; 37. Greves Gasthof, Süderstr.; 38. Siegmund Fuchs, Neustadt; 39. Husumer Speisegaststätte Markt/Ecke Rote Pforte; 40. Gaststätte Söhl,

Wilhelmstr.; 41. Kaffee Böttger, Nordbahnhofstr.; 42. Gaststätten Thomas Voß, Marktstr.; 43. Bernhard Clausen, Süderstr.; 44.–47. Gaststätten Neustadt Nr. 109 bis Nr. 113: Andreas Röhe, Peter Boesen, Adolf Beyer, Peter Benn, Wilh. Carstensen; 48. Gasstätten Heinrich Haarmann, Neustadt 82; 49. Marie Peters, Neustadt 83; 50. Ingwer Chr. Petersen, Neustadt 84; die Gaststätten 51.–57. auf der Neustadt Nr. 101 bis 107: Emma Lorenzen, Johannes Gottburgsen, Siegmund Fuchs, Johann Johannsen, August Jensen, Johannes Dethlefsen, Hermann Loy; 58. Georg Jebens, Marktstr.; 59. Handwerkervereinshaus, Süderstraße

C.15 Wie entwickelten sich Gewerbe, Handwerkerinnungen und Kaufmannschaft?

Vor dem Ende des Viehmarktes wurde 1964 der Schlachthof errichtet, um Husums Stellung in der Viehvermarktung und Arbeitsplätze zu sichern. Eine neue Kongresshalle am Schlosspark von 1965 bis 2014 zog wieder Kongresse und Tagungen an und wurde zu regionalen Theater- und Musikaufführungen genutzt. Wichtig wurde die kräftige Förderung neuer Gewerbeansiedlungen, zumal in den Dörfern mit dem Geburtenrückgang, dem Verschwinden der Dorfschulen, der Handwerker, der kleinen Tante-Emma-Läden der Strukturwandel die Städte, vor allem Husum, zum Gewinner machte.

Gewerbegebiet Ost, Husum Messe und Congress: Das wurde erreicht mit dem Ausbau eines aufstrebenden Gewerbegebietes Ost nördlich vom früheren Schulwald, beginnend auf dem Platz der vormaligen Fischräucherei von Ede Sörensen am

Abb. 65: Gewerbegebiet Ost 2018 – bald um 25 ha größer

Schulwald und an der neu gebauten Industriestraße. Heute gibt dieses Gewerbegebiet wieder mehr als 3.000 Menschen Arbeit und Brot – und ein neues Nordsee-Kongress-Centrum aus Glas, Stahl und Backsteinen, heute mit dem Namen Messe Husum & Congress, führt auch zu einer fortgesetzten Beliebtheit Husums als Westküsten-Handelsstadt.

Die IGO „Interessengemeinschaft Gewerbegebiet Ost e.V.", wurde 1989 gegründet als koordinierte Interessenvertretung für das große Angebot an den seit 1967 neu eingerichteten Betrieben aus Handel, Handwerk und Dienstleistungen. Die Aufgabe war nicht einfach, es müssen die 219 eingetragenen Mitglieder (Anfang 2022) in ihren auseinanderstrebenden Interessen unter einen Hut gebracht werden, mit ehrenamtlichen Vorständlern.

Ziel allen Wirtschaftens ist auch für Husum: Die Befriedigung der Konsumbedürfnisse aller Verbraucher und Verbraucherinnen durch Bereitstellung von Betrieben der Bedarfsdeckung für Haus, Garten, Beruf, Auto, Freizeit, Kultur, Lebensmittelversorgung. Das Gewerbegebiet reicht vom Schulwald im Westen und der Industriestraße bis zur B5 im Osten und der Umgehungsstraße bei Schauendahl im Norden. Es umfasst heute eine bebaute Grundfläche von 134 Hektar, wovon der benötigte Boden nicht vorher am Reißbrett geplant, sondern dem jeweilige Bedarf angepasst werden muss. So haben z. B. der international tätige, dänische Windenergie-Anbieter Vestas, die großen Autohäuser wie Volkswagen, Ford, Renault, die Großhandelsfirmen Georg C. Hansen, die zentralen Standortverwaltungen für die Bundeswehr, die Baumärkte Obi und Hagebaumarkt und das große Recycling-Unternehmen Ehrich einen großen Flächenbedarf von Tausenden Quadratmetern, und alles muss nach neuesten Standards erschlossen sein. Die etlichen neuen Arztpraxen, ein Reisebüro der Grunert-Verkehrsbetriebe oder die im Famila-Supermarkt untergebrachte Staggenborg-Apotheke brauchen weniger Fläche. Der Vorteil für diese Betriebe ist neben der Ballung vieler Angebote aus allen Wirtschaftssektoren auf überschaubarem Raum das große Parkplatzangebot: Tausende Parkplätze gleichsam vor der Haustür, bei vielen ebenfalls eine Gastronomie in Form von Fastfood und Imbissen, wo die Kundschaft innerhalb einer halben Stunde ihr Bedürfnis der sofortigen Nahrungsaufnahme befriedigen kann. Die Husum Messe & Kongress hält ebenfalls Hunderte von Parkplätzen vor und bietet teilweise die Befriedigung von Kommunikations- und Kulturbedürfnissen mit Ausstellungen, Messen zu Tourismus, Modemessen, Mode- und Model-Contests z. B. durch CJ Schmidt, das überregional bekannte Modehaus in der Innenstadt, Inhaber Kaufmann Peter Cohrs. Diesem Konzept am nächsten kommt in der Husumer Innenstadt als weitergedachte Fortsetzung früherer Passagen-Konzepte das neue Shoppingcenter THEO an der Großstraße, vormals Karstadt, zuletzt Hertie und Husumer Kaufhaus, das wurde 2016 abgebrochen. Die Shoppingmall THEO hat über 600 Parkplätze, kurze Wege, eine breite Mall als Fußgängerstaße unter Dach mit

einer Vielzahl von Shopping-Angeboten auf beiden Seiten. Ein Gang durch die Innenstadt zeigt täglich mit zahlreichen Besuchern die belebende Wirkung von THEO auf die Innenstadt.
Weitere Bestrebungen werden durch die Geschäftsleute der unteren Neustadt unternommen, die ihre Dienste in einem kleinen Stadtteilquartier der Öffentlichkeit anbieten. Die untere Neustadt ist seit Jahren eine Fußgängerstraße, nur für Lieferverkehr und Radfahrer erlaubt. Dort fehlen aber, der Enge der Straße geschuldet, die großen Geschäfte als Magneten.
Die Neustadt hat nach dem Viehmarkt-Ende um 1970 mit Umwandlung in eine verkehrsberuhigte Fußgängerzone den Strukturwandel der Siebziger, Achtziger, bis in die Neunziger Jahre genutzt. Es siedelten sich viele Cafés, kleine Läden an mit besonderen Blickfang-Angeboten aus Mode, Handwerk, Handarbeiten, Second-Hand-Läden, Accessoires und Mode. Zunächst blieben noch mehrere Discos anstelle der früheren Kneipen und Gaststätten. Aber die Discos mussten weichen, junge Leute entwickelten andere Vorlieben. Die Cafés, Boutiquen, Shops ziehen auch die Touristen an und locken mit Bistromöblierung und Außengastronomie. Die Zeiten von vollgestellten Kneipen mit Biertischen und Aschenbechern sind vorbei. Touristen mögen gerne draußen sitzen, unter Sonnenschirmen speisen. So haben sich die Schiffbrücke und die Hafenstraße, auch die Rote Pforte zu beliebten Ecken Husums entwickelt. Husum braucht mehr Einbeziehung und Anhörung der Anwohner und Ladeninhaber für das Funktionieren einer florierenden Wirtschaft, auch mehr Außengastronomie. Die älteste Einrichtung der Wirtschaftsbelebung ist schon 1738 vom dänischen König Christian VI. als Commerce-Collegium für Husum wie schon für die anderen Kjöbstaden des Königreichs aus der Taufe gehoben worden, unterstützt von der o. g. Cramer-Companie. Der König ernannte als Vorsteher für sein Commerce-Collegium den Husumer Bürgermeister, die Ratsverwandten und drei Kaufherren, darunter waren z. B. der Kaufherr Simon Woldsen und der angesehene Stadtschreiber Kraft. Husum hatte damals rund 4.000 Einwohner, eine Vielzahl von florierenden Geschäften, den überregionalen Viehhandel, über 50 Brauereien, Mälzereien, Mühlen, eine rührige Handwerkerschaft in gut organisierten Gilden und Zünften. Kaufleute wie Woldsen, Feddersen, Petersen, Asmussen hatten sich im 17. Jahrhundert in der Rokokozeit schöne Bürgerhäuser erbauen lassen, die Handwerkerschaft baute 1743 ihr repräsentatives Handwerkerhaus **(Abb. 66)**. Etwa 800 gehörten zu den Wohlhabenden, den Steuerzahlenden, aus Kaufmannschaft und Handwerk. Nach zwischenzeitlicher Auflösung 1773 wurde 1824, im Dänischen Gesamtstaat, von 60 Husumer Kaufleuten und Schiffern der alten Cramer-Companie sowie vom Tonnen- und Bakenmeister das neue Husumer Commerzium gegründet. Weil der Hafen infolge der Verschlickung immer mehr Probleme und Kosten machte, übergab die Stadt Husum 1847 den Hafen an den Staat Dänemark. Er begann mit aufwändigen

Abb. 66: Handwerkerhaus von 1743, Restaurant, Sitz der Handwerkerinnungen

Hafenerweiterungen und dem Dockkoogsausbau, es folgte der Bahnanschluss 1854. Aber der Krieg 1864 beendete diese dänischen Bemühungen. Erst danach begann die preußische Ausbautätigkeit. Zuerst wurde die neue Gelehrtenschule 1867 gebaut und eingeweiht und expandierte mit etlichen Um- und Erweiterungsbauten bis hin zur heutigen Hermann-Tast-Schule am Bahnhof. Das Husumer Commerzium war die treibende Kraft, z. B. bei Hafenausbau und neuen Kaianlagen, bei der Verbesserung des Bahnverkehrs und beim Ausbau des Viehmarktes. 1887 und 1912 wurden mit Zuspruch des Commerziums der Nordbahnhof und der neue große Marschenbahnhof errichtet.

1874 verzeichnete Husum 633 selbständige Gewerbetreibende, darunter 217 Krämer und Höker, 168 Gastwirte und Hoteliers sowie 74 Kaufleute. Die Zahl der Handwerksmeister, die zum kleineren Teil auch als Kaufleute selbstständig waren, mit Betrieben ist nicht bekannt, liegt etwa bei 150.

Der Husumer Viehmarkt wurde unter Bürgermeister Gurlitt 1888 ausgebaut zum modernsten Viehmarkt in Deutschland. Das Commerzium sorgte 1898 dafür, dass Husum Mitglied des neuen Handelskammerbezirks Flensburg wurde, mit Hadersleben, Apenrade, Schleswig und Tönning. 1904 wurde die neue Seeschleuse gebaut, 1905 siedelten sich dauerhaft Büsumer Fischerfamilien an, das brachte den Aufschwung der Fischerei.

1910 entstand die Bahnlinie Husum-Rendsburg. Husum hatte damals 9.500 Einwohner. 1912 erhielt der Außenhafen eine Kaimauer mit Bahnanschluss, Kran und neuen Backstein-Speichern. Der Viehmarkt brachte viele Millionen Umsatz, viele

Steuern für die Stadtkasse, die Neustadt und die Gegend um den Kamp erhielten viele Neubauten, auch einige Villen an Asmussen-, Woldsen- und Parkstraße, zudem wurden neue Schulen nötig.
Nach 1918 litten Landwirtschaft und Viehmarkt stark am Versailler Vertrag. Aber 1926 wurde die erste Berufsschule als Fortbildungsschule der Kaufleute und der Handwerkerinnungen eröffnet. Es folgten1927 das neue Finanzamt, das Zollamt und das neue Bahnbetriebsamt, ganze Straßenzüge – Hinrich-Fehrs-Straße, Jebensweg, Lornsenstraße – wurden gebaut auch für diese neuen Arbeitsgruppen der Finanz- und Bahnbediensteten. 1936 war das Nordfrieslandmuseum Nissenhaus als imposanter Bau der Nissenstiftung fertig. Es übernahm viele Exponate des Stadtmuseums an der Hohlen Gasse. 1933 dann die Gleichschaltung unter die NS-Politik, das Ende des Commerziums, 1938 wurde es aufgelöst. 1945, am 13. Juli, stieg es unbelastet von Nazischuld wie ein Phoenix aus der Asche und konnte die Arbeit für Hafen, Märkte, Kaufgeschäfte, Handwerk und später für den Tourismus wieder aufnehmen. Mit der neuen Werftansiedlung 1947 der Gebrüder Kröger aus Warnemünde entstand gleich ein Schwergewicht für Husums Wirtschaft. 1949 wurde der erste Neubau, der Zollkreuzer „Eiderstedt", zu Stapel gelassen. Die Werft hatte um 1970 rund 750 Beschäftigte. 1974 wurde sie vom Binnenhafen in den Außenhafen westlich der neuen Schleuse verlegt. 1953, zur 350-Jahrfeier Husums, konnte das Commerzium mit den Handwerkerinnungen eine große Wirtschaftsschau auf die Beine stellen **(siehe C. 14).** 1960 setzte das Commerzium die neue Seeschleuse durch – Voraussetzung für den weiteren Hafen- und Werftausbau. 1962 wurde mit Hilfe der Thordsen-Stiftung das neue Parkhotel mit Thordsen-Kongresshalle errichtet, 1965 die neue Industriestraße für das IGO Gewerbegebiet Ost gebaut, es folgten später weitere, weil das IGO schnell größer wurde. 1973 dann die jetzige Seeschleuse mit 22 m Durchfahrtbreite, die zwar Schutz bot, aber bald zu klein war, weil die Schiffe immer größer wurden. Heute ist der Husumer Hafen ein gewichtiger Wirtschaftsfaktor mit rundherum 1.200 Arbeitsplätzen; im IGO gibt es rund 3.000. 1970 entstand aus den Kreisen Eiderstedt, Husum und Südtondern der Kreis Nordfriesland. 1979 kam der Abriss der Husumer Bierbrauerei im Schlossgang als Ende einer 300-jährigen Bierbrauertradition in Husum. Danach die viel gelobte Umgestaltung des Schlossganges mit Hilfe des Architekten Hans Jochem Feddersen, renommierter Husumer Architekt, Schwiegersohn des Fischhändlers Sörensen. Wasserreihe und Schiffbrücke wurden vorbildlich restauriert. 1979 war auch für die Husumer Fischereigenossenschaft Ende. Nach 1987 war der Tourismus bedeutendster Wirtschaftsfaktor mit 20 Mio. Euro Umsatz. Der Viehmarkt hatte mehr Umsatz erzielt, aber der Strukturwandel zeigt gute Erfolge: Neue Gästebetten statt Husumer Ochsen nach dem Motto „Ein Gästebett bringt mehr als eine Kuh!". 1989 war dann auf dem alten Werftgelände der Stadt Husum das neue, damals als sehr modern geltende und nicht unumstrittene

Rathaus fertig. Neu in der Wirtschaftsgeschichte war 1994 die Gründung der Husumer Wirtschaftsgesellschaft, die unter ihrem Dach das Husumer Commerzium, die IGO Interessengemeinschaft Gewerbegebiet Ost, die Werbegemeinschaft und den Handwerkerverein vereinigt. Seit 2001 gibt es die TSMH Tourismus und Stadt-Marketing Husum unter Leitung von Frau Jutta Albert und rund 15 Fachkräften. Gesellschafter sind die Stadt Husum und die Husumer Wirtschaftsgesellschaft. Commerzium und IGO sammeln unter ihrem Dach rund 350 Betriebe mit 5.000 Arbeitsplätzen.

Neuer Vorsitzender von Commerzium und Werbegemeinschaft ab Ende 2022 war Christian Rugen aus dem Haus CJ Schmidt, der Kaufmann Peter Cohrs von CJ Schmidt aus der Husumer Kaufmannsfamilie Cohrs ablöste. Wiedergewählter Vorsitzender der IGO ist Ole Singelmann, ebenfalls aus einer Husumer Kaufmannsfamilie. Am 18.01.2001 entstand die WG Nordfriesland, Wirtschaftsfördergesellschaft Nordfriesland, als Tochterunternehmen vieler Kommunen, Städte, Ämter Nordfrieslands und durch diese finanziert, auch mit projektgebundenen Landes-, Bundes- und EU-Mitteln. Sie ist ausgestattet mit (2022) 27 Mitarbeitenden, die mit den genannten Wirtschaftseinrichtungen und Innungen eng kooperieren. Als zusammenfassende Einrichtung gründete sich 2003, zum 400-jährigen Stadtjubiläum, eine Fusion des Vereins der Wirtschaft mit dem altehrwürdigen Commerzium, das neue Commerzium der Stadt Husum von 1738 – Verein der Wirtschaft e.V. 2012 verließ die größte Windmesse der Welt den Standort Husum nach Hamburg. Seit 2015 hat Husum die erfolgreiche nationale Messe New Energy. Das Branchenverzeichnis und eine Fahrt durch das IGO – Gewerbegebiet Ost zeigen etliche neue New-Energy-Firmen, einige im BNI Unternehmensnetzwerk Business Network International, Husum. Die „team AG" mit Firma P. Peters betrieben ab 09/2021 eine LKW-Wasserstoff-Tankstelle im Rahmen des e-Farm-Projekts der GP Joule aus den Reußenkögen hinter Husum, die seit 2009 die grüne Energiewende vorantreibt.

Im Punkt **C.9** wurden die Wurzeln der Handwerkervereinigungen in Husum dargestellt. Vom 16.–19. Jahrhundert haben sich die Handwerker in Arbeitsrollen, Handwerksämtern, Zünften und zuletzt Innungen vereinigt. Diese Ämter wurden vom Herzog und Magistrat bestätigt. Früh geregelt wurden die Fragen der Ausbildung, der Gesellen, der Meister und die Zulassung sowie die Zunftpflichten oder Zunftrechte. Früher waren die Handwerksmeister gleichzeitig Kaufleute, sie boten ihre Dienstleistungen und Produkte auf den Märkten oder in den Schrangen oder Schranken, geöffneten Verkaufsluken, in der Stadt an. Der Verkauf war streng obrigkeitlich geregelt, besonders für auswärtige Kaufleute, die in Husum verkaufen wollten. Aus den Arbeitsrollen, Ämtern und Zünften mit Zunftzwang und Gewerbe-Einschränkungen entstanden im Kaiserreich nach Einführung der Gewerbefreiheit die HWK und Innungen. 1897 wurde dafür als Voraussetzung für die Gründung von HWK ein

Handwerkergesetz erlassen. Ab 1900 gab es im Kaiserreich 71 Handwerkskammern mit Kammerorganisation. Ab 1908 galt mit dem Kleinen Befähigungsnachweis die Ausbildungserlaubnis nur für Meister. Das war 1933 dem NS-System zu viel an Eigenverantwortung des Handwerks. Am 2. Mai 1933 wurden die Gewerkschaften zerschlagen, die Deutsche Arbeitsfront als NS-Zwangsgewerkschaft der Arbeitnehmer gegründet, das Streikrecht abgeschafft; die HWK der Betriebe aufgelöst. Es gab im NS-Staat keine Tarifverhandlungen mehr und staatlich befohlene Löhne. Für die Ausbildung galt der Große Befähigungsnachweis für 72 Gewerbe und 227 Gewerbearten.

1949 entstand der Zentralverband des deutschen Handwerks. Er bündelte als Zusammenschluss aller freien Handwerksorganisationen die gemeinsamen Interessen. Danach regelten die HWK die Zentralverbände der Handwerkerschaft, Genossenschaften, berufsständischen Versicherungen und Handwerksinstitute. 1953 wurde eine Handwerksordnung geschaffen, die die Normen und die Gründung für wirtschaftlich existenzfähige Betriebe setzte. Es galten die Bausteine: großer Befähigungsnachweis, Bestätigung der HWK, eine Ausbildungsordnung vom Lehrling bis zum Meister und Mitverantwortung von Gesellen in den HWK.

Die Hauptaufgaben der HWK sind: Eintragung der Auszubildenden in die Handwerkerrolle, Überwachung der Ausbildung, Streitschlichtung mittels Schlichtungsstelle. Der traditionelle Wahlspruch der zukünftigen Handwerker heißt: „Ehrbarkeit, Gerechtigkeit, Wahrhaftigkeit". Früher trugen Handwerksgesellen den goldenen Zunftring im Ohr, der wurde bei Verstößen herausgerissen, daher das „Schlitzohr". Die Kreishandwerkerschaft bildet den Zusammenschluss aller Handwerksinnungen; in Nordfriesland-Süd ist der Vorsitzende Lutz Martensen, als Kreishandwerkermeister einer Körperschaft des öffentlichen Rechts der HWK unterstehend. Innungsmeister und -obermeister setzen die Beschlüsse um und kooperieren mit der Wirtschaftsakademie WAK und Wirtschaftsfördergesellschaft, derzeit von Dr. Hüppauf geleitet. Der Obermeister der wirtschaftsstarken Kfz-Innung Nordfriesland mit 69 Mitgliedsbetrieben z. B. ist derzeit Ralf Bruhn. Diese Innung betreut seit 1972 eine Spendenaktion, bei der jährlich ansehnliche Spenden für soziale Zwecke gesammelt werden. Auch die Baugewerke-Innung mit Obermeister Oliver Werth und Stellvertreter Finn Martensen ist mitgliederstark. Kreis Nordfriesland hat die höchste Ausbildungsrate. Am Ausbildungsende werden Auszubildende in der feierlichen Zeremonie der Einschreibung in die Handwerkerrolle zu Zünftigen Gesellen ernannt. Seit 1979 gibt es das Versorgungswerk des Handwerks als Selbsthilfeeinrichtung des örtlichen Handwerks. Geschäftsführer war Ende 2021 Lutz Martensen von der Handwerkerschaft, Vorsitzender war Ernst Thomsen. Das Versorgungswerk kooperiert mit der Signal-Iduna-Versicherung zu sozialen Belangen von Rente über Krankenversicherung, Kfz-Versicherung, Fragen der Berufsverbände, Berufsgenossenschaft, Erwerbsunfähigkeit oder

Erwerbsminderung. Im Juni 2021 gab es Streit zwischen der HWK Flensburg und dem Kreistag in Husum: „Handwerkskammer will Ausbildung verlegen" (HN am 10.06.21). Die HWK Handwerkskammer Flensburg plante einen Neubau für die überbetriebliche Ausbildung für Tischler und Holzarbeiter in Flensburg mit gleichzeitiger Schließung des Standorts Husum – das stieß in Husum auf Ablehnung.

C.16 Welche Rolle spielen Gewerkschaften und Branchenvertretungen ?

Seit Jahrzehnten geht der Organisationsgrad von Arbeitnehmern in Gewerkschaften auch in Husum zurück. Das liegt einmal an der Schließung großer Betriebe wie der Husumer Werft mit noch über 700 Arbeitnehmern um 1970, dann in der Abwanderung der Windenergie wie z. B. Senvion, einhergehend mit dem Verlust von rund 300 Arbeitsplätzen. Zusätzlich gingen im fiskalischen Bereich an der Küste viele frühere Arbeitsplätze für Küstenschutz und Deichsicherung verloren, das betraf viele sogenannte „Fiskus-Arbeiter" auf den Inseln, Halligen und an der Küste. Auch die Bundeswehr hat viele Kasernen geschlossen, außer Zehntausenden Soldaten viele Arbeitsplätze auf den Materiallagern und Depots abgebaut und beschäftigt seit etlichen Jahren weniger Zivilangestellte, ebenfalls nicht gut für Nordfriesland. Des Weiteren haben die Gewerkschaften von ihren klassischen Zielen auch in Nordfriesland und Husum seit der Zeit nach 1945 viel erreicht. So die Festlegung von Tariflöhnen, Arbeitszeitregelungen, Ausbildungsordnungen und -vergütungen, Mutterschutz, Fort- und Weiterbildungspflichten der größeren Betriebe, Einrichtung von Betriebsräten – da sehen sich die Gewerkschaften als Sozialpartner. Viele junge Menschen sehen heute die Gewerkschaftsmitgliedschaft nicht mehr als notwendig an. 2021 spielten andere Probleme eine Rolle für die Gewerkschaften. Husums großer Schlachthof arbeitet mit Leiharbeitern und Arbeitnehmern auch aus Bulgarien und Rumänien. Die wohnten bisher häufig in Sammelunterkünften mit hohen Mieten und erhielten zu niedrige Mindestlöhne von knapp 10 Euro. Dafür gibt es ein Arbeitsschutzkontrollgesetz, das ab dem 01.01.2021 ein Verbot von Werkverträgen in der Fleischindustrie beinhaltet. Die Mindestlöhne der Fleischwirtschaft und Löhne in Niedriglohnsektoren steigen nach Forderungen der Gewerkschaft NGG Nahrung, Genuss, Gaststätten, stufenweise auf 12,30 Euro bis 01.12.2023 (HN-Bericht 02.06.2021, S. 18). Als Gewerkschaftsforderungen wurden ein Impfschutz gegen Corona im Kitabereich und Erziehungswesen, die Anerkennung von Corona-Erkrankungen als Berufserkrankung wie die Ausweitung von Homeoffice umgesetzt.
Die Dienstleistungsgewerkschaft Verdi ist in Husum mit städtischer Dienstleistung, Ämtern und Behörden gut verankert, teils mit Organisationsgraden von über 50 %. Zuwächse gäbe es im Gesundheitswesen und in Alten- und Pflegeeinrichtungen mit

seit Jahren hoher Arbeitsbelastung und fehlenden Tariflöhnen, ein verstärkter Missstand seit dem Corona-Ausbruch. Am 02.06.2021 wurde von der Regierung die Verpflichtung zu Tariflöhnen im Pflegesektor ab Ende 2021 beschlossen, das kann bis 300,00 Euro mehr im Monat bedeuten. Ein Arbeitsfeld für die Gewerkschaft ist der Einzelhandel mit Organisationsgraden von weniger als 15 %. Der Flensburger Zeitungsverlag sh:z, mit rund 30 Tageszeitungen einschließlich der Husumer Nachrichten Teil der noch größeren NOZ-Gruppe, Neue Osnabrücker Zeitung, beschäftigt seine Redaktionsmitarbeiter ohne Tarifbindung. Auch der ansässige dänische Vestas-Konzern (HN 30.8.2022) „will ... keinen Tarifvertrag für seine Beschäftigten", wie die IG Metall Ende August per Streik und Ende November auch in der Vestas-Zentrale Hamburg forderte. Für Husum/Nordfriesland als Tourismus-Hochburg vertritt die Dehoga, Deutscher Hotel- und Gaststättenverband, die Interessen der Hotellerie und Gastronomie, ein Wirtschaftsfaktor mit rund 20 % aller Arbeitsplätze in Schleswig-Holstein in 5.200 Betrieben mit 80.000 Beschäftigten. Der Dehoga-Kreisverbandschef Süd, Ove Thomsen, Boutique-Hotel Myn Utspann, wurde 2022 abgelöst von Andre Schirmag vom Paulsen's Landgasthof Bohmstedt. Vorstandskollegen sind Alex Möller (Alex Kitchen, Husum), und Karsten Werner (Strandgut Resort SPO). Robert Focke, stellvertretender Arbeitgeberpräsident (HN, 5.9.2022), forderte längere Arbeitszeiten von 42 Wochenstunden und eine 70-Jahre-Lebensarbeitszeit. Das lehnten die Gewerkschaften strikt ab, solche Arbeitgeberforderungen schreckten junge Leute ab von einer Ausbildung im Handwerk oder einem Dienstleistungsberuf. Die IG Metall Küste forderte wie andere Gewerkschaften für die nächste Tarifrunde 8 % mehr Lohn und bessere Arbeitsbedingungen im Interesse der Auszubildenden.

C.17 Welche überörtlichen Einrichtungen gibt es in Husum?

Husum als Kreisstadt und Mittelzentrum mit Teilfunktionen eines Oberzentrums beherbergt viele überörtliche Einrichtungen für Verwaltung, Bildung und Ausbildung, Kultur, Natur- und Küstenschutz. Die Stiftung Nordfriesland von 1973 wird als Gründung des Kreises mit Finanzmitteln ausgestattet. Sie dient der kreisweiten Förderung von Kultur und Erwachsenenbildung und finanziert damit den Großteil aller Kulturausgaben, Museen, auch die dänische Minderheit und die friesische Volksgruppe. Auch ist sie Trägerin der Kreismusikschule und des Kreisarchivs. Sie vergibt Fördermittel an Institutionen und für Veranstaltungen sowie individuelle oder institutionelle Projektförderung. Vorstand ist der amtierende Landrat, z. Z. Florian Lorenzen, Direktorin der Stiftung ist derzeit (2022) Johanna Jürgensen.
Die Husumer Gymnasien sind: Hermann-Tast-Schule, Theodor-Storm-Schule, die Beruflichen Gymnasien mit Angliederung an das Berufsschulzentrum. Sodann zwei

Gemeinschaftsschulen (GMS), die GMS Husum Nord und die Ferdinand-Tönnies-Schule; an den Beruflichen Schulen können der Mittlere Bildungsabschluss MSA und das Abitur abgelegt werden. Hunderte von Lehrkräften wohnen in Husum oder rundherum, zahlen hier Steuern.
Die VHS Husum bietet auch Kurse zur Erlangung von Externen Schulabschlüssen an wie ESA (Erster Allgemeiner Abschluss, früher Hauptschulabschluss) oder MSA; seit 2015 auch Integrations- und Sprachlernkurse für Nicht-Muttersprachler und seit 2022 Ukraine-Flüchtlinge. 2022 war sie die einzige Einrichtung kreisweit für Einbürgerungstests.
Die Beruflichen Schulen des Kreises Nordfriesland haben heute insgesamt etwa 3.800 Auszubildende, davon rund 700 bis 800 vom TSBW, Theodor-Schäfer-Berufsbildungswerk der Norddeutschen Gesellschaft für Diakonie. Dieses TSBW in Husum ist als Einrichtung der Diakonie Nordelbiens ein Ausbildungswerk der Evangelischen Kirche für Menschen mit bestimmten Nachteilen, die einer spezialisierten beruflichen Ausbildung bedürfen, um am Berufsleben teilhaben zu können. Begründer war der evangelische Theologe Theodor Schäfer. Es bildet in rund 60 Berufen in Handwerk, Mechatronik, Gastronomie, Technischem Zeichnen, Hauswirtschaft u. a. aus und leistet für die berufliche Gleichberechtigung und soziale Eingliederung entscheidende Dienste. Dort findet erstens Ausbildung, zweitens Rehabilitation und drittens die Vorbereitung auf den Arbeitsmarkt statt. Das TSBW fördert mit einem Fachteam Behinderte, psychisch Beeinträchtigte, chronisch Gehandicapte und junge Menschen mit Hörschädigungen. TSBW-Auszubildende arbeiteten viele Jahre im Schlosscafé und im Handwerkerhaus, sie sind Wochenendfahrer oder leben am TSBW in Wohnheimen der Diakonie in Husum oder noch im Woldsenstift. Angeschlossen sind die Husumer Werkstätten der Diakonie, ab 2022 auch das WerkHUS, ein Netz von Einrichtungen für rund 620 Menschen mit teils mehrfachen Behinderungen und 170 angestellten Mitarbeitern an zwölf Standorten (IGO-Magazin Winter 2021/2022, S. 52) unter der Leitung von Herrn Okke Peters. 2019 bis 2021 erhielten das TSBW und das WerkHUS jeweils ein neues Förderhus und Talenthus sowie eine Tagesförderstätte. Die Förderung erfolgt in den Abteilungen: Kfz-Prägerei, Gravur und Schilderfertigung, Wäscherei, Fahrzeugpflege, Schlosserei, Tischlerei, Fahrradreparatur, Garten- und Landschaftspflege. Das WerkHUS als besonderer Partner der Wirtschaft arbeitet zu Zweidritteln für die Husumer Firmen ftcap und Wiedemann sowie für Nissen Elektrobau Tönning. Zum TSBW gehört die Husumer Insel als Fördereinrichtung für die berufliche Eingliederung junger Menschen, die in dezentralisierten Wohnheimen untergebracht sind. Die meisten sind in Ausbildung in etwa 60 Berufsgängen und mit dem Prinzip der verzahnten Ausbildung zwischen Berufsbildungswerk und Betrieben. Jährlich verlassen rund 100 Absolventen die Lehrgänge. Das TSBW hat eine Leuchtturmfunktion mit insgesamt weit über 1.000 Auszubildenden,

Lehrkräften, Fachärzten, Ausbildungslehrkräften und weiterem Personal als bedeutender Wirtschaftsfaktor und generiert hohe Beschäftigungs und Zuliefereffekte in und um Husum. Zur Diakonie gehört der Sozialladen Möbel und mehr auf der oberen Neustadt (s. auch Fachkrankenhaus Breklum u. Christian-Jensen-Kolleg, S. 217).
Eine wesentliche Rolle im Netzwerk von HWK, Innungen, Branchenvertretungen, WAK, Commerzium, Wirtschaftsfördergesellschaft spielt die Industrie- und Handelskammer IHK Flensburg, unter der Leitung von Rolf-Ejvind Sörensen auch für Nordfriesland zuständig.
Überörtliche Funktion als Kulturstätten haben die sieben Husumer Museen: Nordfrieslandmuseum Nissenhaus, Ostenfelder Bauernhaus, Schloss vor Husum, Theodor-Storm-Museum, Weihnachtshaus, Nordfriesisches Schifffahrtsmuseum, Haus der Fotografie; ein Beweis für den großen Stellenwert von Kultur und Geschichte.
Zur IHK Flensburg gehört die Husumer WAK – Wirtschaftsakademie, Flensburger Chaussee, mit Ausbildungs- und Weiterbildungsfunktionen. Sie bietet wie die VHS seit Beginn der Flüchtlingswelle 2015 Integrations- und Sprachlernkurse an und trägt die Ausbildung in einer Lehrküche für die Gastronomie.
Das Nationalparkhaus an der Hafenstraße ist Informationszentrum für den Nationalpark. Der LKN-SH, Landesbetrieb für Küstenschutz, Nationalpark und Meeresschutz Schleswig-Holstein in Husum, ist die Landesbehörde für die gesamte Landesküste von 1100 km, die Inseln, die Halligen mit ihren 300 Bewohnern, deren Warften kostenträchtig erhöht werden müssen, für Küstenschutzsperrwerke wie Eidersperrwerk und Husumer Seeschleuse. Die Fischereiaufsicht im Husumer Außenhafen ist auch dem LKN-SH zugeordnet. Leitende Behörde ist das Umwelt- und Landwirtschaftsministerium. Am 7.2.2022, 60 Jahre nach der Hamburgflut am 16.2.1962, legten Umweltminister Jan Albrecht und die Leiterin des LKN-SH auf der Halbinsel Nordstrand den neuen Generalplan Küstenschutz vor, der den von 2012 fortschreibt: 30 km Deichverstärkungen und rund 15 Mio. Kubikmeter Sandvorspülungen meist vor Sylt kosten 740 Mio. Euro. Geplant bis 2032 sind außer Sandvorspülungen für 360 Mio. Euro der Umbau von 74 km Landesschutzdeichen an der Nordseite Eiderstedt und Nordseite Eidersperrwerk zu sogenannten „Klimadeichen" (HN 13.10.2022, „Bund verdoppelt Geld für Küstenschutz") für 80 Mio. Euro, wie auf Nordstrand-Norderhafen als Sandkern-Deiche mit breitem Deichfuß und 8,70 m Höhe, die mit einer sogenannten „Klimakappe" aus vorher reserviertem Kleiboden schnell um knapp einen Meter erhöht werden können. Bis 2050 könnte der Meeresspiegel bis 1,30 m ansteigen, darüber kursieren mehrere Angaben. Ab Ende September 2022 beginnen die Deichgrafen mit Deichschauen in Nordfriesland bis zur dänischen Grenze.
Das Klinikum Nordfriesland hält neben Wyk auf Föhr, Niebüll und Westerland den Großteil der medizinischen Versorgung Nordfrieslands vor, ebenso viele Fachärzte mit überörtlicher, teils überregionaler Bedeutung.

Das Finanzamt Husum (FA), zuständig neben dem FA Leck für Nordfriesland, erhält 2022/23 zwei Erweiterungsblöcke in herkömmlicher Klinkerbauweise an der Husumer Au.
Das Kreishaus Nordfriesland mit der Kreisverwaltung für rund 166.000 Einwohner wird ab 2022 umgebaut; es wird u. a. eine neue Kindertagesstätte angegliedert.
Überörtliche Funktion haben: das Landesamt für Vermessung und Geoinformation SH – Katasteramt; der Landwirtschaftliche Buchführungsverband mit Bezirksstelle in Husum; die Zolldienststelle, Wasserschutzpolizei und Polizei. Husum ist Standort zweier Kasernen mit ihren Standortverwaltungen. Die überörtlichen Funktionen sichern Hunderte Arbeitsplätze.

C.18 Wie sind Tourismus, Gastronomie und Beherbergungswesen aufgestellt?

Frühen Reiseverkehr brachten der Hafen, der Viehmarkt, das niedergelassene Handwerk, welche die vielen wandernden Handwerksgesellen, Handelsvertreter, Händler und Kaufleute nach Husum führten. Jährlich um die 1.000 und mehr Wandergesellen übernachteten in den drei Junggesellen-Herbergen im Schützenhof in der Süderstraße, in Seiers Gasthof Herberge zur Heimat an der Schiffbrücke und in einer Herberge in der Norderstraße. Logis-Möglichkeiten boten einige Schänken in einfacheren Zimmern und Kammern. Viehhändler, Kaufleute und Handelsvertreter logierten in besseren Hotels auf der Neustadt oder im Thoma's Hotel der Großstraße, bis um 1965 das erste Haus am Platze. Schon im 16. Jahrhundert florierten Schankwirtschaften und Gasthäuser am Hafen, Markt und an den Stadtgrenzen. Die Hotellerie profitierte besonders ab dem 19. Jahrhundert vom wachsenden Viehhandel; die Neustadt entwickelte sich ab Mitte des 19. Jahrhunderts mit vielen Hotels und Gaststätten zur wichtigsten Straße Husums und aller benachbarten Städte.
Husums Stadtverwaltung bestätigte 1892: „Der Fremdenverkehr ist in Folge der ... Viehmärkte ein sehr reger, so daß ... die große Zahl der Gasthöfe kaum ... ausreicht" (zit. nach *Steensen* in: Geschichte Husums 2003, S. 160). Das hielt an bis zur Schließung des Viehmarkts. Kieler Studierende (so auch der Verfasser) lernten, dass die Neustadt in Husum wegen des Viehmarkts die an Gaststätten reichste Straße Norddeutschlands sei. Damals warb Husum mit dem Slogan: „Husum – das Tor zur Halligwelt". Ein Großteil des Fremdenverkehrs zu den Nordfriesischen Inseln und Halligen lief über Husums Hafen; auch nach Helgoland fuhr eine Schiffslinie ab Außenhafen. Heute bietet die Adler-Reederei Ausflugsfahrten in die Insel- und Halligwelt an, auch ein Kind des Wattenmeer-Tourismus. Die Reederei unterhält ein Büro am Außenhafen. Schiffs- bzw. Bootsausrüster konnten bis vor einigen Jahren an der Hafenstraße existieren.

TSMH Tourismus- und Stadtmarketing Husum GmbH, Messe Husum & Congress: Seit Einrichtung des Nationalparks Wattenmeer und dessen Aufwertung 2009 zum Weltnaturerbe, dem World Heritage Waddensea Site, wird der zunehmende Tourismus von der Stadt Husum, von Fremdenverkehrs-Einrichtungen wie der TSMH und Naturschutzvereinen gefördert. Die TSMH unter Leitung von Frau Jutta Albert mit ihrem Team von rund 15 für die Arbeitsbereiche zuständigen Reise- und Tourismusfachkräften im restaurierten historischen Rathaus ist offizielles Organ der Stadt Husum für Gäste-Service, Stadt- und touristisches Marketing. Dort wird auch ausgebildet. Als Wirtschaftsunternehmen organisiert sie für Gäste in Zusammenarbeit mit Hotellerie und Beherbergung deren Buchungswünsche. Unter dem Slogan „Besser tagen in Nordfriesland" gibt es seit Herbst 2021 von der TSMH eine Broschüre „Kleiner Meeting Guide" mit rund zwanzig Hotels und Beherbergungshäusern und Tagungsräumen für mehrere Hundert bis weit über 1.000 Tagungs- und Kongressgäste und eine entsprechend leistungsfähige Gastronomie. Die TSMH vermittelt Reiseleitungen, Stadt- und Museumsführungen an derzeit gut 20 selbständige Stadtführer, Nachtwächter, naturkundliche Wattführer und auch Busunternehmen und besorgt den Gästeservice in Kooperation mit kommunalen Tourismus-Verbänden im Umland.

Zur MHC: Seit dem 1.10.2021 regelt die seit 2013 als **Messe Husum & Congress** GmbH & Co. KG firmierende MHC den Bereich „Stadtmarketing" für zunächst drei Jahre mit einem Budget von 600.000 Euro (HN 30.05.2021). Das Unternehmen MHC arbeitet für die Region und deren Bevölkerung. Die Messeeinrichtungen umfassen im westlichen Klinker-Theater- und Konzertgebäude eine Bühne von 200 qm mit Saal 600 qm, die östlich anschließende gläserne Messehalle von 1997 mit 3.800 qm, rund herum 50.000 qm Freifläche. Sie beschäftigt 35 Mitarbeiter, ist Ausbildungsstätte, kooperiert mit einem Catering-Unternehmen und hat als Premiumpartner die VR Bank Westküste eG gewonnen. Die Messegesellschaft kooperiert mit allen Entscheidungsträgern und beteiligten Einrichtungen aus Wirtschaftsförderung, Citymanagement, Kulturanbietern, Unternehmen, Commerzium, Werbegemeinschaft, IHK Flensburg/Nordfriesland für drei zentrale Bereiche:

I. Standortmarketing, II. City-Marketing und III. Event-Marketing. Gemeinsames Leitbild aller Bemühungen: „Husum – Zentrum der Westküste".

Für sanften bzw. ökologischen Tourismus werben das Nationalparkhaus am Binnenhafen und seit 2019 formschöne Aussichtsplattformen zur Naturbeobachtung an der Dockkoogstraße. Neu ist seit 2019 ein Lehrpfad zur Geschichte der Küste an zwölf Stationen mit Schautafeln vom Nordfrieslandmuseum über den Hafen bis zum Dockkoog. Seit Jahren gibt es den Husumer Kulturpfad mit 34 einheitlich gestalteten Informationstafeln an kulturhistorischen Gebäuden und mittels der Info-Broschüre „Kulturpfad".

Bis 2019 machte der Tourismus in Husum mit und ohne Übernachtungen im Schnitt rund 162 Millionen Euro pro Jahr Bruttoumsatz, rund 74 Millionen Euro pro Jahr an Wertschöpfung, als Säule des Einkommens von Husum, erzielt durch den Tourismus. Das Husumer Volkseinkommen stammt mit 15 % aus dem Tourismus, in ganz Schleswig-Holstein aber nur 6 % im Schnitt. Das nutzt nicht nur der Hotellerie und Gastronomie, auch den Freizeit- und Kultureinrichtungen, Museen, Kaufleuten, Sportvereinen, Kinos und Theatern und vielen anderen Husumern, dem Stadtbild und der Stadtkasse. Der Tourismus soll sich nachhaltig entwickeln. Das Stadtmanagement plant für das Jahr 2025 mit rund fünf Millionen Aufenthaltstagen und rund 700.000 Übernachtungen pro Jahr. Wachsender Tourismus braucht eine leistungsfähige Hotellerie und Gastronomie. Husum hat 20 Beherbergungsbetriebe und Hotels mit mehr als neun Gästebetten und außerdem die große DJH-Jugendherberge an der Schobüller Straße. Während Corona waren die DJH geschlossen, ohne Einnahmen, aber am 20.10.2022 berichtete die HN: „Run auf Jugendherbergen" in Friedrichstadt, Tönning und Husum. Laut Herbergsleiterin Frau Engel (Telefon-Auskunft 10.1.2023) war die Buchungslage der DJH Husum 2022 „hervorragend" und für 2023 auch schon vielversprechend. Die zunehmenden Touristenströme bevorzugen heute die Altstadt, den Hafen, die Straßen um den Markt und gute Hotels mit Parkplätzen entweder in oder gut erreichbar außerhalb Husums. In den letzten Jahren haben etliche Husumer

Abb. 67: Husumer Hafentage am Binnenhafen

Hotels sich diesen Herausforderungen mit Hilfe der Dehoga gestellt. In Folge der Pandemie ab 2020 und des Russland-Überfalls auf die Ukraine ab Februar 2022 kam es zur belastenden Abwanderung Tausender Fachkräfte im Servicebereich, Pflegesektor, Gastgewerbe und Hotellerie. Die Lücken wirkten sich 2022 bis 2023 sehr belastend aus; Tausende Stellen in Gaststätten und Hotellerie blieben unbesetzt. Dieser Notstand und Fachkräftemangel wurde in der Coronazeit sichtbar und hätte mit höheren Löhnen und besseren Arbeitsbedingungen abgewendet werden können **(siehe C. 18)**. Trotz alledem wurde das erste Halbjahr 2022 in Husum und Nordfriesland eines der besten. Touristische Renner mit ausgebuchten Hotels sind die Theodor-Storm-Tage, Hafentage, das Krokusblütenfest, die Krabbentage und viele besondere Märkte, die Pole Poppenspälertage, die Raritäten der Klaviermusik, die großen Messen in der HMC Husum Messe und Kongress. Die Lammtage werben seit 2003 auch für das einheimische „Salzwiesenlamm", darauf folgt nun die Werbung mit „feinheimisch" für die gastronomische Vermarktung regionaler Erzeugnisse, oft aus Biohöfen, Bauernhofläden. Dort gibt's Gemüse, biologisch erzeugtes Schweine-, Lamm- und Rindfleisch bis zu Käse von der „Käsestraße" und Joghurt wie „Eiderstedter Traum" oder auch biologisch gebackenes „Joldelunder Brot".
Nordfrieslandurlauber wollen nicht nur Fischbrötchen, sondern sind offen für einheimische, auch hochpreisigere Lebensmittel. Die TSMH meldete am 25.11.2020 eine positive Entwicklung des Tourismus bis Anfang Oktober. Ende 01/2021 lagen erste Zahlen für Husum zur Beherbergung im Gastgewerbe vor, für Betriebe über neun Betten, ohne die seit 03/2020 geschlossenen Jugendherbergen:

Tab. XIV: Beherbergungszahlen für HUSUM während der Pandemie

	Zeitraum	Anzahl	Veränderung zu Vorjahrsmonat in Prozent
Beherbergung	Nov. 2020	852	- 84,5
Ankünfte	Jan.–Nov. 2020	55.536	- 29,9
Übernachtungen	Nov. 2020	1.984	- 82,8
Übernachtungen	Jan.– Nov. 2020	154.165	- 23,5

(Quelle: Statistisches Amt f. Hamburg und Schleswig-Holstein, v. 22.01.2021)

Zum Vergleich Sylt: Da waren die Zahlen nicht so abgestürzt. Aber: Schulpraktika fielen aus, Ausbildungsplatzangebote gingen zurück. Daten für 2020 ergaben, dass in Deutschland das Gastgewerbe um 39 % eingebrochen war. Das änderte sich aber im Jahresverlauf 2022.
Am 6.12.2022 meldeten Tourismus-Agentur Schleswig-Holstein und die TSMH für Husum und Umgebung: „Die Buchungslage ist besser als im Vorjahr ... leicht unter ... 2019" mit „Trend zu höheren Umsätzen pro Buchung".

Fahrrad-Tourismus: Es wurden viele Fahrradwege um Husum und die meisten Gemeinden herum gebaut, denn für den heute natur- und ökologienäheren Tourismus ist ein gutes und sicheres Fahrradwegenetz unabdingbar. Vor Jahren entstand ein abgetrennter Fahrradweg von Husum – Schobüll – Nordstrand über den Damm; ein Fahrradweg Husum – Simonsberg – Witzwort und Oldenswort. Kreis und Stadt Husum müssen diese Aufgabe neu denken und ein nachhaltiges Radwegekonzept vorlegen (HN, 11.01.2021, S. 10). Nordfriesland muss die Rote Laterne in Schleswig-Holstein bei Straßen begleitenden Radwegen an Kreisstraßen und den vorletzten Platz an Landstraßen loswerden. Erster Schritt war Ende 2020 ein Kreistagsbeschluss für ein neues Kreis-Radwegekonzept. Dafür gilt laut HN bis 2023 ein bundesweites „Sonderprogramm Stadt und Land" sowie ein kleineres Programm „Radnetz Deutschland" des Bundesverkehrsministeriums. Die Landesregierung will den Radverkehrsanteil bis 2030 auf 30 % schrauben. 40 % aller Feriengäste suchen sich bevorzugt Schleswig-Holstein wegen des Radwegenetzes aus, aber auch Einheimische wünschen schnellere, direkte Radwege nach dänischem Vorbild. Dabei sind die Baukosten eines neuen, abgetrennten Radweges pro km mit bis 100.000 Euro hoch, in Nordfriesland gar bis zu 1 Mio Euro pro km – finanziell gefördert. Um Husum gibt es nicht überall Fahrradwege getrennt von der Straße. Ab 2022 wurde so ein neuer Radweg von Oldersbek nach Winnert gebaut; es fehlt die Fortsetzung bis Schwabstedt. Den Radfahrern von Husum über Rosendahl nach Ostenfeld oder Wittbek bleiben viel befahrene Landstraßen oder enge Wirtschaftswege; es fehlen Fahradwege. Mildstedt, Rantrum und Wittbek planen darum (HN, 24.11.2022) einen neuen getrennten Radweg an den Landstraßen nach Husum: Kosten für 5,9 km rund eine Million Euro je Kilometer. HN, 8.12.2022: Witzwort erhielt endlich nach fünf Jahren die Zusage für einen dringend nötigen Rad- und Fußgängerweg an der engen Straße Siethwende, Teil der L32, etwa von der Großmeierei bis zum Bahnhof; dafür muss die Siethwende auf 8 m verbreitert werden. Seit Herbst 2020 wurden an den Bundesstraßen um Husum etliche getrennte Radwege aufwändig erneuert, das Land startete eine Kampagne „Fahrradland Schleswig-Holstein", 2023 folgen weitere Radwege. „Radwege: So groß sind die Mängel" titelte die HN am 29.9.2022: Verkehrsminister Rune Madsen hat die fünf wichtigsten Fahrradstrecken in SH auf 1.350 km offiziell testen lassen; die Testreihe wird fortgesetzt. Der „Alte Kirchenweg" zwischen Schobüll und Hattstedt könnte mit Zustimmung der Anlieger und der Landwirtschaft (HN 6.9.2022) eine drei km lange „Radfahrstraße" werden; ein Richtung weisender Plan, der sich nicht durchsetzte. Am 23.11. hieß es, eine Radfahrstraße sei mit Zustimmung Husums bis 75 % Förderung möglich. Der Bauausschuss einigte sich dann am 30.11.2022 auf Sanierung und Ausbau als Radfahr- und Verkehrsstraße; eine Entscheidung darüber darf nicht in einer Endlosschleife ohne Beschluss enden. Auch die frühere Bahntrasse Husum – Schwabstedt – Stapel – Erfde könnte als Radfahrstraße nach dänischem Vorbild unter Einbeziehung vorhandener Wege (HN, 29.11.2022) wieder belebt werden und ist sogar privat projektiert worden, noch nicht offiziell. Aber Kreis- und Kommunen überschreitende Projekte sind politisch schwerer durchsetzbar.

Husum als Messe, Kongress- und Tagungsstadt und Standort von „green energies“:
Husums zunehmender Kongress- und Tagungstourismus begann am Erichsenweg im damaligen Parkhotel Thordsen mit der Kongresshalle.
Die Anziehungskräfte der Messe Husum Wind und weiterer Messen in Husum erforderten eine leistungsfähigere Hotellerie. Dafür legte Husums Geschäftswelt sich tüchtig ins Zeug mit der „MHC Messe Husum & Congress" (**Abb. 68**). Die MHC war ab 2021 für das Stadtmarketing in Husum federführend. So hat sich die Messe Husum und Kongress GmbH & Co. KG, MHC mit überregionaler Strahlkraft für Husums Wirtschaft bewiesen, ist der kommerzielle Arm der Wirtschaftsvereine in Husum und finanziert sich durch rund 100 Betriebe, Personen und Unternehmen als Kommanditisten. Amtierender Geschäftsführer der MHC ist seit 2021 Klaus Liermann. Gesellschafter der HMC sind das Commerzium Husum von 1738, der Husumer Handwerkerverein von 1857, die IGO und die Werbegemeinschaft Husum. Den ehrenamtlichen Aufsichtsrat der MHC bilden seit Ende 2022 Christian Rugen von der Werbegemeinschaft, der Peter Cohrs ablöste, und Ole Singelmann von der IGO, im Juni 2022 wiedergewählt, Björn Ipsen von der IHK Flensburg und kraft Amtes Landrat Florian Lorenzen. Premium-Partner ist die VR Bank Westküste. Die HMC organisiert Messen und Ausstellungen mit einem Angebot für Unternehmen und Branchenvertreter. Hamburg löste 2012 Husum als Hauptstandort der weltgrößten Windenergiemesse Husum Wind ab. Seither findet im Wechsel mit Hamburg die Husum Wind und die New Energy-Messe für Alternative Energien unter der Schirmherrschaft des Bundesministeriums für Wirtschaft statt. Im September 2021 kamen 387 Ausstellende und 8.500 Besucher in die Husum Wind. Am 9.11.21 fand erstmals in der

Abb. 68: Husum Messe und Congress HMC (hinten rechts Messehalle)

MHC ein Oktoberfest mit 3.000 Gästen unter Coronaregeln im riesigen Festzelt statt. 2022 wurde die in Husum gebürtige Diana Haagen neue Projektleiterin der Branchen-Leitmesse Husum Wind. Sie bringt Erfahrung aus selbständiger Management-Tätigkeit und internationale Kontakte zu technologischen und maritimen Messen (HN 11.10 2022) mit. Die nächste Husum Wind in 09/2023 ist schon zu 65 % ausgebucht und präsentiert auch Neuerungen zum Thema Wasserstoff. Sie kooperiert mit der IHK Flensburg und der WFG Wirtschaftsfördergesellschaft Nordfriesland im Torhaus zum Schloss **(Abb. 43)**, dessen Restaurierung sie mit finanzierte. Sie wurde 2001 als Tochterunternehmen aller Kommunen in Nordfriesland gegründet und finanziert; 27 Angestellte bieten unentgeltlich Dienstleistungen zur Arbeitsplatzgenerierung und -erhaltung an. Im Gewerbegebiet Ost bilden rund 220 Betriebe die IGO Interessengemeinschaft Gewerbegebiet Ost, mit über 50 Handwerksbetrieben und rund 3.000 Arbeitsplätzen. Das IGO-Magazin Interessengemeinschaft Gewerbegebiet Ost e. V. wird in 15.000 Exemplaren kostenlos verteilt.
Husum braucht in einer sich verändernden Sozial- und Altersstruktur der Bevölkerung einen besseren ÖPNV – öffentlichen Personen-Nahverkehr. Das Stadtverkehrskonzept 2019 mit dem „Husum Netz – Husum Bus" versorgt vom ZOB am Bahnhof aus mit neun Linien und Bussen im Halbstunden- oder Stundentakt Stadt und Nachbardörfer Mildstedt – Hattstedt – Wobbenbüll. Zwei neue Wasserstoff betriebene Stadtbusse werden an der seit 9/2021 betriebenen Wasserstoff-Tankstelle des grünen Wasserstoff-Mobilitätsprojekts e-Farm der Team-AG/P. Peters, Andreas-Clausen-Straße betankt. Bausteine der „Green Energy" sind Firmen im Bereich erneuerbare Energien, Holzbau und energetisches Bauen. Im Juni 2022 wurde die 1996 gegründete Husumer Holzbaufirma Gehrmann & Hinrichsen GmbH & Co. KG nationaler Preisträger in der Größenklasse 51–110 Mitarbeiter beim Innovationswettbewerb TOP 100 für Holzhausbau, Wärmedämmung und Lüftungssysteme.
Maßstäbe setzt die GP Joule Connect GmbH & Co. KG in Husum mit Firmensitz Reußenköge bei Bredstedt. Der Bundesparteitag der Partei Die Grünen am 12.4.2022 in Husum besuchte medienwirksam die GP Joule am Firmenstandort. Dieses Start-up-Unternehmen, 2009 von Ove Petersen mitgegründet, ist Teil der französischen, international tätigen GP Joule-Holding. CEO Petersen als hiesiger GP Joule-Projects-Chef vertritt die Energiewende mittels green energy aus e-Mobilität, e-Wärme, Wasserstoff, Solar-, Wind- und Bioenergie und hat (HN vom 13.1.2022) bisher 20 Windparks und 130 Solarparks mit gesamt rund 1.000 Megawatt Leistung mit konzipiert. Strategischer Investor ist die Firma Sustainable Infrastructure KGAL Investment Managing aus München von 1968, seit 2003 Investor in New Enegies und Partner der GP Joule-Holding in GP Joule-Reußenköge. Mit der KGAL sind langfristig 100 % green energy-Versorgung angestrebt. Die internationale Konferenz Grüne Wassserstoff-Wirtschaft in den Regionen (HN, 15.9.2022) in Husum konferierte über

neue Wasserstoff-Projekte zum politisch beschlossenen Wasserstoff-Umbau bis 2030. Die GP Joule unter dem Management von Andre Steinau betreibt mit 20 Gesellschaftern die e-farm als derzeit größtes deutsches Wasserstoff-Mobilitätsprojekt. Zwei Wasserstofftankstellen in Husum und Niebüll ermöglichen 60 mit Brennstoffzellen betriebene Nutzfahrzeuge in Nordfriesland. Der Deutsche Mobilitätspreis 2022 für GP Joule war im November 2022 eine herausragende Auszeichnung. Die EU fördert ein Tankstellennetz von Hamburg bis Oslo.

C.19 Welche Auswirkungen hatte die Corona-Pandemie 2020 bis Ende 2022?

Die Pandemie traf alle Bereiche des Lebens in Husum und Nordfriesland. Lockdown, Schließungen von Betrieben, Schulen, Behörden führten schon am 11.6.2020 laut Husumer Kämmerei zum Einbruch der Gewerbesteuer um 3,5 Millionen Euro – für die Stadt ohne Ausgleichszahlungen kaum verkraftbar. Übers Jahr wurden in Schleswig-Holstein rund 20.000 Arbeitsplätze abgebaut. Es gab umfangreiche Hilfsmaßnahmen: Kurzarbeitergeld für bis zu 7 Millionen Beschäftigte, um die Arbeitsplätze zu erhalten, Finanzhilfen für die Hotellerie, Gastronomie, für den geschlossenen Kultur-, Freizeit- und Tourismussektor. Die Umsätze brachen ein. Handwerk, Baugewerbe, Lebensmittelbetriebe, Supermärkte, Arztpraxen, Apotheken liefen weiter, aber mit weniger Publikum. Sozialkontakte, Treffen, Gaststätten- und Restaurantbesuche, Freizeiterlebnisse, Busreisen, Flugreisen, Hotels, Jugendherbergen, Campingplätze – alles von Mitte März bis Juni 2020 im Lockdown. Homeoffice, Homeschooling wurden Pflicht. Oft fehlten die dazu nötigen Computer, Tablets, Smartphones, die Räumlichkeiten zu Hause. Sozial Benachteiligte bleiben so auf der Strecke, das galt auch bis 1922, es mangelte an Gerätschaften und informationstechnischen Kenntnissen der Betroffenen. Der Staat machte 2020 rund 180 Milliarden Euro Schulden, die gesetzliche Schuldenbremse im Bundeshaushalt wurde für 2021 und 2022 aufgehoben. Diese harten Einschnitte erzeugten gesellschaftliche und politische Widerstände bis hinein in den Bundestag. Es gab Demonstrationen von Abertausenden, über virtuelle Netzwerke Aufrufe zum Aufruhr, zur Missachtung von Vorschriften, Beleidigungen gegen staatliche Autorität. Fast alle Husumer Großveranstaltungen in der Messehalle, in der Stadt fielen 2021 und 2022 aus, verschoben auf 2023 (siehe weiter unten). Die Ansteckungszahlen gingen im Frühjahr 2020 zurück, von Juni bis Anfang Oktober 2020 wurden viele Bereiche wieder geöffnet. So schnell wie beschlossen folgte ein neuer Lockdown im Oktober 2020. In Schulen und Universitäten lief der Unterricht seit November 2020 wieder in Form von Homeschooling. Anfang 2021 wurden bundesweit 750.000 Kurzarbeiterstellen gemeldet, das Defizit für Bund, Länder und Gemeinden lag Ende 2020 bei rund 140 Milliarden Euro.

Seit 12/2020 waren Impfstoffe zugelassen, Ende 2020 gab es kommunale Impfzentren. Zunächst wurden „vulnerable" gefährdete Gruppen geimpft, Senioren über 80 Jahre, Pflegekräfte, Mediziner, Krankenhauspersonal, Rettungsdienste. Gleichzeitig lief die Seuche ab Herbst 2021 mit veränderten Erregern als Delta-Variante oder ab November 2021 als Omikron-Variante weiter, die Verursacher konnten durch die überlasteten Gesundheitsämter nicht mehr geortet werden, es gab nicht genug Kontrollen. Ab Februar 2021 wurden die nächsten Gruppen geimpft, über 70-Jährige und Lehrkräfte, Kitapersonal, Menschen mit Vorerkrankungen, zuletzt Kinder. 2020 und 2021 fielen wegen Corona die Publikumsmagneten Krokusblütenfest, Hafentage, Jahrmärkte, die Schlosshofspiele, die internationalen Theodor-Storm-Tage und die Pole Poppenspälertage aus, wie fast alle Veranstaltungen im dänischen Kulturzentrum Husumhus sowie im Speicher. Schulschließungen, abgesagte Stadt- und Museumsführungen von März bis Juni und vom Oktober 2020 bis April 2021. Ab November 2021 neue Corona-Einschränkungen, laufend verschärft. Internetkäufe vom häuslichen Internet stiegen schneller als je zuvor. Mitte Februar 2021 gerieten Geschäfte und Betriebe in Husum als Folge des andauernden Lockdowns in Finanzsorgen. Am 17.2.21 starteten die Dehoga, das Husumer Commerzium und die IGO-Interessengemeinschaft Gewerbegebiet Ost einen Appell an den Ministerpräsidenten und die Landesregierung, Not leidenden Betrieben eine Perspektive zu geben. Seit 8.3.21 folgten erste Lockerungen, Schul- und Geschäftsöffnungen. Seit April 2021 gab es mehr Impf-Medizin, Hausärzte impften mit. Am 16. März startete eine Imagekampagne von Kreis Nordfriesland, IHK Flensburg, Werbegemeinschaft und Commerzium Husum unter Federführung des Geschäftsführers Dr. Hüppauf von der Wirtschaftsfördergesellschaft Nordfriesland (WFG), am Ort zu kaufen statt im Internet. Das Motto: „Moin Lieblingsland – gefällt mir!". Am 27.3.21 wieder ein Ausbruch – das Haus CJ Schmidt wurde für zehn Tage geschlossen. Schleswig-Holstein hatte derzeit die geringsten Fallzahlen und wurde im Mai 2021 Modellregion für Öffnungen in Gastronomie und Tourismus, die schon am 17.5. beendet wurde. Die Dehoga schlug im Juni Alarm wegen der Abwanderung von Servicepersonal als Folge von Corona, Kurzarbeit und geringen Löhnen. Die Gewerkschaft NGG (Nahrung, Genuss und Gaststätten, Partner der Dehoga bei Tarifverhandlungen) forderte bessere Tariflöhne und die Aufstockung der Kurzarbeitertarife im Gast- und Hotelleriegewerbe auf 90 %, um Abwanderung von Facharbeitskräften zu verhindern. Das lehnte die Dehoga ab, es kam zu einer Abwanderungswelle.

Husum verzichtete auf die „Tourismusabgabe und die Sondernutzungsgebühren für die Außengastronomie ... als das richtige Signal, ... einen Beitrag zum Überleben der Betriebe zu leisten", auch wenn „dadurch am Ende knapp 800.000 Euro in der Stadtkasse fehlen" (HN , 15.5.2021). Sprunghaft stiegen seit Mai 2021 die Gästebuchungen, überschritten die Mai-Werte von 2019 um 60 %. „Husumer Bucht erweist sich

als Urlauber-Magnet ... Husumer Bucht beliebter denn je", titelte die HN 18.5.21. Nachholeffekte, stark steigende Nachfrage, Handelsengpässe und Rohstoffmangel an Holz, Kunststoff, Elektronikbauteilen aus China/Fernost und Stahl, allein bei Flachstahl bis Herbst 2022 um rund 50 % bewirkten eine rapide Verteuerung. Dann wieder weitere Corona-Ausbrüche mit Lockdowns, Betriebs- und Hafenschließungen in Fernost bis ins Jahr 2022. Alle Energiepreise stiegen stark an: „Die Lage ist dramatisch", warnten Christian Singelmann, Baustoffzentrum C. G. Christiansen in Mildstedt, und Ole Singelmann vom Hagebaumarkt Husum, Vorsitzender der IGO (HN 17.5.2021). Die Preise für Neubau-Wohnungen stiegen seit November 2021 stark wie nie seit 1970 (HN 11.01.2022). Holz- und Baustoffmangel verteuerten die Zimmerei- und Holzbauarbeiten um 40 %. Unterbrochene Lieferketten, fehlende Mikrochips und Halbleiter aus China und Fernost, steigende Energie- und Rohstoffpreise der EU als Folge der Sanktionen gegen Russland nach dem Angriff auf die Ukraine (**„Ukrainekrieg" S. 208**) am 24.2.2022 trafen auch Nordfriesland. Immer mehr Grundstoffe, Düngemittel, Kohlensäure, Ammoniak, Medikamente fehlten plötzlich ab Herbst, z. B. die sonst immer verfügbaren Fieber- und Hustensäfte. Am 9.12.2022 waren in der Nordland-Apotheke Husum 471 Medikamente (Auskunft des Apothekers) nicht lieferbar.
Die HN meldet am 14.2.2022 über 600 nicht besetzte Arbeitsplätze im Bereich Husum. Wegen der Bundestagswahl am 27.9.2021 und der Regierungsbildung wurde die Pandemie im Herbst 2021 nicht genug beachtet. Die Impfbereitschaft ließ nach, ab Herbst 2021 stiegen die Inzidenzen, täglich bis zu zweihunderttausend. 14 Millionen Erwachsene hatten keinen vollen Impfschutz. Die Zahl der Impfdurchbrüche, das sind Ansteckungen trotz Zweifachimpfung, stieg stark. Die Pandemie forderte deutschlandweit bis Ende November 2021 über 100.000 Todesopfer. Es fehlten Intensiv-Pflegekräfte, am 11.1.2022 gab es beim Personal im Klinikum Husum 12 Corona-Infizierte und 17 Kontaktpersonen, das Klinikum wurde für Besuche geschlossen. Deutschlandweit wurde über die Hälfte aller Krankenhäuser wegen Pflege-Notstand nicht voll belegt, Operationen wurden wegen fehlender Intensivbetten und wegen Corona-Intensivpatienten verschoben. Am 7.2.2022 titelte die HN „Warnung vor Pflegekatastrophe – Bis 2030 fehlen 9000 Pflegekräfte". Die Hälfte der Pflegefälle wird häuslich versorgt. Ab Herbst 2021 gab es Booster-Impfungen zur Erhaltung des Impfschutzes. Test- und Impfzentren wurden am 26.11. im MHC wieder geöffnet.
Vor Weihnachten 2021 waren 70 % geimpft, 11 Mio. nicht; im Dezember 2021 wurden 30 Millionen neu geimpft, im Januar 17 Mio. An Schulen galt ab 22.11.2021 wieder die Mund-Nasen-Bedeckung. Dann die Omikron-Variante. Der Husumer Weihnachtsmarkt 2021 fand statt, fiel aber in Bredstedt aus. Ab Dezember wurde strenger kontrolliert. In Husum gab es vier Testzentren: Neustadt 58, Einkaufscenter THEO, Staggenborg-Apotheke am Einkaufszentrum famila und Messegelände Husum.

Der Einzelhandel klagte über Kontrollen und ungeklärte Kostenübernahmen. Laut HN vom 9.12.2021gefährdeten laut UVUW-Geschäftsführer Ken Blöcker, Unternehmensverband Unterelbe-Westküste, bis zu 20 % der Beschäftigten der 400 Betriebe als Ungeimpfte ihr Arbeitsumfeld, das bedeute arbeitsrechtliche Folgen bis zur Kündigung. Ab dem 18.12. gab es auch in Husum „Spaziergänge" von Impfgegnern, die zeitweise politisch von demokratie-feindlichen Parolen begleitet wurden; auch nach dem russischen Überfall auf die Ukraine am 24.2.2022. Ab Januar 2022 galten Beschränkungen am Arbeitsplatz zum Schutz von Feuerwehr, Polizei, Wasserwerken. Die HN meldete am 7.12.2021 bis zu 70 % Gäste-Stornierungen. Die Buchungen Weihnachten 2021 waren (laut TSMH, Frau Sick, HN 21.12.2021) weitgehend solide. Die Dehoga bestritt die Mitwirkung der Gastronomie an der Ausbreitung und warnte vor Personal-Abwanderungen. Die trafen Pflegebereich, Beherbergungswesen, Transportgewerbe und Windenergie 2022 stark. Es gab ab dem 1.7.2022 keine kostenlosen Coronatests mehr.
Weihnachten 2022 bot die Husumer Wirtschaft wieder den Husumer Tinetaler an. Pro Einkauf erhalten Kunden einen „goldenen Husum-Tinetaler" mit Gewinnchancen. Seit 2014 gibt es die „Husumcard" als Geschenkgutschein für 40 Euro, ab 2021 im Scheckkartenformat ab 25 Euro, auch von Betrieben als Lohnzusatz zum Einkauf in Husum. Bis Ende 2021 wurden 135.000 Husumcards zu 3,4 Millionen Euro ausgegeben (IGO-Magazin Sommer 2022). Discos blieben über Weihnachten 2021 geöffnet, nach Neujahr kam eine neue Infektionswelle; weitere Einschränkungen wurden am 7.1. beschlossen. TSMH-Stadtführungen wurden bis zum 8.3.22 abgesagt, auch Biikebrennen, öffentliche Versammlungen und die Husumer Fachmesse Nord Gastro und Hotel. Sylt erließ am 10.01.2022 eine Corona-Notbremse mit Gastronomie- und Hotelschließungen. Ab dem 11.1.2022 galt die epidemische Notlage mit Sperrstunde von 23–5 h und Disco- und Clubschließungen bis zum 9.2. Eine sogenannte „Einrichtungsbezogene Impfpflicht" für medizinische Berufe galt ab dem 15.3.2022 bis Jahresende. Am 8.2.2022 stiegen die Inzidenzen auf über 1.440, in Nordfriesland um 1.000. Ab Mitte März 2022 folgten schrittweise Rücknahmen von Beschränkungen. In Dithmarschen, Flensburg und Husum gab es mit über 2.100 Fällen ab dem 20.3. die höchsten Ansteckungszahlen; in Seniorenheimen in Husum und Mildstedt brach Corona aus. Ab dem 3.4.2022 entfielen bei täglich über 250 Sterbefällen die meisten Beschränkungen und die angepasste Test- und Maskenpflicht zum Schutz besonders Vulnerabler in Kranken- und Pflegeeinrichtungen, ambulanter Pflege, im ÖPNV und auf Bahnhöfen. Die Husumer Wirtschaft litt. Der Bio-Lebensmittelladen „Ebbe und Flut", Rote Pforte, schloss nach 27 Jahren am 31.12.2021. Die allgemeine Impfpflicht wurde im Bundestag am 7.4.2022 abgelehnt, zum Nachteil der Ungeimpften. Das Bundesverfassungsgericht bestätigte am 19.5.2022 die Einrichtungsbezogene Impfpflicht zum Schutz der vulnerablen Gruppen;

Impfverweigerern droht Arbeitsplatzverlust. In Schleswig-Holstein waren im Mai 3 % der Pflegekräfte ungeimpft, in Sachsen 30 %. Deutschlandweit lag Anfang Juli 2022 die Impfquote im Pflegebereich bei 95 %, da verhängte Baden-Württemberg erste Bußgelder gegen nicht geimpfte Pflegekräfte. Im Juni 2022 führte eine ansteckende Corona-Variante sogar bei Geimpften in Nordfriesland zu Fallzahlen bis hin zu 900. Die Menschen waren Corona-müde. Die Husumer Hafentage als größtes Volksfest der Westküste fanden im August 2022 wieder statt, wie 2019 mit 150 Buden, Riesenrad und Rummel, ohne Corona-Beschränkungen, auch die internationale Storm-Tagung vom 9.–11.9.2022 und vom 28.–30.10.2022 die Fachmesse Domizil Husum im MHC als einzige Präsenzmesse dieser Art (IGO Magazin Sommer 2022). Im Juli brachte eine Corona-Sommerwelle Kliniken, Pflegeeinrichtungen und den Handel an Belastungsgrenzen, Ende September begann in Nordfriesland eine Herbstwelle. Am 8.9.2022 folgte das nächste Infektionsschutzgesetz mit FFP2-Maskengebot für Arztpraxen, Pflege- und Gesundheitseinrichtungen und im ÖPNV außer in Flugzeugen. „Klinikum ächzt unter der Herbstwelle" (HN am 21.10.2022), „stationäre Aufenthalte umfangreich zurückgefahren". Ab dem 1.10.2022 überließ der Bund weitere Beschränkungen wie Maskenpflicht in Innenräumen den 16 Bundesländern. Am 10.12.2022 verzichtete Bayern auf Maskenpflicht im Nahverkehr und öffentlichen Raum außer im Kranken- und Pflegebereich, Schleswig-Holstein folgte Anfang Januar 2023; im Fernverkehr fällt die Pflicht am 2.2.2023. Der Mangel an Krankenpflegekräften und in Kinderarztpraxen bei einer heftigen Welle von Atemwegsinfekten bei Kleinkindern wurde im Herbst 2022 zum Notstand. Am 1.12.2022 gab es in Deutschland nur 86 freie Kinderbetten (ARD, Tagesschau, 1.12.2022); im Klinikum Nordfriesland waren alle zwölf Intensivbetten belegt (HN, 14.12.). Beängstigender Notstand bei Kindermedizin, Rettungsdiensten, Notfallversorgung, Krankenbetten – das erschreckte viele Menschen!

Laut Bettina Kummel (HN 3.3.2022), Leiterin der Husumer Agentur für Arbeit, war Husum „Gut durch die Corona-Jahre gekommen". Gastronomie, Tourismus und „weniger krisenanfällige Klein- und mittelständische Betriebe" seien die wichtigsten Säulen der Wirtschaft in Nordfriesland. HN, 1.10.2022: Markus Biercher, Chef der Arbeitsdirektion Nord, meldete im September 1.700 mehr sozialversicherungspflichtig Beschäftigte als im Vorjahresmonat und eine Arbeitslosenquote von 4,1 %. Im Bezirk der Arbeitsdirektion seien jährlich „zwischen 14.000 und 18.000 Zuwanderer nötig", stellte Markus Biercher fest (HN 14.1.2023).

Beim Jahresantritts-Besuch in der Arbeitsdirektion betonte Wirtschaftsminister Ruhe Madsen, der Norden brauche „Jedes Jahr eine Kleinstadt wie Eutin oder Bad Bramstedt" an Zuwanderung, „um den Fachkräftemangel im Norden auszugleichen". Aber das scheitere an den Hürden der Bürokratie, fehlenden Sprachkursen. Ukraineflüchtlinge müssten schneller in Arbeit kommen. „In Dänemark sei bereits die Hälfte ... in

Arbeit, hier ... säßen sie in Sprachkursen." Ein neues Einbürgerungsgesetz mit erleichterter Anerkennung von Abschlüssen und Zuerkennung der deutschen Staatsbürgerschaft wird von CDU/CSU und AfD im Bundestag abgelehnt. Zwei Mio. offene Stellen gefährden den Arbeitsmarkt. HN 13.10.2022: „Fachkräfte werden zur Existenzfrage" in Sozial- und Pflegeberufen, im Erziehungs- und Bildungswesen, im Handwerk. Das bedroht letztlich die Freiwillige Feuerwehr FFHusum mit 110 aktiven Feuerwehrleuten, den THW Ortsverband Technisches Hilfswerk Husum und die DLRG. „Senioren besser wieder in den Arbeitsmarkt integrieren, Zuwanderer schneller qualifizieren", fordert Wirtschaftsminister Ruhe Madsen.
Anzahl der Betriebe 12/2021 – Arbeitsamtsbezirk Husum (HN 3.3.2022): 6.757 Betriebe mit einem fest angestellten Mitarbeiter (MA); 5.427 Betriebe mit 1–9 MA; 1.133 Betriebe mit 10–49 MA; 176 Betriebe mit 50–249 MA; 21 Betriebe mehr als 250 MA; Arbeitslose 12/2021: 4.547 --- im Dez. 2019 vor der Pandemie: 4.955. Arbeitslosigkeit in Nordfriesland im Nov. 2022: 4,7 %.

C.20 Verlag Friedrich Petersen, Husum Druck HDV, Husumer Nachrichten, sh:z

Abb. 69: HN, Redaktion Husum, früher Georg C. Hansen, Eisenwaren

Im Herzogtum Schleswig wurde am 4.1.1813 das „Königlich privilegierte gemeinnützige Wochenblatt für Husum und die umliegende Gegend" zugelassen. Am 4.1.2023 ist das 150-jährige Jubiläum. Ab 1819 litten Zeitungen unter strenger Zensur nach dem Wiener Kongress im Zuge der Karlsbader Beschlüsse zur Abwehr revolutionärer Umtriebe. Erster Herausgeber in Husum 1814 war der Buchdrucker Heinrich August Meyler, der politische Inhalte meiden musste. Sie hieß von 1845 bis 1853 „Husumer Wochenblatt". Ab 1830 kamen die Zeitungen in die Dörfer, immer mehr konnten lesen. Dänische Schulreformen und eine bessere Lehrerausbildung der Seminare Tondern, Kiel und Segeberg hatten das Dorfschulwesen und die Volksbildung um 1840 zügig verbessert. J. Petersen und Chr. Jessen. Buchdrucker der Druckerei J. G. Jebens, gründeten 1873 auf der Neustadt 11 als neue Zeitung die „Husumer Nachrichten" HN, die bald von der Buchdruckerei Christiansen und Bellmann in der Großstraße übernommen wurde. Im Kaiserreich galt ab 1874 Pressefreiheit für unpolitische Zeitungen. Die wurde unter Bismarcks „Sozialistengesetz" 1889 stark eingeschränkt gegen die „gemeingefährlichen Bestrebungen der Sozialdemokratie", die SPD wurde bis 1912 stärkste Partei im Kaiserreich.1892 kaufte Buchhändler Friedrich Petersen, angestellt beim Buchhändler Christian Delff, die Druckerei Christiansen in der Großstraße und zog mit Druckerei 1900 in das historische Haus Großstr. 9 des Reepschlägers Glommert, das 1902 durch einen Neubau ersetzt wurde. Er baute die Druckerei und die dreimal wöchentlich erscheinende Zeitung, zu der seit 1873 das „Husumer Wochenblatt" gehörte, zu den HN aus. Als Unternehmerpersönlichkeit war er erfolgreicher Senator und einer der Honoratioren Husums, Chef in einer modernen Druckerei mit 25 Mitarbeitern und Redaktion. Im Ersten Weltkrieg starb Friedrich Petersen. Nachfolger war der Kieler Zeitungsverleger Kiefer, der 1927 das konkurrierende „Husumer Tageblatt" nach dem Tode des Besitzers mit den HN vereinigte im „Verlag Friedrich Petersen". Bestehen blieb die Buchdruckerei J. G. Jebens Nachfolger. Ab 1919 mit der neuen Pressefreiheit war die HN wichtigste Tageszeitung mit modernen Setz- und Rotationsmaschinen. 1927 übernahm nach Kiefers Tod der Rendsburger Verleger Carl Iselt. 1933–1945 war die Presse nationalsozialistisch „gleichgeschaltet", trotzdem bestand die HN bis zur Schließung durch die britische Besatzungsmacht. Die erlaubte 1948 wieder das Erscheinen demokratischer Zeitungen wie der HN, die bald an ihre Erfolge vor der Hitlerzeit anknüpfte. Die Zeitung als traditionelle Heimatzeitung und Nachrichtenblatt, auch für Lokales, Familien- und Personenstandsnachrichten und Werbeanzeigen für die Bevölkerung, erhöhte die Auflage. Unter Chefredakteur Helmuth Sethe (1929–1983) erwarb die HN einen überregionalen Ruf. Chefredakteur Sethe setzte sich ab 1963 engagiert für die deutsch-dänische Kooperation und die Aussöhnung mit Polen ein; die HN erhielt Zustimmung zu dieser unabhängigen Zeitungsausrichtung in der Bevölkerung, parallel zur Politik der sozialliberalen Bundesregierung 1969–1982. Sethes Linie wurde vom Nachfolger Carstensen fortgeführt. Für die HN arbeitete als freier Mitarbeiter nach 1948 der Husumer Fotograf Hans Hoffmann, mit eigenen Schwarz-Weiß-Fotografien und Bildbänden über Husum bekannt. Die HN wurden 1970 vom Flensburger Tageblatt des „Schleswig-Holsteinischen Zeitungsverlags" (sh:z) übernommen. Als „Nordfriesland-Verlags-GmbH" hielt die HN eine gewisse Selbständigkeit mit eigener Redaktion in Husum, Markt 23, vormals Georg C. Hansen **(Abb. 69)**. Die Zeitung mit einer

Auflage von etwa 17.000 (2019) gehört mit dem „Flensburger Tageblatt", der „Schleswig-Holsteinischen Landeszeitung" und den „Schleswiger Nachrichten" zu den großen vier Tageszeitungen im sh:z. Chefredakteur 2022 ist Kläsener, die HN-Regionalchefin Nord Friederike Reußner. Der sh:z gibt 15 Tageszeitungen (August 2022) und das „Pflichtblatt der Hanseatischen Wertpapierbörse Hamburg" heraus, mit einer Auflage von 200.000 Exemplaren (2020), gedruckt im verlagseigenen „Druckzentrum Schleswig-Holstein" Büdelsdorf. Die Zustellung erfolgt kostenlos per Zusteller der eigenen „Zustellgesellschaft Schleswig-Holstein" oder gegen geringen Aufpreis per Post. Veränderte Lesegewohnheiten, weniger Werbeeinnahmen und Abonnenten, höhere Lohn- und Stückkosten bewirkten mehr Digitalisierung und eine Online-Ausgabe im Abonnement. Der sh:z beschäftigte seit 2011 wie die NOZ u. a. Zeitungsholdings-Mitarbeiter ohne Tarifbindung. Aussehen und Layout änderten sich: Verlegung der Todesanzeigen von der letzten auf die vorletzte Seite, Farbdruck, mehr Fotos, blauer Zeitungskopf, größere Schrift. Seit 2016 gehörte der sh:z zur „medienholding nord GmbH" der „Neuen Osnabrücker Zeitung NOZ" mit einer Tagesauflage von 450.000 (2020). Im Juni 2022 wurde das Verlagshaus Osnabrück vom Bundespräsidenten besucht. Ab 2007 gab es daneben ein sh:z Internet-Online-Portal mit einer Online-Ausgabe, die Abonnements für Print-Ausgaben sanken ab.
Wegen gestiegener Papier- und Energiepreise, der Mindestlohnanhebung, sinkender Werbeeinnahmen, fehlender Werbekunden stellten die kostenlosen Wochenzeitungen „Moin Moin" und „Palette Nordfriesland", mit zuletzt einer Auflage von rund 180.000 vom „Kopp & Thomas Verlag" in Flensburg herausgegeben, Mitte Januar 2023 ihr Erscheinen ein (HN, 11.1.2023). Gratis gibt's noch die „Wochenschau" des sh:z, die Sonnabends erscheint.
Verlag und Druckerei Friedrich Petersen wurden 1973 übernommen von der Husum Druck- & Verlagsgesellschaft HDV, Ingwert Paulsen. Der bezog ein Verlagshaus im früheren Bahnhofshotel Nordbahnhofstraße mit Offset-Druckerei und übernahm weitere Verlage, u. a. Laatzen Verlag Husum – Hamburger Lesehefte, Matthiesen Verlag Lübeck. Der HDV verlegt mit rund 2.500 Titeln bundesweit Fachliteratur, Chroniken, Jahrbücher, z. B. „Zwischen Eider und Wiedau", „Beiträge zur Husumer Stadtgeschichte", auch in kleineren Auflagen. Dem HDV angeschlossen in einem Großbürgerhaus von 1890 ist das private Museum „Weihnachtshaus", geleitet von Frau Alix Paulsen, mit ihrer historischen Sammlung zu Weihnachtsbrauchtum, -schmuck und Spielzeug, mit historischem Museumsladen, ein Alleinstellungsmerkmal im Kulturangebot Nordfrieslands.

C.21 Husum heute

C.21.1 Wie geht es mit Husum als traditioneller Handelsstadt weiter?

Die letzten Jahrzehnte haben Husum verwandelt. Das Kaufhaus Grimme von 1968 als größtes Kaufhaus Husums auf dem Gelände einer früheren Holzhandlung entwickelte sich zum Einkaufsmagnet mit Großparkplatz, später mit Parkhaus und Zufahrten von der Schlossstraße und Großstraße. Grimme wurde 1970 vom Karstadt-Konzern übernommen, florierte, wurde aber nach Karstadt-Umstrukturierungen von Hertie übernommen. Es folgte ein langsamer Rückgang bis zur Schließung. Nach mehrjährigem Leerstand mit spürbarem Rückgang der Einkaufstätigkeit in der Innenstadt wurde daraus das Husumer Kaufhaus in Regie von CJ Schmidt. Das wurde 2016 abgerissen und mit einer jahrelangen unruhigen Großbaustelle von Großstraße bis Schloßstraße bis 2019 zur Shoppingmall THEO neu gebaut. Etwa 35 Läden, Boutiquen, Geschäfte bieten vielfältige Kaufanreize für ein großes Publikum. Dort präsentieren sich Textilien, Parfümerien, Mode, Schmuck, Optik, Design, Reformhauswaren, die schwedische Modekette H&M, wichtig fürs junge Publikum. Ein breites Angebot an internationalem Fastfood mit vielen Sitzinseln in der Mittelpassage, ein Reisebüro, ein italienisches Eiscafé, eine große Backwarenabteilung mit Cafe des Großbäckers von Allwörden, ein Edeka-Lebensmittelmarkt, Kinderspielräume und wechselnde Ausstellungsangebote. Der Aufbau folgt dem Shopping Mall-Konzept und hält 600 Parkplätze direkt im Haus vor. Im Oktober 2019 wurde das neue Haus überregional medienwirksam von Geschäftsführer Peter Cohrs feierlich eröffnet als ein neuer Wirtschaftsfaktor für Husum. Der Lebensmittelmarkt Sky an der Großstraße schloss 2019; das Grundstück gehört der Hafen-Grundstücksgesellschaft mbH mit Sitz im Hause CJ Schmidt. Der Umbau endete wegen Corona erst im Frühjahr 2022. Anfang April 2022 zog als Mieter auf 1.000 qm das Woolworth-Kaufhaus ein, unter der Leitung von Frau Trixi Matthey als „Eigengewächs". „Woolworth" vertritt ein Kaufhauskonzept für Laufkundschaft im Niedrigpreissegment für Textilien, Spiel-, Haushalts- und Dekorationswaren, schließt eine Bedarfslücke und sichert weitere Einkaufstätigkeiten in der Innenstadt. Im Unternehmensranking 01/2022 der „DWD – Die Deutsche Wirtschaft" hat Husum als Wirtschaftsstandort Platz 618 von 3835, mit einem „Kumulierten Umsatz" von rund einer Milliarde Euro und sieben Top-Unternehmen. CJ Schmidt ist neben Topf und Georg C. Hansen ein großer Husumer Mittelständler.

Kommerzium und Stadt Husum wollen die Innenstadt beleben: Rote Pforte, untere Neustadt, Norderstraße, mehr Fußgänger am beliebten Hafenviertel mit Schiffbrücke, Hafenstraße, Wasserreihe und Kleikuhle, um Familien mit Kindern, junge Leute, Touristen anzuwerben. Motto: „Husum – Wirtschaftszentrum der Westküste". Der

Abb. 70: Marktplatz, Marienkirche, historisches Rathaus, Herrenhaus (2018)

Beschluss (HN vom 22.12.2021) „Die Schiffbrücke soll autofrei werden", mit Ausnahmen für Taxen- und Behinderte ab Frühjahr 2022, war nicht durchsetzbar. Werbegemeinschaft und IG Hafen monierten, es fehlten Barrierefreiheit und Gastronomie-Außenbereiche. Bürgervorsteher Martin Kindl als Bürgermeisterkandidat für die Nachfolge von Uwe Schmitz befürwortete mittelfristig eine autofreie Schiffbrücke. Der Behindertenbeauftragte Erwin Jacobsen, der 2023 in Rente ging, forderte Barrierefreiheit an Schiffbrücke und Badestelle Dockkoog. Er monierte die seit 2019 defekten Fahrstühle im Bahnhof, empfahl (HN 12.4.2022) ein Blindenleitsystem und die Gleichstellung Behinderter im Rahmen der „Husum inklusiv-Aktion". Vom 1.4. bis 31.10.2022 galt die versuchsweise Einrichtung einer Fußgängerzone. Werbegemeinschaft Husum und Interessengemeinschaft Hafen warben für die weitere Befahrbarkeit der Schiffbrücke (HN vom 9.3.22). 90 befragte Geschäfte sowie IHK-Geschäftsstellenleiter Michael Lohmann forderten mehr Gemeinsamkeit. Die Husumer Werbegemeinschaft unter dem neuen Vorsitzenden Christian Rugen wollte ein „lebendiges Husum" mit verkehrsoffener Schiffbrücke; wünschte aber spätere Umgestaltungen. HN 3.11.2022: Bürgermeister Uwe Schmitz empfahl, „den Resetknopf zu drücken". Der Bauhauptausschuss verwarf am 2.12.2022 einen Antrag von SPD und Grünen zur Autofreiheit der Schiffbrücke ab 2024. Damit war die autofreie Schiffbrücke gestoppt; sie ist politisch derzeit nicht durchsetzbar: Weniger Autos,

die Innenstadt neu beleben, mehr Kleinkunst- und Kulturangebote wie im Kulturkeller oder im Kulturhaus Speicher an der Hafenstraße.
Der ehrenamtlich mit Geschäftsführer Ceven Jänisch organisierte Verein „Speicher" wurde (HN 26.11.2022) als „eine der besten Livemusikstätten" Deutschlands in Erfurt von Kultur-Staatsministerin Claudia Roth ausgezeichnet. Für die Vermarktung Husums als Einkaufsstadt vereinigten sich (siehe HN 16.3.2022) die Marketing-Plattformen „Friesennetz" und „Von hier? Gefällt mir" zur „Friesennetz.de" als Online-Einkaufs-Netzwerk und digitales Schaufenster mit rund 150 Partnern, u. a. Stadtwerke, VR Bank Westküste, HGV Nordfriesland GmbH, HGV Viöl, Landrat Florian Lorenzen, IHK, Commerzium Husum, Wirtschaftsfördergesellschaft WFG, TSMH und MHC für gemeinsames Marketing, Werbung neuer Mitglieder. Geschäftsführer von „Friesennetz.de" sind Sascha Schulz und Rieke Thomsen. HN, 13.1.2023: Auf der ersten Versammlung des Commerziums seit 2019 stellte Tilman Meyer von der WFG die wachsende Nutzung von „Friesennetz.de" mit angefügter Jobbörse und Veranstaltungskalender heraus.

C.21.2 „Husum boomt": Welche Projekte wurden in letzter Zeit verwirklicht?

HN 1.11.2022: Für 2023 erhält Husum 600.000 Euro Städtebauförderung. Seit etwa 1990 entstanden viele neue Wohnviertel, z. B. das sogenannte „Marmeladenviertel" Matthias-Claudius-Straße, ehemals Holzbaufirma Schnoor und Marienhoflager; Viertel Norderschlag östlich von Rödemis; Wohnviertel Dreimühlen am Mildstedter Mauweg; Wohnviertel Bi de Boomschool; neues Wohnviertel Kronenburg.
Hier eine Auswahl von verwirklichten und im Bau befindlichen Einzel-Projekten:

1) Hinterm Plan „Kloster";
2) Apartmenthäuser: Süderstr., früher Gärtnerei Hansen;
3) Wohnprojekt „Husumer Höfe" am Trommelberg, frühere Adolf-Brütt-Schule, 63 privat finanzierte neue Wohneinheiten, davon 32 gefördert, Fertigstellung 2023;
4) Ärztehaus/Apartmentwohnungen, Lornsenstraße;
5) Heckenweg: Apartmentkomplex (frühere Irene-Thordsen-Kongresshalle), fertig 2021;
6) Schobüller Str./Hockensbüll, großes Neubauviertel, frühere Gewoba, fertig 2021;
7) Nordbahnhofstr./Nordhusumer Str., Apartmenthäuser anstelle früherer Häuser;
7a) ab 2022: Obere Neustadt, großflächiger Abriss/Durchbruch von der Neustadt (Fernsehgeschäft Bull) mit Nachbarhäusern bis Totengang; dessen Ausbau als westliche Zufahrt;
8) Neubau der Iven-Agßen-Schule, Abriss des Altbaus für neue Wohnblöcke;
9) mehrere Neubau-Apartmentkomplexe westlich der Stadtwerke am Binnenhafen;

10) Neubauviertel Bi de Boomschool, Heiligenstädter Weg, Kidderminstering;
10 a) neue Rettungsleitstelle des Kreises; dabei neue Apartmentkomplexe;
11) Neue Apartmentkomplexe Asmussenstr., Theodor-Storm-Straße, Klaus-Groth-Straße;
12) Danckwertstraße – zwei Apartmentkomplexe auf Abrissgrundstücken, fertig 2019;
13) Apartmentkomplexe Woldsenstraße, am Nissenhaus/Ludwig-Nissen-Straße;
14) Ostenfelder Str., etliche neue Wohnblocks, Einkaufszentrum Dreimühlen, Fun-Center;
15) Bürokomplexe auf der abgerissenen früheren Gaststätte Friedrichsberg;
16) früheres Autohaus Bruhn, Osterende: Supermarkt, Wohnungen;
17) Hinter der Neustadt und Totengang: 2015–2020 etliche Apartmentkomplexe;
18) Osterhusumer Str., frühere Osterhusumer Meierei: hochwertige Apartmentkomplexe;
19) Ludwig-Nissen-Straße östlich Nordfrieslandmuseum, großer Apartmentkomplex;
20) Neubau ab 2021/22 Finanzamt Husum an Husumer Au/Danckwertstr.;
21) mehrere neue Betriebe Gewerbegebiet Ost/Schauendahl bis B5 Umgehungsstraße;
22) Seniorenheime: DRK: Käthe-Bernhardt- und Liette-Eller-Haus; Hauke-Haien-Wohnanlage Theodor-Storm-Straße, Hus Moorschift (Erweiterungen);
23) Straßensanierungen: Osterende 2021/2022, Jebensweg, 340 m Länge, Beginn 2022,
24) neue Fahrradwege, zwei neue Kreisel am IGO;
25) Erweiterung 2021–2023 Klinikum Nordfriesland: neues Ausbildungszentrum, Helikopter-Landeplatz, Erweiterung Notaufnahme, großes Parkhaus;
26) neue Kita „Deichkinder" am Kreishaus, Kosten 6,4 Millionen, hohe öffentliche Förderung; Aufträge wurden 2022 vergeben, Fertigstellung Ende 2024; neues Parkhaus;
27) Kreishaus-Erweiterungen 2022–2024 für Gesundheitsamt, Sozialzentrum Husum-Umland, Rückholung ausgelagerter Fachbereiche Jugend, Familie, Bildung; Fachdienste Kreisentwicklung und Recht; geplantes Katastrophenschutz- und Bevölkerungsschutzzentrum für zwei Katastrophenschutz-Abteilungen mit viel Lagerplatz (HN 13.1.2023);
28) die Bundeswehr investiert 240 Mio. Euro in Husum und Nordfriesland in Infrastruktur;
29) TSBW schafft neue Wohnheime 2022–2023 an der Neuen Freiheit auf TSBW-Grund;
30) Neubauten auf Abriss-Grundstücken Neustadt, Süderstraße, Nordbahnhofstraße;
31) Neubauviertel Oldgras/Maas in den Porrenkoog hinein;

Weitere Baustellen der Stadtplanung für Husum: 1. Schon 2020 ausgeschrieben: Die Überplanung der 50 Jahre alten **Schobüller Wasserkante** einschließlich Campingplatz, Freibad und Gastronomie, mit Nordseezugang, in Bestlage. HN 15.7.2022: „Letzte Saison im Schobüller Freibad". Die Schließung bleibt in der Öffentlichkeit strittig. In einer Anhörung, siehe 14.9.2022, bestätigte Husums Bürgermeister Schmitz unter Protest des Publikums die Schließung des Freibades aus Kostengründen. Am 18.9.2022 war der letzte Öffnungstag. Der Hauptausschuss beschloss (HN, 09.06.2022) die Neugestaltung des Campingplatzes mit einem Dorf aus 28 Holzhütten als Destinature Dorf Husum, projektiert von der niedersächsischen Firma Werkhaus Design & Produktion GmbH. Die hat ein ähnliches Projekt Destinature Hitzacker an der Elbe verantwortet. Das Holzhüttendorf soll nachhaltig mit mehr als 120 Betten plus Campingshop, Badebecken, Sanitärhaus und Blick auf die unbedeichte Nordsee entstehen, als Alleinstellungsmerkmal an der Nordseeküste. Das Freibad verschwindet samt Campingplatz für Wohnmobile und Zelte, Stammcamper müssen weichen. Die westliche Hälfte des Geländes an der Wasserkante liegt im Überflutungsbereich.

2. Die Brache eines Autohauses an der Poggenburgstraße, 26.05.2021 HN: „Schandfleck für Husum". Seit zwölf Jahren will der Eigentümer für geplante Wohnanlagen die Zuwegung über die Poggenburgstraße, aber die Verkehrslage lässt das nicht zu. Die Stadt verlangt nach gültigem Baurecht die Sanierungspflicht des Eigentümers mit kostenpflichtiger Zuwegung über das Gesundheitsamt vom Damm. Bei Ablehnung könnte es nach § 136 Baugesetzbuch, wenn städtebaulicher Missstand vorliegt, zum Enteignungsverfahren kommen (HN 11.1.2022). Die Stadt könnte mit Sozialbindung von 30 % selbst bauen und den Eigentümer entschädigen. Im Juni 2022 wurde der Bebauungsplan von 2017 aufgehoben, ein neuer wurde beschlossen für ein (HN 18.6.22) „Quartier am Auweg" einschließlich Gesundheitsamt und Neubau Finanzamt: „Entwicklung einer ... Gewerbebrache zu einem ... Nutzungsmix aus Wohnen, Dienstleistung ... kleinteiligem Gewerbe sowie ... Gesundheitsversorgung unter Wahrung des historischen Charakters entlang der Straße Damm".

3. Ein neuer Freizeitpark mit Schwimmbad (HN, 13.12.21) soll ab 2023 entstehen im rund 25 ha großen **Gewerbegebiet Engelsburg** in Erweiterung des IGO-Gewerbegebietes Ost zwischen Flensburger und Schleswiger Chaussee. Dezember 2021 wurde die Erweiterung des IGO um 25 Hektar endgültig beschlossen – als Wirtschaftszentrum Westküste. Das **neue Hallenbad am Gewerbegebiet** wurde politisch beschlossen. Husum plant mit Eigenmitteln von bis zu 25 Mio. Euro. Es wird kaum Fördermittel geben. „Bundesgelder wandern ... hauptsächlich in den Süden der Republik", sagte Husums Bauamtsleiter Schlindwein (HN 6.1.2022). Der Husumer Hauptausschuss beschloss (HN 24.1.2022), das Bad mit Personal nicht durch die Stadtwerke, sondern ein externes Unternehmen zu betreiben. Dieses soll sein Budget im Stadt-Haushalt belassen und Verluste steuerlich mit Gewinnen der Stadtwerke verrechnen. Der Baubeginn verzögerte sich wegen zu vieler Hürden. Fast alle Vorhaben für das Schwimmbad mussten zeitraubend europaweit ausgeschrieben werden. Die HN berichtete am 29.8.2022, dass das beschlossene Schwimmbad wegen der Preissteigerungen ohne Gasheizung verwirklicht werden soll, dafür bedarf es weiterer Planungen und Finanzierungskonzepte.

4. Am 26.8.2022 erschien in den HN die Amtliche Bekanntmachung des Umwelt- und Planungsausschusses der Stadt Husum über diese Erweiterung in zwei Einzel-Entwürfen „Gewerbegebiet Engelsburger Weg, Bebauungsplan/B-Plan 113" und „Hüsem Park, B-Plan 115" südlich vom Bundeswehrgelände; beide B-Pläne im beschleunigten Genehmigungsverfahren ohne neue Umweltüberprüfung; es sollen dort 200 Wohnungen entstehen.

5. Ein neuer B-Plan Nr. 116 „Alte Post" des Umwelt- und Planungsausschusses betrifft die Neugestaltung des alten Hauptpostamts Tunnelweg für die Entwicklung von Geschosswohnungsbau in zentraler Lage direkt südwestlich des Hauptbahnhofs. Die B-Pläne 115 und 116 sollen zur Schaffung von Wohnraum mit nachhaltiger Nutzung erneuerbarer Energien beitragen. Dafür bedarf es ebenfalls eines umsetzbaren Quartierkonzepts, das mit den Stadtwerken Husum abzustimmen ist. Alle drei B-Pläne liegen vom 5.9. bis 16.9.2022 im Rathaus zur Einsicht mit der Möglichkeit von Stellungnahmen in dem Zeitraum aus.

6. Verlegung des **Bahnübergangs Porrenkoogstraße** durch die Deutsche Bahn rund 200 m nördlich gegenüber der Einmündung Langenharmstraße ab 2022 – ein weiteres Großprojekt mit voraussichtlich zweijährigen Anlieger-, Geschäfts- und Verkehrsbeschränkungen.

7. Nordseepark GmbH (HN v. 25.11.2021): In Hockensbüll soll durch den Projektträger Sylter Adler-Reederei Sven Paulsen mit weiteren Bauinvestoren auf dem 10-Hektar-Gelände der früheren NS- und von 1957–2019 bundeseigenen „Horch- und Peilstelle" des Bundesnachrichtendienstes BND, mit sechs Reetdach-Kasernenblocks in Heimatschutzarchitektur unter Denkmalschutz und weiteren Gebäuden, ein großer Hotellerie-Tourismus-Komplex entstehen. Aber die Verhandlungen zwischen Stadt, Projektträger und Kreis-Denkmalschutz sind laut HN vom 1.7.2022 nach einem Jahr noch nicht vorangekommen.

8. Deichverstärkung Dockkoog und Umgestaltung Dockkoogspitze: Der LKN-SH – Landesbetrieb für Küstenschutz, Nationalpark und Meeresschutz SH – braucht die Flächen von knapp 45 Hektar im Dockkoog, weil Kleierde für Deichbau nur dort entnommen werden kann. Vor Jahren wollte eine Investorengruppe dort nach dem Abriss des dauernd überfluteten Dockkoogbades eine exklusive Ferienhaussiedlung bauen, das zerschlug sich. Eine verzweigte Erbengemeinschaft besaß die Eigentumsrechte, die sind nun geklärt. Die Stadt habe kein Interesse (HN vom 16.1.2022), wohl aber das Land mit dem LKN, das diese Flächen für die Bodenentnahme braucht, und

für die touristische Entwicklung. Am 21.05.2021 schrieb die HN: „Macht der Landtag heute den Weg frei?" Das LKN habe das Vorkaufsrecht nach § 99a Wasserhaushaltsgesetz und bekäme dafür vom Land Schleswig Holstein 2,2 Mio. Euro. Am 7.3.2022 wurden im Husumer Amtsgericht die 45 Hektar für 941.700 Euro an das LKN versteigert. Ein Koogsbauer behält ein Fünftel der Dockkoogflächen als betriebswirtschaftlich nötiges Pachtland. Am 4./5.5.22 meldete die HN einen weiteren Baustopp für den Hotelneubau trotz Zustimmung des LKN, weder Bauvoranfrage noch Bauantrag seien fristgerecht eingereicht. Aber am 30.8.2022 berichtete die HN: „Nordsee-Hotel – Stadt erlaubt den Neubau". Ein Investor für ein Hotel wird noch gesucht, nur für ein größeres Hotel als vorher lohnten sich für Investoren die hohen Investitionen. Am 11.11.2022 berichtete die HN, dass die Stadt endgültig die über zehn Jahre währende Schaffung eines tideoffenen Badesees für über 3 Mio. Euro landseitig an der Dockkoogspitze ad acta gelegt habe. Die schon fertigen Pläne sahen einen Badesee vor, der die Tideflut ein- und auslasse. Mögliche Sturmfluten brächten Gefahren und unkalkulierbare Folgekosten.
Weiteres Ärgernis: Die zerstörte Seebrücke vorm Dockkoog, deren Erneuerung auf Drängen der Öffentlichkeit nun für 2023 geplant ist (HN, 25.6.2022).
9. **Neugestaltung der Kleikuhle,** 2017 einstimmig beschlossen für 1,5 Mio. Euro als Mosaikstein der Husumer Achse Schlosspark, Schloss, Schlossgang, Markt, Großstraße, Hafen, Wasserreihe, Kleikuhle. Dort sollte eine Plattform über dem neu zu errichtenden Fahrstuhlbau mit Ausblick entstehen. Am 12.3.2022 meldete die HN, neue Bodenuntersuchungen für Baugründung und Denkmalschutz fürs Hotel „Altes Zollhaus" einen Kostenanstieg um 1 Mio. auf 2,5 Mio. Euro. Der wurde vom Hauptausschuss am 31.3.2022 beschlossen mit zugesagten 500 Mio. Zuschuss. Am 1.11.2022 meldete die HN den nächsten Anstieg auf 3,25 Mio Euro für Materialkosten, Barrierefreiheit und aufwändigere Baugrubensicherung. An der Ecke Kleikuhle (HN 13.10.2022) verschwinden zwei Baulücken: Der frühere Friesenkrog Westerende 1 wird Apartmenthaus des Hotels Altes Zollamt, zwei Altbauten daneben werden abgerissen, die Baulücke Ecke Wasserreihe/Westerende wird bebaut.
10. **Baustellen Bauamt und Haushalt:** Die „mangelnde Umsetzungsquote der Investitionsvorhaben" (HN 13.12.) und das Umschwenken bei mehreren Projekten wurde in den HN im Spätherbst 2022 vielfach thematisiert. „Tauziehen um Kosten-Explosion" und Planungsstopp (HN 28.11.) mit dem Ergebnis „Alles auf Anfang". Verloren sind allein bei der Kleikuhle 500.000 Euro Zuschüsse, sechs Jahre Planung, Hoffnung auf Barrierefreiheit am Nadelöhr Kleikuhle und die Kombination der Baumaßnahme mit der Verlegung des Bahnüberganges Deichstraße. Die Sanierung der Fußgängerbrücke im Binnenhafen wurde aufgeschoben, ebenso ein Gebäudeneubau für den ZOB, beim Neubau des Hallenbads muss eingespart werden. Aufgeschoben wurden die Sanierung des Hattstedter Kirchenweges und des Weges an der Husumer

Au und ein Grundstückskauf in Schobüll an der Wasserkante. Der letzte Nachtragshaushalt 2022 wurde nach dem Motto „Schieben, strecken, streichen" (HN, 13.12.2022) am 15.12.2022 vom Stadtverordnetenkollegium verabschiedet. Das Bauamt samt Leitung wurde über mehrere Legislaturperioden um- und neu besetzt; es fehlten Planstellen, es gab lange Verzögerungen der Projekte Westtangente, Kleikuhle, Schiffbrücke und Fahrradstaße Alter Kirchenweg. Unberechtigt erhaltene Zuschüsse bei der jahrelangen Planung und Durchsetzung der Westtangente wurden 2022 vom Land mit hohen Zinsaufschlägen, fast einer Mio. Euro, zurückgefordert. Beschlüsse wurden widerrufen und umgestoßen, das wurde öffentlich im Krisenjahr 2022 kritisch kommentiert. „Jahrelange Schlamperei im Bauamt" berichtete die HN am 1.12.2022. Ein Stresstest für Stadtbauamt, Verwaltung, Hauptausschuss, Stadtvertretung, mehrere Jahre kommunaler Gruppenegoismus, höhere Baukosten und ein Hickhack vor den Augen der Öffentlichkeit im Krisenjahr 2022.

11. Kita- und Betreuungsplätze: In Husum fehlen Betreuungs- und Kitaplätze für unter Sechsjährige. HN 6.5.2022: Wegen des Russland-Krieges gegen die Ukraine kommen zusätzlich Ukraine-Kinder. Der Mangel an Fachkräften verschärft das Problem; die Erzieherausbildung ist immer noch kostenpflichtig – das hält junge Leute ab. Ab 2024 steht jedem Kind ein Kita-Betreuungsplatz zu; die Eltern fordern ihr Recht ein. Die Landesregierung kündigte (HN, 6.10.2022) eine stärkere Besetzung der Kitas mit Fachkräften an.

12. Straßensanierung: Der hohe Reparaturbedarf bei Straßen, Bürgersteigen, Radwegen, wurde in Husum stetig auch während Corona behoben. Für 2023 verzichtet Husum auf die finanziell belastende Anlieger-Beteiligung an Straßenausbau-Maßnahmen.

13. Baustelle Wohnungsmangel: Es fehlt bezahlbarer Wohnraum, trotz der in Nordfriesland bestätigten Überschuss-Bebauung (HN 18.1.2022). In Husum als Zuzugsort steigen die Preise für Wohnraum, der oft als Ferien- oder Wochenendwohnung vermietet wird. Die Stadt handelt ständig dazu, je nach politischen Mehrheiten mit anderen Beschlüssen. In Husum wurden (HN, 14.12.21) von gehobenem bis sozialem Wohnungsbau 2017–2019 gesamt 763 Wohneinheiten genehmigt, 561 fertiggestellt, 270 waren im Dezember 2021 im Bau; es gab 300 rechtskräftige Bebauungspläne. Sozialwohnungen bringen weniger Gewinn. Sozialmieten liegen bei rund 6,50 Euro/ Quadratmeter, müssten aber für Investoren um die 20 Euro betragen, damit sich Wohnungen rentieren. HN 11.05.2021: „Husums Sozialzentrum schlägt Alarm". Im Mai 2021 waren 493 Haushalte von Obdachlosigkeit bedroht, mit 630 Menschen – 478 Erwachsenen und 152 Kindern. Deren Beratung sei schwer ohne Telefon, PC oder festen Adressen. Leiter Jürgen Laage vom Sozialzentrum Husum: „Bezahlbare Wohnungen zu finden, schaffen wir fast gar nicht mehr". Bürgermeister Uwe Schmitz: Man müsse „viel Geld in die Hand ... nehmen" (HN 28.6.2022). Husum meldete

dringenden Bedarf von Schlichtwohnungen für Wohnungslose und von Wohnungsnot Betroffene. Die Standorte in der Stadt sind strittig. HN 20.7.2022: „10.000 Sozialwohnungen fallen bis 2026" in Norddeutschland aus der Sozialbindung heraus. Zusätzlich verschärfen wohnungssuchende Ukraineflüchtlinge seit 2022 das Problem.
14. Erhaltenswerte Grünflächen: Am 27.05.21 berichtete die HN, die erhaltenswerten Grünflächen, laut Beschluss der Stadt von 02/2020 von Bebauung frei zu halten. Das sind:
1) der Schulwald Am Gallberg, 2) der Schlosspark, 3) ein Gebiet mit Klärteich Ecke Industriestraße/Marienhofweg, 4) die Grünfläche beim Ostenfelder Bauernhaus und dem Witwenstift. Gegen einen beschlossenen 30 %-Anteil für geförderten Wohnungsbau stimmte die CDU, „um mehr Handlungsspielraum zu gewährleisten". Der CDU-Antrag wurde abgelehnt, Grünflächen und Sozialbindung bleiben, letztere ist bei Investoren umstritten. Linderung bringt (HN vom 14.12.2021) der „zweckgebundene Bau" von 210 Kleinstwohnungen für Auszubildende des TSBW nördlich der Neuen Freiheit. Damit werden im Gegenzug bezahlbare Wohnungen in der Stadt frei.
15. Am **Parkhaus Fischergang** an der Langenharmstraße sollen nach dessen Abriss laut HN 18.12.21 nach Wunsch der Investoren Wohnungen ohne 30 %-Sozialbindung entstehen, laut Baurecht nicht zulässig. Die Investoren wünschten Nachverhandlungen. Die HN berichtete am 22.1.2022, im Umwelt- und Planungsausschuss würden vier „Einleitungen von Bauleitverfahren" für gesamt mehr als 200 neue Wohnungen behandelt, von denen drei Investoren eine Sozialbindung akzeptierten, die dringend nötig ist.
16. Problem Ferienwohnungen in der Innenstadt: In Husum werden viele Ferienwohnungen privat vermietet. Nun sollen in Wohngebieten rund 500 privat vermietete Ferienwohnungen überprüft werden, denn sie stehen dem offensichtlichen Bedarf an Dauerwohnraum nicht zur Verfügung. Seit 2017 erlaubt eine neue Baunutzungsverordnung (BauNV) in reinen Wohngebieten keine gewerbliche Nutzung mit Ferienwohnungen, mit Ausnahme schon vorher genehmigter Wohnungen. Das Bauamt ist verpflichtet, rund 500 Wohnungen zu überprüfen, wobei Kleinvermieter eher verschont bleiben.
17. Husums Ziel der Klima-Neutralität: Die Kreisstadt Husum, Tourismusregion am Weltnaturerbe Nationalpark Wattenmeer, wird bis 2035 klimaneutral. Das erfordert mehr Personal. HN 09.12.2021: Es wurden für 2022 folgende Planstellen eingerichtet: **a)** ein Klima-Manager als Koordinator ab Oktober 2022; die Stelle des Klima-Managers wurde wegen fehlender Förderzusagen noch nicht besetzt; **b)** ein stellvertretender Abteilungsleiter IT-Abteilung; **c)** eine Planstelle im Ordnungsamt im Bereich Verkehr und Gewerbewesen; **d)** eine Hausmeister-Springerstelle; **e)** eine Stelle der Bauaufsicht; **f)** eine halbe Planstelle fürs Sozialzentrum für Wohngeld-Bearbeitungen; **g)** eine Planstelle Digitalisierung/Prozessmanagement mit 90 % Landesförderung. Laut

HN vom 18.12.21 ging Husum mit 23,1 Mio. Euro verfügbaren Mitteln ins Jahr 2022, seit 2011 sei die Verwaltung um 48 Stellen gewachsen – mit 18,2 Millionen Verwaltungskosten ab 2022.

Zur Klima-Neutralität gehören z. B. das Haus der Zukunftsenergien im IGO und die Wasserstoff-Tankstelle e-Farm der Firma Team-AG-P. Peters in Kooperation mit GP-Joule **(siehe auch bei C. 17)** für LKW und Busse von 09/2021.

Seit 25 Jahren gibt es die Firma **BioConsult SH** in Husum, Leiter Dr. Georg Nehls, Schobüller Straße, mit bald 120 Beschäftigten. Die erhielt (HN 19.9.2022) eine Förderung über 179.000 Euro für ihr innovatives System „KiekMa"-Künstliche Intelligenz zur Klassifikation mariner Arten". Dieses System ermöglicht die Zählung und Klassifizierung z. B. von Vogelschwärmen und Fischpopulationen zu Lande und zu Wasser im Nationalpark.

Die Kfz-Branche wandelt sich ebenso in Richtung staatlich geförderte e-Mobilität. Die HN meldete am 29.1.2022 den ersten Empfangsroboter Husums in **Firma Bürotechnik Nord, BT NORD** mit 20 Mitarbeitern im IGO und anderen Standorten.

Im Januar 2022 erlitt das Husumer **VW-Autohaus Kath**, vormals VW-Autohaus Paulsen mit Sitz an der Poggenburgstraße, heute im IGO als **Emil Frey Küstengarage** und zur Schweizer Emil-Frey-Gruppe gehörig, mit rund 100 belieferten Autohäusern einen Hackerangriff, der das Computersystem schädigte. Die Kunden wurden per Rundbrief im Februar 2022 aus dem Firmensitz Rendsburg mit dem Hinweis informiert: „Leider wurden bei dem Angriff auf unser Unternehmen ... personenbezogene Daten gestohlen".

Auch die 70 Jahre alte **Fischer & Tausche-Kondensatorenfertigung** in Husum hat expandiert, saß früher am Nedderweg, dort zog die Firma Sanitätshaus Krämer ein. Die alte Firma Fischer & Tausche wurde zur **ftcap – Fischer & Tausche Capicities GmbH und Co. KG** im IGO in neuen Betriebsgebäuden bei Schauendahl. Sie wurde 2018 vom französischen Konzern Mersen übernommen, expandiert seit Jahren als Produzent von weltweit nachgefragten Kondensatoren. Der Mutterkonzern Mersen nutzt den Standort Husum mit gut ausgebildeter Belegschaft als Kompetenzzentrum (HN am 25.1.2022). ftcap profitiert vom weltweiten Mersen-Vertriebsnetz, sucht ständig neue Arbeitskräfte. Als international zertifizierter Produzent hat die Firma alle Fachkräfte im eigenen Hause. Viele Mitbewerber haben ihre Produktion nach Asien verlegt, ftcap bleibt in Husum. Eine Erweiterung bis zur Verdoppelung ist geplant wegen steigender Nachfrage nach speziellen Kondensatoren für E-Mobilität, Verkehrsleittechnik, Einbau in Windkraftwerke; Betriebsflächen im IGO sind vorhanden. Regionale Kunden von ftcap sind die ebenfalls weltweit agierende **Firma Nissen Elektrobau und Verkehrsleittechnik** in Tönning und **Firma Hansen Lichttechnik in Haselund**. Ftcap, der Mutterkonzern und der Husumer Geschäftsführer Stefan Hartge wollen die Standortbedingungen verbessern. Nissen und ftcap sind weltweite Marktführer.

Die **Firma Wulff & Umag Energy Solutions** expandierte wie ftcap, GP-JOULE oder Nissen Elektrobau. Wulff & Umag fertigten ab 1992 stark nachgefragte Kesselsysteme mit thermodynamischer Auslegung für die Industrie. Seit 1932 Husumer Handwerksbetrieb Wulff, wurde sie zu Wulff-Apparatebau, fusionierte 2007 mit Firma Umag zu einem Spezialanbieter für Gasturbinen, Thermo-, Druck- und Dampfkessel, Biogasthermen mit internationalen Zertifikaten und Patenten als **Wulff & Umag Energy Solutions,** Hauptsitz Husum.

Die Nordseemilch Witzwort eG von 2019, eine der 180 deutschen Großmeiereien, entstand 2001 aus der Osterhusumer Meierei e. G. und der Meierei Witzwort. Nach einem Großbrand 2007 erneuert, verarbeitet sie mit mehr als 50 Mitarbeitern (Stand 15.7.2022) die regional, grenzübergreifend angelieferte Milch, mit nachhaltigem Energiemanagement seit 2015. Die Verteuerung russischer Gaslieferungen ab 2021 bedroht die Produktion. Die Großmeierei fordert eine bevorzugte Gasbelieferung als systemrelevanter Lebensmittelbetrieb. Die Rohstoff- und Energiekrise bedroht Handwerksbetriebe, Bau- und Transportgewerbe und Landwirtschaft, die Stickstoffdünger braucht: „Bauernverband will Düngemittelreserve" (HN am 13.9.2022). Ohne Stickstoffdünger sinken, so Bauernverbandspräsident Rukwied, die Erträge um 30–40 %, eine Gefahr für die Landwirtschaft.

Westküstenleitung, Windenergie: Die 138 km lange 380 Kilovolt (kV) Westküstenleitung der Tennet Netz AG von Brunsbüttel bis Ellhöft ist ein Schlüsselprojekt der Energiewende, Investitionssumme 1 Milliarde Euro; die Stromautobahn der Westküste **(Abb. 71)**. Am 5.10.2021 war Bauabschnitt 3 über die Eider bis Husum fertig, das Umspannwerk bei Schauendahl am 29.9.2021 eingeweiht. Ein unterirdisches Eiderkabel ersetzte die hohen Strommasten an der Eider, der Vogelzug läuft ungestörter. 110 kV-Masten sind ersetzt durch 380 kV-Masten, 9.000 optische Vogelschutzmarker warnen Zugvögel, 16 ha Wald sind aufgeforstet, Biologen überwachen den Bau. Bauabschnitt 4 Husum – Klixbüll war Mai 2022 fertig und wurde am 4.11.2022 eingeweiht: HN 5.11.2022 „Die Energiewende geht auf Überholspur". Bauabschnitt 5 folgt bis Ende 2023 mit 37 Masten auf 15 km von Klixbüll bis zur Grenze bis Ende 2023; Dänemark baut 2024 weiter. Auf die 121 km lange 380 kV-Tennet-Freilandleitung von Brunsbüttel – Klixbüll mit 103 Strommasten wurde die 110 kV-Leitung der SH-Netz-AG mit nur elf Masten zusätzlich „draufgesattelt".

Windkraftanlagen (WKA): HN 2.3.2022: „Windräder in Nordfriesland gestört" russische Cyberangriffe auf satellitengesteuerte WKA von Enercon. Schleswig-Holstein (SH) betrieb am 15.7.2022 gesamt 3.067 WKA mit 7.2 Gigawatt (GW); davon rund 1.900 WKA in Dithmarschen und Nordfriesland, dazu 1,6 GW Photovoltaik und 0,5 GW aus Biomasse. Das erste Halbjahr 2022 war das beste: 72 installierte WKA, davon 20 „repowert", also alte durch neue größere ersetzt; SH war „wieder Zugpferd der Windkraft" (HN 15.7.2022). 2022 wurden neue WKA mit 487 MW genehmigt;

Abb. 71: Westküstenleitung durch Nordfriesland, bei Husum (Quelle: TENNET/sh:z aus HN, 5.11.2022)

Planung bis Realisierung dauern aber vier Jahre, in Dänemark nur zwei. Bis 2025 sind 10 GW an Erneuerbarer Energie geplant; strittig war die Abstandsregel. Die EU stufte im Juli 2022 Kern- und Gaskraftwerke als nachhaltig ein, um Investitionen zu sichern. Die vom EU-Parlament am 5.7.2022 beschlossene WKA-Flächenplanung sieht 2 % der Landesfläche bis 2032 als Windeignungsgebiet vor, das brächte 350 weitere WKA. Am 7.7.2022 beschloss der Bundestag das 2 %-Flächenziel und das Ziel von 80 % Strom aus Erneuerbaren Energien bis 2030. Das Baugesetzbuch BauGB § 35 regelte bisher den Bau von WKA im Außenbereich; der § 249 enthielt eine Länderöffnungsklausel für Mindestabstände je Bundesland. Das „Wind-an-Land-Gesetz" untersagte ab Juni 2023 den Ländern die Festlegung der Mindestabstände. Bayern wollte seine bis April 2022 gültige „10 H-Regel: Mindestabstand = 10 mal Gesamthöhe", also bei einer Höhe von 200 m einen Abstand bis zu 2 km, ändern in „3-H-Regel", also max. 1.000 m WKA-Abstand. Das neue „Wind-an-Land-Gesetz" hielt in Bayern Investoren vom Bau neuer WKA ab. In SH gilt die „3 H-Regel: Mindestabstand im Außenbereich = 3 x WKA-Höhe", also bis 600 m; in Wohngebieten = 5 x WKA-Höhe. Wegen viel zu wenigen WKA-Genehmigungen fielen laut HN 29.1.22 von 2019–2021 rund 40.000 Arbeitsplätze der Windenergie weg. Darum fehlen 2022 rund 10.000 Fachkräfte. 2022 wurden in SH trotzdem 92 neue WKA fertig (HN 21.10.2022 „Windkraft-Zuwachs in Schleswig-Holstein top"), in Bayern nur 5 WKA. Auch Eiderstedt will einen Bürgerwindpark (HN, 4.11.2022); wegen des Vogelschutzes müsste die Raumordnung geändert werden. Viel Windstrom bräuchte die schwedische Firma Northvolt für ihre bei Heide projektierte „battery gigafactory", geplante Investitionssumme 4,5 Mrd. Euro, jährlich 1 Mio. Batterien für e-Autos, auf 160 ha Fläche mit 155 Mio. Euro Landesförderung, bei Baubeginn Ende 2022 schon 2025/26 fertig, 3.000 Arbeitsplätze (NDR, 2.9.22). Das Konzept der „Entwicklungsagentur Region Heide" überzeugte Northvolt-Chef Peter Carlsson. Die FH Heide schafft extra für Northvolt zehn neue Studiengänge wie Machine learning, Windtechnik, Cyber Security. Am 29.10.22 meldete der NDR: Northvolt überprüfe die Pläne; EU, Bund und Land müssten die Förderung aufstocken. Für die Westküste wäre diese Ansiedlung ein Riesengewinn. HN, 8.12.2022:„Northvolt lässt das Land zappeln". In den USA betrüge die Förderung 600–800 Mio. $. Northvolt-Geschäftsführer Christopher Haux möchte am Standort Heide bauen, erwartet aber bessere Einstiegsbedingungen. HN 13.5.2023: Northvolt werde nach vollzogener EU-Genehmigung höherer Fördersummen gemäß der „Temporary Crisis and Transition Framework" mit Investitionen von 9 und 4 Mrd. Euro bauen. Das wird ein „push-and-pull-Faktor" über die Westküste hinaus.

Was geschah 2023 in Husum?

0) Sanierung des Jebensweg wurde im April 2023 abgeschlossen. Das nördliche Ende folgt später.
1) Martin Kindl, CDU, folgte nach Stichwahl am 04.06.2023 als Bürgermeister am 01.09.2023 auf Uwe Schmitz. Neuer Bürgervorsteher wurde Robert Koch (CDU); auch neue Bürgermeister-Stellvertreter von CDU, SPD und SSW wurden vom Stadtparlament gewählt.
2) HN 17.07.2023: „Weg frei zu 200 neuen Wohnungen". Beschlossen wurden die Bebauungspläne – B-Pläne – 115 u. 116 für die Wohngebiete „Hüsem Park" (Schleswiger Chaussee, bei der Fliegerhorstkaserne) u. „Alte Post" (südlich Hauptbahnhof, Am Tunnelweg). Auslegung beider B-Pläne im Rathaus ab 30.8.2023 amtlich.
3) 17.07.2023: Einstimmiger „Planfeststellungsbeschluss" für das Bauvorhaben „Verlegung und Neuordnung Bahnübergang" Deichstraße/ Porrenkoog zur Langenharmstraße. Vorhabenträger ist die DB Netz AG, Bauzeit bis Ende 2024. Das führt zu deutlichen Verkehrsbehinderungen.
4) Das Stadtparlament ernannte Hans Jürgen Kleefeldt (69) zum neuen Behindertenbeauftragten Husums mit Stimme im Stadtparlament (behindertenbeauf tragter@husum.de).

5) Fortbestand der Grundschule „Bornschool Schobüll" gilt wegen sinkender Schülerzahlen als unsicher. Die Sanierung der Schule ist überfällig. Das brachte Unruhe in den Ortsteil Schobüll.
6) HN 19.07.2023: Nach vier Jahren Vorlaufzeit eröffnete die „Strandbar/Beachbar" hinter dem Rathaus Zingel auf dem mit 30 to Sandaufschüttung maritim aufgewerteten Platz der alten Schiffswerft-Hellinge. Dort gibt's am meisten Sonnenschein. Betreiber sind Gastronom Alex Müller („Alex Kitchen", Rote Pforte) und drei weitere. Die Beachbar am Binnenhafen war von Juni bis zum 25.09.2023 geöffnet. Für 2024 zu lösen: Sanitär-Anlagen, Snack-Angebote, nächtliche unbefugte Zutritte.
7) Die beschlossene Neugestaltung der Wasserkante Schobüll mit einem Holzhüttendorf „Destinature", Abriss von Campingplatz und Schwimmbad bleibt trotz ordentlicher Genehmigungsabläufe strittig. Am 15.9.2023 stoppte eine „Einstweilige Anordnung" des Amtsgerichts Husum auf Antrag der Schobüller Gemeindevertreter den zum 18.9.2023 angeordneten Abriss (HN, 16.9.2023); das bringt Monate lange Verzögerungen und juristische Verhandlungen zwischen Investoren, Bauträgern, Schobüll, Husumer Verwaltung.
8) Der neue „Deichkind" Kindergarten am Kreishaus öffnete Ende August 2023 mit einer von vier Gruppen rechtzeitig zum Schulbeginn.
9) HN 29.8.2023: Erweiterung des „Kreishaus" nach Süden mit mehrstöckigem Brückentrakt zum vierstöckigen Neubau für über 45 Mio. Euro bis Ende 2025, 260 neue Räume auf 10.000 qm für u. a. Gesundheitsamt und Sozialzentrum. Neues Parkhaus von Klinikum NF östlich vom Kreishaus fertig im Mai 2023; geplante Nachrüstung mit E-Auto-Stromversorgung.
10) Dritter „Klimaschutzdeich" der Westküste neben dem auf Nordstrand und vor Büsum ist der „Klimadeich Schlüttsiel": Die HN titelte am 17.07.2023 „Es geht voran".
11) 01.08.2023 HN berichtet, die „Bäderregelung" für Sonntags-Öffnungszeiten auch für die Neustadt einzuführen, wie am Binnenhafen, ähnlich Tönning, St. Peter Ording. Das wurde bisher von Politik und Husumer Werbegemeinschaft und Wirtschaftsförderung nicht gefordert.
12) Zum Tierbestand (s. S. 132)– HN meldet 11.08.2023 für Schleswig-Holstein folgenden Milchkuhbestand (Die Rasse „Holstein-Friesian" gilt als erfolgreichste Milchviehrasse europaweit und „höchstleistungsstarkes Allheilmittel"): Friesian-Schwarzbunte 220.000; Friesian-Rotbunte: 12.000 (abnehmend); Angler Rind: 9.000 (abnehmend).
13) Statistikamt Nord, Nr. 51/2023 vom 08.05.2023 und 69/2023 vom 13.6.2023: „Starker Strukturwandel im Fleischsektor" von 2003–2022: Nach Abschaffung der Milchquote 2015 sinkender Viehbestand, weniger und größere Höfe,

sinkende Fleischproduktion, weniger Schlachthöfe. Schlachthof Husum (Danish Crown) übernimmt mehr Rinderschlachtungen. Geänderter Viehbestand und Schlachtvieh-Aufkommen – weniger Großvieh-Schlachtungen.

14) Öffnung der Baustelle „Adolf-Brütt-Straße" ab dem 19.08.2023; ein neuer Kreisel südlich der Abzweigung zur Tönnies-Straße und Klinikum, Kreishaus und nördlich zur Theodor-Schäfer-Str./TSBW. Ausbau mit neuen Belägen, Pflasterungen. Bushaltestelle an der Neuen Freiheit.

15) HN 16. und 24.8.2023: Der Glasfasernetz-Ausbau wurde von den Stadtwerken Husum/Husum Netz gestoppt. Mitbewerber Telekom Netz war früher im Vertragsgeschäft als die Stadtwerke, die Wirtschaftlichkeit außerhalb der Innenstadt und Rödemis war für die Stadtwerke/Husum Netz nicht gegeben. Das Commerzium Husum als Unternehmensverband forderte (HN 04.09.2023) die Politik zum Handeln auf; das Glasfasernetz für Husum sei unverzichtbar.

16) Seit 2021 entstand am südlichen Stadtrand Husums, Ortsteil Rödemis und Gemeinde Südermarsch, eine Verkehrsanbindung von der Umgehungsstraße B5 über eine neue Straßenbrücke nach Westen zur „alten" B5. An der alten B5 lenkt 500 m südlich der Stadtgrenze ein neuer Kreisverkehr den Verkehr nach vier Richtungen: Stadt, Außenhafen, neue und alte B5. Ziel ist, größere Anteile des fließenden LKW- und Wirtschaftsverkehrs Richtung Außenhafen Südufer und Hafen-Wirtschaftszone aus der Stadt Husum herauszuhalten und vorher kreuzungsfrei zu lenken.

17) HN 28.08.2023: Als Folge des verstärkten Netzausbaues und Fertigstellung der West-Stromtrasse durch Nordfriesland bis zur Elbe wird immer weniger Strom aus WKA „abgeregelt", d. h. nicht ins Netz eingespeist. Der Anteil abgeregelten Stroms ist von 21 % in 2019 auf 7 % in 2022 gesunken. Immer weniger Stromerzeuger müssen für erzeugten, ungenutzten Strom entschädigt werden. Schleswig-Holstein brachte 125 neue WKA im 1. Halbjahr. 2023 ans Netz (zum Vergleich: Bayern nur 2); die jetzige Gesamtleistung aller 3.160 WKA Schleswig-Holsteins ist 8.000 MW.

18) HN 06.09.2023: „Hängt die Bahn den Norden ab?" Pendler, Touristen, Schüler, Studierende und Transport- und Wirtschaftsunternehmen klagen über das marode Bahnnetz im Nah- und Regionalverkehr. Schleswig-Holstein hat wegen der Zugausfälle und Bahnprobleme aller Art den Beinamen „Das Land der Nadelöhre" mit einer Vielzahl von Baustellen an Gleisen, Brücken, Bahnübergängen. Die Hauptstrecken Hamburg – Flensburg, die Marschbahn Hamburg – Sylt über Husum, die Teilstrecke Itzehoe – Wrist, die Bahnstrecken Husum – St. Peter-Ording, Flensburg – Kiel und Kiel – Lübeck. Ein Großteil der Bahn als Lebensader sei rund 30 Jahre vernachlässigt: Verkehrsminister Madsen in Kiel benennt als Hauptursache die „... jahrzehntelang vernachlässigte Infrastruktur". Für Husums städtischen Verkehr titelt die HN: „Droht Husum der Verkehrsinfarkt?" Seit 2019

nach Verkehrsgutachten habe sich die Verkehrssituation im Gewerbegebiet nicht geändert. Die Betriebe könnten nicht zeitgerecht aufgesucht werden. Husumer Wirtschaftsverbände machen Druck.

19) HN 01.09.2023: „Überraschungsrekord im Tourismus" für Schleswig-Holstein und Nordfriesland: Das 1. Halbjahr 2023, bisher bestes, übertreffe sogar das Jahr 2019 „vor-Corona".

20) HN, 04.09.2023: Die Firma „Sonnenkind Energie" geleitet von Marco Reinhold von Nordstrand im Trendermarschkoog 14, Büro in Husum, Rödemishallig, gegründet 2018, projektiert Solarparks im Norden, z. B. den „Solarpark für Tating" auf Eiderstedt – geplante Investitionssumme 9,8 Mio. Euro; dessen Entwurf wurde von der Tatinger Gemeindevertretung gebilligt.

21) IGO – Das Husum Magazin, Herbst 2023: Meike Kern, Geschäftsführerin Messe Husum und Congress HMC, folgte im August 2023 dem Interims-Geschäftsführer Michael Lohmann, Chef der IHK-Geschäftsstelle Nordfriesland. Sie leitet die Messegesellschaft mit 38 Mitarbeitenden, ist international erfahrene Messeleiterin, zuletzt der Frankfurter Weltleitmesse „Heimtextil". Die Messe „Husum Wind" findet im Wechsel mit der „New Energy" alle zwei Jahre statt, nun 12.–15.09.2023 mit 600 Ausstellenden aus 55 Ländern. Managerin für „Stadtmarketing" und für die Marke „Husum – Husumerleben" wurde Juli 2023 Kerstin Barz. Geschäftsführerin „Tourismus und Stadtmarketing Husum GmbH (TSMH)" im Historischen Rathaus am Markt ist weiter Jutta Albert; dort bilden drei Ausbilderinnen „Kauffrauen für Tourismus und Freizeit" (z. Z. zwei) aus.

22) Laut IGO-Magazin Herbst 2023 führt ab 01.03.2023 der gebürtige Flensburger Udo Hadamik beide „Danish Crown" Schlachthöfe in Husum und Teterow, Mecklenburg-Vorpommern.

23) HN 15.09.2023: „Paukenschlag ...": Das Klinikum Nordfriesland soll nicht am alten Standort für rund 170 Mio. Euro modernisiert, sondern für rund 200 Mio. am Stadtrand beim Obi-Baumarkt neu errichtet werden. Fördermittel seien von Stadt, Kreis und Klinikum schon beim Land beantragt.

24) HN 18.09.2023: Stadt erwägt Ringtausch dreier Schulen: Bornschool Schobüll und Bürgerschule könnten in die VHS Schobüller Straße ziehen, VHS zurück in die Stadt in die Bürgerschule.

25) Husums Baumsatzung ab 6.10.2023 „Amtliche Bekanntmachung der Satzung zum Schutz von Bäumen im Husumer Stadtgebiet" im Rathaus.

26) Zwei alte Betriebe 2023 geschlossen: Bäcker Kreutzfeldt, Stadtschlachterei Claussen.

C.21.3 Welche Folgen hat der Ukrainekrieg?

Am 24.2.2022 überfiel Russland völkerrechtswidrig die Ukraine. Wie Hitler 1939 gegenüber Polen, leugnet Präsident Putin das Existenzrecht der Ukraine. Börsenkurse brachen weltweit ein, Rohstoffpreise stiegen rasant; eine Folge der deutschen Abhängigkeit von Russland als Gas- und Öllieferanten. Russland blockierte monatelang den Export von Weizen aus der Ukraine, verschuldete eine Hungerkrise in Afrika und im Nahen Osten und verkaufte gestohlenen Weizen. Kraftstoff kostete rund 2 Euro/Liter, Futter- und Düngemittelpreise stiegen ums Vierfache. Die EU, Kanada, die USA belegten Russland fortlaufend mit Sanktionen und schnitten es von westlicher Hochtechnologie ab. Rund 1.000 „westliche" und deutsche Firmen verließen bis August 2022 Russland; ein Einbruch von bis zu 15 % des russischen Bruttoinlandsprodukts. Am 2.3.2022 verurteilten 141 Staaten der UN in New York Russlands Angriffskrieg; ohne China, Indien, Südafrika. Die Ukraine erhielt seitdem materielle, finanzielle und militärische Hilfe, immer mehr von Deutschland. Russland zerstörte unter hohen Verlusten kriegsrechtswidrig die Infrastruktur und wurde am 7.4.2022 wegen Kriegsverbrechen aus dem UN-Menschenrechtsrat ausgeschlossen und schon am 7.9.2022 erneut vor der UN in New York angeklagt wegen Deportation von fast zwei Mio. Ukrainern, davon über 200.000 Kinder. Russland leugnete alles, besetzte völkerrechtswidrig das Atomkraftwerk Saporischschja, riskierte ein neues Tschernobyl. Militärexperte Prof. Carlo Masala sagte am 4.8.2022 in der ARD: „Systematische Kriegsverbrechen sind unter Putin seit dem Tschetschenien- und Syrienkrieg Bestandteil russischer Kriegsstrategie, auch in der Ukraine". Russland eroberte bis August 2022 20 % der Ukraine, wurde seither militärisch zurück gedrängt, am 22.9. erneut von der UN verurteilt, stoppte die Gaszufuhr nach Deutschland, der Gaspreis stieg ums Dreifache. Am 6.7.2022 stufte die EU Kernkraft, Gas und Kohle als „nachhaltig" ein, um Investoren zu halten. Deutsche Kohlekraftwerke wurden reaktiviert, drei Kernkraftwerke liefen bis zur Stilllegung am 15.4.2023 im Streckbetrieb. Import-LNG-Flüssiggas kam Dezember 2022 per Schiff nach Brunsbüttel und vom dortigen Terminal ins SH-Gasnetz (HN, 9.12.2022). Vom Terminal Wilhelmshaven, am 17.12.2022 eingeweiht, floss ab 22.12. Gas in die Netze, es folgten die LNG-Schiffsterminals Brunsbüttel, Stade und Lubmin: „Kosten beim Bau der LNG-Terminals explodieren" auf 7,3 Mrd. Euro (HN 22.11.2022). Am 18.11.2022 waren die Gasspeicher zu 100 % voll, am 19.12. nur noch zu 88 %. Über 7 Mio. flohen aus der Ukraine; allein nach Polen rund 4 Mio. Nach Nordfriesland kamen im März die ersten Flüchtlinge, Ende September über 1.600, ab August gab es in Husum kaum noch Wohnungen. Die ehemalige Stapelholm-Kaserne in Seeth wurde „Landesunterkunft", im Dezember 2022 mit mehr als 200 von 653 Plätzen belegt. Ukrainer müssen nicht in Landesunterkünften wohnen wie Asylsuchende, brauchen kein Einreisevisum, haben freie Aufenthaltswahl, Arbeitserlaubnis, Recht auf

Eingliederungshilfe und Grundsicherung. Schleswig-Holstein registrierte im September rund 35.000 Flüchtlinge, davon über 5.000 Schulkinder, die pädagogische Versorgung brauchen. Es fehlen Zehntausende Lehrkräfte und Fachkräfte für Kitas. Untersuchungen zeigen gravierende Unterschiede bei Viertklässlern im Deutsch-Wortschatz, bei Lesefertigkeiten und beim Rechnen (HN, 9.12.2022), besonders bei Migrantenkindern und sozial Benachteiligten. Husum schuf zwei neue Stellen für die Ausländerbehörde, um Krankenversorgung, Kitabetreuung, Arbeitssuche zu regeln. 30 % der Kosten trägt der Kreis, 70 % bisher das Land. Die Inflation stieg im Oktober auf 10,4 %; Hypothekenzinsen auf zehn Jahre von 0,8 auf 3,7 %. Ab Mai 2022 beschloss der Bund mehrere befristete Entlastungspakete, einen Tankrabatt, ein ÖPNV-9 Euro-Ticket; ab Januar 2023 folgt ein 49 Euro-Monatsticket. Mit 300.000 arbeitssuchenden Ukraine-Flüchtlingen stieg die Arbeitslosigkeit auf 5,5 %. Der Bundestag beschloss am 29.9. und 16.12.2022 einen Abwehrschirm zur Abwehr sozialer Schieflagen aus Einmalzahlungen, Gas- und Strompreisbremse, Steuerabsenkungen im Wert von 200 Milliarden Euro. Hohe Energiekosten gefährden die Kliniken. Das Uni-Klinikum Kiel-Lübeck meldete Ende 2022 über 200 Mio. Euro Defizit, das Klinikum Nordfriesland Husum-Niebüll-Westerland 10 Mio Euro (NDR Info, 5.12.2022). Die Gesetzgebung für Kliniken und Medikamentenversorgung muss geändert werden. Die Preise für Bestandsimmobilien in Nordfriesland stiegen von 9/2021–9/2022 um bis zu 70 %: Auf Pellworm kostet ein qm 3.312, in Husum 2.854, auf Nordstrand 2.950 Euro (HN, 29.10.2022). Viele Bauwillige gaben ihre Bauvorhaben rund um Husum auf. Die Tafel Nordfriesland mit Husum, Tönning, Bredstedt einschließlich einer mobilen Tafel per Kleintransporter unterstützte Ende 2022 laut Adelheit Marcinczyk vom Diakonischen Werk Husum doppelt so viele Kunden wie im Mai (HN 4.11.2022), die Zuteilungen wurden aber kleiner. Ab November 2022 bearbeitete der Hilfsfond Nordfriesland in sieben Sozialzentren Wohngeld- oder Grundsicherungsanträge.

Infolge von Russlands Kriegsverbrechen in der Ukraine kommen täglich mehr Flüchtlinge. Die Ukraine-Kriegsschäden betrugen (G7-EU-Ukraine Konferenz 26.10.2022 Berlin) mehr als 350 Milliarden Euro. Ein „Ukraine-Marshallplan" soll das jährliche Defizit ab 2023 von 38 Mrd. Dollar und den Wiederaufbau finanzieren. Der G 20-Gipfel in Indonesien und der Gipfel asiatischer Staaten verurteilten mit großer Mehrheit Russlands Vernichtungskrieg.

C.21.4 Welche Anstöße für Husum und Nordfriesland gibt der Nationalpark?

Abb. 72: Welterbe Nationalpark Wattenmeer, Schleswig-Holsteinischer Anteil

Das Weltnaturerbe-Nationalpark Wattenmeer **(Abb. 72)** ist seit 2009 größter europäischer Nationalpark, Leuchtturm im Naturschutz, starker Wirtschaftsfaktor, Besuchermagnet, unterstützt von Schutzstation Wattenmeer, BUND, NABU, dem Nationalpark- World Wildlife Fund, Verein Jordsand, Kirchenkreis Husum-Bredstedt. Jährlich nutzen 1 Mio. Touristen, Schulkinder, Studierende, Schifffahrten, Nationalpark-Führungen und Angebote wie „Nationalpark-Partnerschaften" mit Hotellerie/Gastronomie und Kommunen, Husum als „Fair trade-" und „Klimastadt". Nationalparkzentren mit 260.000 Besuchern im Jahr 2019 sind die Nationalparkhäuser Husum, Wyk auf Föhr und das Multimar Wattforum in Tönning, das Nordfrieslandmuseum Nissenhaus mit dem „Küstenlehrpfad" und die „Schutzstation Wattenmeer", unterstützt von Ehrenamtlichen aus Naturschutzverbänden. Es gibt ein Freiwilliges Soziales Jahr und Bundesfreiwilligendienstler. Mit im Boot sind die LKN-SH-Nationalpark-Verwaltung und Nordsee-Tourismus-Service GmbH. 2019 gaben Nationalpark-Touristen, davon über 3 Mio. „pure" Nationalparkbesucher, in 19 Mio. Aufenthaltstagen im Schnitt 66,70 Euro pro Übernachtungstag aus (LKN-SH, 2020).

Die Schobüller Bucht am Nationalpark verlandet seit dem Bau des Nordstrander Dammes **(Abb. 73)**. Natur- und Küstenschutz können Konflikte mit Landwirtschaft und Nationalpark bringen, z. B. der Schutz der Nonnengänse hinter den Deichen. Die vermehren sich stark, verursachen Fressschäden. Die EU lehnte den Landesantrag auf Bejagung geschützter Nonnengänse ab.

Abb. 73: Schobüll – Wasserkante am Nationalpark, gegenüber Nordstrand

C.21.5 Welche Kultureinrichtungen fördern den Tourismus?

Husums Kulturträger sind: Schifffahrtsmuseum Nordfriesland, Schloss vor Husum, Theodor-Storm-Museum, Nationalparkhaus am Hafen, Nordfrieslandmuseum Nissenhaus mit Stadtbibliothek, Weihnachtshaus, Marien- und St. Jürgenskirche, Woldsen-Storm-Familiengrab, Freilichtmuseum Ostenfelder Haus, seit 2022 das Haus für Fotografie an den Silos, das Herrenhaus, Herzogin-Augusta-Haus, Historisches Rathaus am Markt, Theodor Storms Geburtshaus, das Woldsenhaus in der Hohlen Gasse. Zudem: Kulturstiftung Nordfriesland, Asmussen-Woldsen-Stiftung, Gesellschaft für Husumer Stadtgeschichte, Stiftung zur Erhaltung des Stadtbildes, Ede-Sörensen-Stiftung, Stiftung Mien Moderspraak. Straßen und Plätze haben kulturelle und historischen Bezüge. Der Museumsverbund Nordfriesland aus Nordfrieslandmuseum Nissenhaus, Schloss, Freilichtmuseum Ostenfelder Haus wird erweitert um das Kulturdenkmal Roter Haubarg in Witzwort als Teil der Asmussen-Woldsen-Stiftung und das Richard-Haizmann-Museum Niebüll. Das Schloss z. B. bietet eine Fülle an Kunst, Kultur, das Pole Poppenspälermuseum mit den jährlichen internationalen Pole Poppenspälertagen, die Raritäten der Klaviermusik und die Sangeskunst mit dem Husumer Prof. Ulf Bästlein, Musik-Professor in Graz. Der sollte zum März 2023 die Leitung der Lübecker Musikhochschule übernehmen, verzichtete aber darauf (HN, 31.12.2022). Seit 2014 sorgt der Verein KulturNacht e.V. Husum für Kulturförderung. Die erste Kulturnacht 2022 nach Corona war am 4.7.2022. Neu ist das Sommeratelier als Kooperation der Landesverbände für angewandte & bildende Kunst BBK-SH, BAK, GEDOK. Am 11./12.6.2022 ließen sich 130 Kunstschaffende aus Schleswig-Holstein und

Apenrade/DK beim Kunstschaffen zusehen. Kunst und Kultur beleben Husum mit Museen, Konzerten, Ausstellungen, Hafen-, Wochen- und Kunsthandwerkermärkten. Beeindruckend ist das Schleswig-Holstein-Musikfestival in Nordfriesland und der Sønderjylland-Region. Grenzen übergreifende Bildungs-, Kultur- und touristische Zusammenarbeit wird in den sieben Grenzämtern gefördert.

Abb. 74: Schifffahrtsmuseum Nordfriesland – mit großer Symbolkraft für Husum

Zum Stadtplan Husum Abb. 75:

1 Histor. Rathaus, Touristinfo/Ratskeller, 2 Herzogin Augusta Haus, Markt 1, 3 Herrenhaus, 4 Marienkirche, 5 Marktplatz, Tinebrunnen, 6 Altes Gymnasium, 7 Geburtshaus Hermann Tast, 8 Stormhaus und Stormmuseum 1864–1866, 9 Pole Poppenspälerhaus, alter Schützenhof in der Süderstraße; das Eckhaus visavis: Geburtshaus Oskar Vogt, berühmter Neurologe, 10 Histor. Scharfrichterhaus, 11/12 Storm-Grab bei St. Jürgen, „Kloster", 13 Nordfrieslandmuseum Nissenhaus,

Zentralbücherei, 14 Schifffahrtsmuseum Nordfriesland, 15 Binnenhafen mit Schiffbrücke und Hafenstraße, 16 Rathaus am Zingel, 17 Husumer Speicher, 18 Theodor-Storm-Museum, 19/20 Woldsen-Häuser, 21 Stormhaus/Immenseehaus, 22 Westfriedhof Neustadt; 23 Freilichtmuseum Ostenfelder Bauernhaus, Woldsenstift von 1866, 24 Wasserturm v. 1902, 25 Kavaliershaus am Schloss, 26 Schlosspark, 27 Schloss vor Husum 1582, Pole-Poppenspäler-Museum, 28 Torhaus zum Schloss, 29 Danckwerth-Haus, 30 Haus Werner, altes Kaufherrenhaus, Treppengiebelhaus, 31 Twiete, 32 Eckhaus Krämerstraße mit Sandsteinfries, 33 Viehmarktskulpturen, 34 Weihnachtshaus mit den Sammlungen von Alix Paulsen.

Ohne Nr.: bei Nr. 17 Hafenstraße, Nationalparkhaus und Kleikuhle am Binnenhafen; bei 14: Dragseth's Gasthof; bei Nr. 27 Schloss/Schlosscafé; Bildrand unten: ZOB, Bahnhof, Polizei, Berufsschulzentrum Nordfriesland. Immer sehenswert: die Altstadtstraßen Wasserreihe, Kleine Straße, Hohle Gasse.

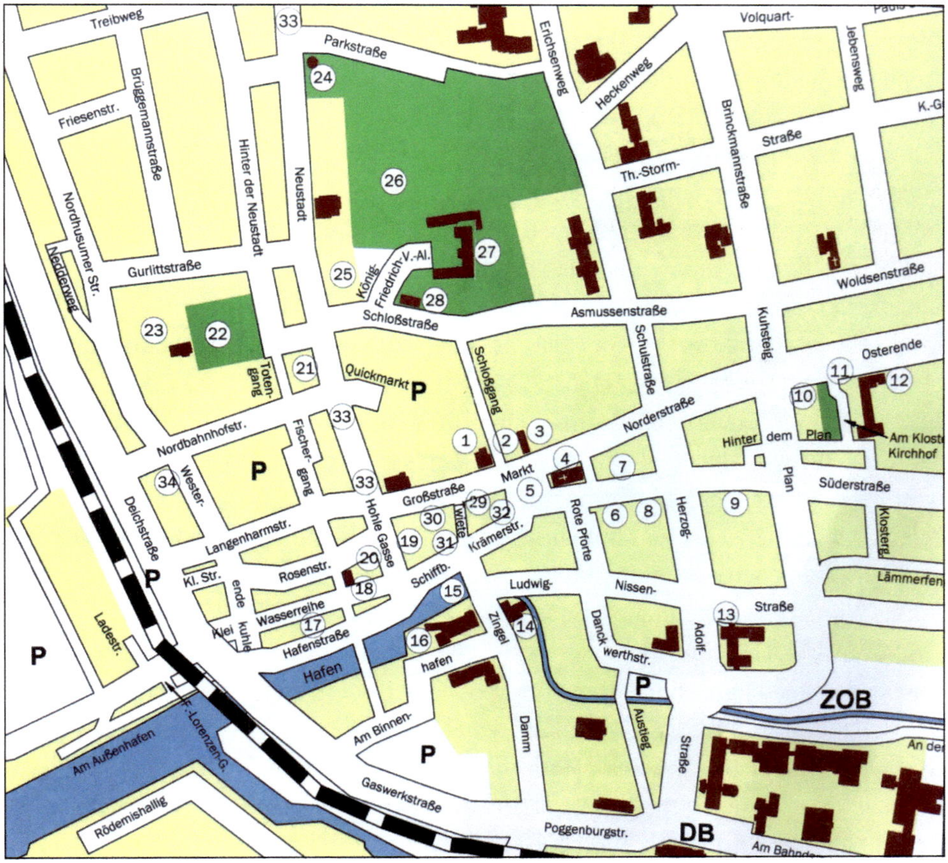

Abb. 75: Stadtplan Husum

C.22 Welche Nachbardörfer sind mit Husum traditionell verbunden?

Um Husum herum liegt seit etwa 1200 ein Kranz alter Kirchdörfer, die immer Husum als Markt nutzten, sich dort mit Gütern aller Art versorgten und Husum zur Kjøbstaden, Kaufstadt mit Marktrecht ab 1465 wachsen ließen: Die Dörfer Rödemis (heute Husum), Mildstedt, Simonsberg, Rantrum mit Ipernstedt, Oldersbek, Hattstedt, Horstedt, Olderup, Arlewatt, Schwesing, Schobüll (heute Husum) und Wobbenbüll, wie die Gemeinde Hattstedter Marsch kirchlich zu Hattstedt gehörig. Auch Ostenfeld, Wittbek, Winnert und Schwabstedt mit seinen Kirchspieldörfern Wisch, Ramstedt, Hude, Süderhöft, Fresendelf, Hollbüllhuus zählen dazu. Husum verbunden sind auch Südermarsch, Simonsberg, Witzwort, Uelvesbüll. Der wohlhabende Strand war die Speisekammer Husums, später wie Pellworm per Schiff und ab Nordstrand per Damm angebunden. Alle Nachbargemeinden Husums haben rund 20.000 Einwohner, die Husum desto mehr als Zentrum nutzen, als Strukturwandel und Mobilität die Dörfer ihrer historischen Infrastruktur beraubten.
Die zeigte sich im politisch ungebremsten Verlust der Tant-Emma-Läden, der selbständigen Handwerker und Dorfschulen parallel mit zunehmender Berufstätigkeit der Mädchen und Frauen, Geburtenrückgang und Motorisierung. Und viele Dörfer fürchten die Auszehrung durch das wachsende Husum und seine Attraktivität. Die Dörfer müssen junge Familien halten, ihre Schulen und Kitas familienfreundlich gestalten.
Am größten ist **Mildstedt, (Abb. 76)** mit 4.000 Einwohnern 2022, am Geestrand südöstlich, benannt nach der Mildau, die in Rödemis in den Außenhafen, früher Süderhever, fließt.
Mildstedt war lange vor Husum Hauptort der Südergoesharde; die mächtige Lambertikirche gibt es seit 1200. Mildstedt bietet reges Dorfleben, hohe Lebensqualität, Allgemein- und Fachärzte, Apotheke, medizinische Dienste, eine wachsende Grund- und Gemeinschaftsschule mit rund 600 Kindern der Klassen 1 bis 10, die 2023 deutlich erweitert wird, Kindertagesstätten, Seniorenheime, Gastronomie, die Mehrzweck-Mildauhalle. Dazu zählt das Guttemplerhaus mit einer bemerkenswerten, museumsähnlichen Sammlung über den Guttemplerbund. Mildstedt ist Amtssitz des Amtes Nordsee-Treene mit 27 Gemeinden einschließlich Friedrichstadt und Nordstrand. In Mildstedt gibt es namhafte Gewerbebetriebe wie Baustoffhandel C. G. Christiansen (früher in Husum) und viele Handwerksbetriebe. Mildstedt ist als Nachbar Husums mit günstigen Bauplätzen begehrt als Wohnsitz. Es gibt in diesem alten Dorf viele Vereine, Boßelverein, stetig wachsenden Sportverein mit der Mildauhalle als Mehrzweck- und Sporthalle. Es ist ans Husumer Stadtverkehrsnetz angeschlossen, die Einwohnerzahl steigt. Ein über 100 Hektar großes Naherholungsgebiet mit den Mildstedter Tannen und der Niederung der großenteils renaturierten Husumer

Abb. 76: Mildstedt, ältestes Nachbardorf Husums

Mühlenau, betreut vom rührigen Naturschutzverein, sorgt für nachhaltigen Naturschutz, zuletzt mit einem Baumlehrpfad.

Südlich Husums liegt die **Südermarsch** am historischen Wikinger-Friesen-Wasserweg und der früher wichtigen Mildau. Die flächenmäßig zweitgrößte Gemeinde Nordfrieslands hat seit dem Mittelalter gelitten unter der Lage an der Nordsee.

Die Südermarsch diente der Versorgung Husums, auch des Schlosses, mit Fleisch und Milch von großen Bauernhöfen, und bildet seit 1934 eine eigene Gemeinde, kirchlich Mildstedt zugeordnet. Schulen sind in Mildstedt und Husum. Ab dem 15. Jahrhundert eingedeicht, gab es immer wieder Rückschläge infolge vieler Sturmfluten. Die finanzkräftige Gemeinde Südermarsch hat rund 150 Einwohner auf 3.000 Hektar Fläche, besaß früher mehrere Haubarge, heute noch einen. Der Bürgermeister ist gleichzeitig Deichgraf. Gemeindegrund war die Fischersiedlung, die dann um 1965 Husum zugeteilt wurde, im Ortsteil Rödemis. Zur Südermarsch gehören ein Windpark und ein Solarpark. Ein neues Baugebiet ist ausgewiesen.

Der Finkhauskoog südlich Husums wurde erst 1934/1935 eingedeicht, gehört zur Kirchgemeinde **Simonsberg,** über 800 Einwohner, von Husum nur 10 Minuten entfernt, mit der Kirche St. Salvator, 1829 vom bekannten dänischen Architekten Christian Frederik Hansen, gebürtiger Husumer, entworfen. Hinter Simonsberg Richtung Süden folgen die alten Eiderstedter Kirchdörfer Witzwort mit über 1.000 Bewohnern und Uelvesbüll mit rund 300 Einwohnern in der traditionsreichen, urfriesischen Landschaft

Eiderstedt. **Uelvesbüll** an der Nordsee gelegen und **Witzwort** besitzen je eine alte Backsteinkirche auf großer Kirchwarft. Zu Witzwort gehört etwas außerhalb der Rote Haubarg als Kulturdenkmal und Teil der Asmussen-Woldsen-Stiftung. Südöstlich Mildstedts liegt vier Kilometer entfernt **Rantrum**, kirchlich Mildstedt zugehörig, ein florierendes Dorf mit rund 1.900 Einwohnern, Zuzugsort mit einer wachsenden Grundschule, deren Neubau – ein Millionen schweres Großprojekt – 2022 gerade beschlossen wurde. Hinter Rantrum zwei Kilometer weiter liegt das uralte Dorf **Oldersbek** am gleichnamigen Bach in landschaftlich schöner Lage mit reetgedeckten, sehenswerten Friesenhäusern.

Hattstedt (Abb. 77), vier Kilometer nördlich Husums an der B5, besiedelt vor 1200, „Siedlung des Hatte", hat 2022 um 2.700 Einwohner, war um 1200 ein großes friesisches Dorf mit eigener Gerichtsbarkeit und der weithin sichtbaren Marienkirche, einer friesischen Backstein- und Feldsteinkirche, früher ein Seezeichen. Hattstedt beherbergt eine Grundschule, Apotheke, Ärzte, Lebensmittelgeschäfte, florierende Handwerksbetriebe, liegt auf einem weiten Moränenhügel zwischen Marsch, Nordsee und dem Geest-Hinterland. Nordsee und Nationalpark liegen vor der Tür, Touris-mus und Feriengäste sind wichtig. Es gibt ein vielfältiges Vereinsleben. Als Kulturstätte mit Seminar-Hotel punktet Hattstedts Mikkelberg um einen Windmühlentorso herum mit dem Nordisk Center for Kunst og Cricket, Seminarhotel, Museum, Kunst- und Sportstätte der dänischen Minderheit Sydslesvigsk Forening. Seit 2021/22 entsteht

Abb. 77: Hattstedt, nördliches Nachbardorf Husums

am hohen westlichen Ortsrand inmitten freier Landschaft noch ein großes Baugebiet. Die B5 zerschneidet das Dorf. Eine Umgehungsstraße wird seit Jahrzehnten gefordert; bisher wurde nichts erreicht. Östlich liegen die „Ostdörfer" Horstedt und Arlewatt und das uralte Kirchdorf Olderup, 600 Einwohner, mit der ältesten friesischen Kirche wohl von 1065. Nördlich von Hattstedt folgen an der B5 nach einigen Kilometern im Amt Mittleres Nordfriesland **Struckum**, dann **Breklum**, vergleichbar mit Mildstedt mit ähnlichem Entwicklungs- und Ansiedlungskonzept, überregionaler Diakonie-Standort eines großen Fachkrankenhauses und des evangelischen Christian-Jensen-Kollegs. Breklum baut (HN, 8.10.2022) mit Millionenaufwand und Fördergeldern ein Nahwärmenetz, die „BürgerGemeindeWerke", mit Bürgerbeteiligung und Erdgas-Blockheizwerk plus Solarthermiefeld auf und wächst mit der anschließenden Stadt **Bredstedt** zusammen. Bis etwa 2010 gab Bredstedt Kaufkraft an Husums Gewerbe und Einzelhandel ab. Seit 2010 stieg die Einwohnerzahl mit neuen Wohngebieten von unter 5.000 auf fast 6.000 (Januar 2023); weitere Wohn- und Gewerbegebiete im Nordosten werden angestrebt; vor der Tür liegt ein Reservoir an „Erneuerbaren Energien". Der Einzugsbereich mit Stadt hat rund 24.000 Einwohner.

Wobbenbüll, Siedlung des Wobbe, das alte Friesendorf, grenzt an Hattstedt, hat 500 Einwohner, grenzt an die Gemeinde Hattstedter Marsch mit rund 270 Einwohnern und nördlich an Husum-Schobüll, liegt reizvoll auf einem Moränenrücken. Es hat 250 Haushalte. Die frühere Agrarstruktur hat sich gewandelt. Wobbenbüll ist wie Hattstedt, Mildstedt und Schwesing beliebt als Wohnort nahe bei Husum, mit günstigen Bauplätzen, gesunder Umwelt, Nordsee- und Nationalparknähe. Schulen und Geschäfte der Nachbardörfer und Husums sind nahe. Aus Wobbenbüll kam um 1840 der friesische Nationalist Harro Harring, Schriftsteller, Weltbürger, unermüdlicher Freiheitskämpfer, Revolutionär in Nordfriesland, Polen, Griechenland, Mexiko. Es gibt eine Harro-Harring-Gesellschaft.

Westlich Husums liegt der vor 1500 eingedeichte Nordhusumer Koog, der **Porrenkoog**. Er ist 260 Hektar groß, umfasst teils Feuchtland unter Meeresspiegelhöhe, heute mit rund 150 Hektar Landschaftsschutzgebiet und Vogelrückzugsgebiet. Den südlichen Rand bilden Straße und Außenhafen mit Silos, LKN-Materiallager, Trockendock und Schleuse.

Das alte Kirchdorf **Ostenfeld** liegt zwölf Kilometer östlich, am historischen Abzweig des Ochsenweges von Husum nach Gottorf, heute über die ausgebaute Ostenfelder Landstraße erreichbar. Ostenfeld, früher eine reiche Kirchengemeinde, besitzt ebenfalls eine ansehnliche, mittelalterliche Feldsteinkirche mit viel Kirchenland und Wald. Die langgestreckten, hohen Moränenzüge zwischen Ostenfeld und Husum ziehen sich rund 15 km bis an die Treeneniederung östlich Ostenfelds Richtung Hollingstedt und sind Standort des größeren Windparks Rantrum auf dem Höhenrücken. Nordöstlich Ostenfelds ist der Sandesberg mit 52 Metern die höchste Erhebung Nordfrieslands

mit einem gewaltigen Megalithgrab. Das gehört auf einer Fläche von rund 500 Hektar des oberen Höhenrückens zu einem Netz etlicher Hügel mit Großsteingräbern und einem bedeutenden Langgrab. Ostenfeld, etwa 1.500 Einwohner, war früher ein wohlhabendes Bauern- und Handwerkerdorf mit einer selbstbewussten Tradition mit alten Hausbauweisen und vor 1900 einer volkskundlich bekannten Ostenfelder Tracht. Ostenfeld ist Kirchdorf für kleinere Gemeinden wie Wittbek, Winnert, Osterwinnert, Rott, hat eine neue, beliebte Grundschule, eine große Sport- und Spielhalle und einen im August 2022 eingeweihten Ganztageskindergarten mit Mensabetrieb und Betreuung bis 17 Uhr für rund 140 Kinder, der junge Familien anzieht, wachsen möchte und zusammen mit der Grundschule eine gute Zukunft verheißt.
Östlich Husums liegt das alte Kirchdorf **Schwesing** mit rund 1.000 Einwohnern an der B201 inmitten einer sanften Geestlandschaft mit Weiden und Wäldchen, landwirtschaftlich geprägt, wenn auch bald ein Schlafdorf. Die stattliche Feldsteinkirche mit Holzschindeldach aus der Zeit um 1200, wohl ursprünglich St. Andreas geweiht, ist sehenswert. Als Ferienort wird Schwesing wichtiger und lädt z. B. zum Radfahren und Wandern ein. Hier herrscht noch reges Dorfleben, auch wenn keine Schule mehr am Ort ist.
Von Ostenfeld südlich vier Kilometer liegt das Bauerndorf **Winnert** am Nordrand des über 1.000 Hektar großen Naturschutzgebietes Wildes Moor mit weiteren Niederungs- und Waldgebieten, den Resten des historischen Gottorfer Herzogswaldes. Im Wilden Moor findet eine großräumige Renaturierung statt. Ein 2021 erneuerter Moor-Mehrpfad auf Schwabstedter Gebiet steuert und fördert den Tourismus. In den alten Dörfern dieser Treene-Eider-Sorge-Region haben seit Jahrzehnten Ferien- und Wochenendgäste viele alte Bauernhäuser, Resthöfe und Katen erworben und sie sorgsam hergerichtet; Husum profitiert davon.
Südöstlich 17 km entfernt liegt an der Treene das alte Kirchdorf **Schwabstedt, (Abb. 78),** etwa 1.500 Einwohner. Es war Bischofssitz mit Schloss von 1268 bis 1705 und Amt Schwabstedt. Das fiel 1705 an die Landvogtei Husum mit später z. B. Theodor Storm als Landvogt 1864–1867. Es besaß schon ab 1462 eine der wenigen Fähren über die Treene, ab 1937 dann die Treenebrücke. Es hat mit seinen Kirchspieldörfern Ramstedt, Schwabstedter Westerkoog, Wisch und Hude, Süderhöft, Fresendelf, Lehmsiek und Hollbüllhuus um die 3.000 Bewohner, traditionell nach Husum ausgerichtet. Schwabstedt war Jahrhunderte lang Bischofssitz der Gottorfer Bischöfe, die das Land besaßen und besteuerten, mit einem Schloss, 1705 abgerissen, und der St. Jacobi-Kirche, einer Feldsteinkirche etwa von 1160. Schwabstedt war für Husum ein Beschaffungsmarkt für ländliche Produkte und ein beliebtes Naherholungsziel für Frühlings- und Sommer-Lustbarkeiten inmitten von Wald, Wasser und sanften Hügeln. Der höchste ist mit 48 Metern der Glockenberg, eine eiszeitliche Endmoräne oberhalb der Treene, zweithöchste in Nordfriesland, mit weiten Aussichten nach Stapelholm und Dithmarschen, mit weiten Niederungs- und Moorgebieten. Das

Abb. 78: Schwabstedt an der Treene, 17 km südlich Husums, Blickrichtung Ost

größte ist das Wilde Moor. Es ist als Atlantisches Hochmoor seit 1991 mit 630 ha ein Flora-Fauna-Habitat-FFH-Schutzgebiet, gehört zum Europäischen Biotopverbund Natura 2000 und ist in der Region eines der größten und best betreutesten Naturschutzgebiete von europäischem Rang. Die Schwabstedter Gastronomie bemühte sich immer um Husumer Gäste und lebte von ihnen. Z. B. die traditionsreichen, Jahrhunderte alten Gaststätten „Hotel zur Treene" – bekannt aus der Novelle Theodor Storms „Zur Wald und Wasserfreude", das Fährhaus oder das Waldcafé „Nachtigallental". Schwabstedt ist mit dem traditionellen Pfingstjahrmarkt und dem jüngeren herbstlichen Bauernmarkt ein beliebter Anziehungspunkt. Der Tourismus ist auch in Schwabstedt zur wichtigsten Einnahmequelle geworden.
Husums Nachbardörfer mit insgesamt fast 20.000 Menschen suchen seit jeher die Nähe zu ihrer Kreisstadt Husum. Im Zuge der immer weiter zunehmenden Mobilität lassen sich viele Menschen aus den früher selbst florierenden Städten Bredstedt, Friedrichstadt, Tönning von den Dienstleistungs- und Konsumangeboten Husums anziehen – leider verbunden mit abnehmender Angebotsdichte in eben diesen Kleinstädten. So wurde Husum zur Kjöbstaden, Kauf- und Handelsstadt, konnte wachsen und gedeihen. Fast alle haben die „Husumer Nachrichten" gelesen: Personenstands-Neuigkeiten, Anzeigen, Lokal-Nachrichten, Politikseiten oder Sport. Die Menschen der vielen Nachbardörfer rund um Husum haben den Husumer Wochenmarkt besucht, die Gastronomie um Markt, Hafen und Neustadt, Vieh auf dem Viehmarkt gehandelt, dafür eingekauft bei Reepschläger Nissen, Glommert oder Seilerei Springer, Schuhe bei Schuhhaus Mader. Sie haben Spielzeug und Lederwaren bei Rothgordt, Sättel und Reitbedarf bei Beilfuß gekauft, Kleidung bei Harald Jürgens, CJ Schmidt, Paul

C. Kähler, Hetlage & Lampe, Plath & Timmann. Feinkost gab es bei Pahl, Eisenwaren bei Georg C. Hansen, bei Topf oder dem Husumer Eisenwerk. Bücher kaufte man bei Buchhandlung Delff oder später in der Schlossbuchhandlung. Man trank Husumer Herrenhaus Pils Bier und Husumer Tine Köm. Husum als Kreisstadt des Kreises Husum, noch früher Amtssitz des Amtmannes und Landvogtsitz, Herzogssitz. Husum als Handels- und Gewerbestadt, Kaufstadt, Marktstadt, geschichtlich gewachsener Mittelpunkt und Versorgungsmarkt, hat außer den vielen heutigen Einkaufs- und Konsumstätten wie THEO und CJ Schmidt und einer leistungsfähigen Hotellerie und Gastronomie ein überregional bedeutendes, pulsierendes Gewerbegebiet IGO mit über 3.000 Arbeitsplätzen. Husum besitzt ein leistungsfähiges Handwerk und Gewerbe, große Versorgungsmärkte, einen wachsenden Kultur- und Tourismussektor und lebt mit den umliegenden Dörfern über Jahrhunderte in einer Symbiose als **Husum – Zentrum der Westküste.**

D Schluss- und Dankesworte

Der Verfasser hat sich ein Berufsleben lang mit Heimatgeschichte befasst, war Lehrer für Deutsch, Geschichte, Geographie, Wirtschaft/Politik. Über Husum gibt es seit 2003 die umfangreiche *Geschichte Husums – von den Anfängen bis zur Gegenwart*, herausgegeben im HDV von der *Gesellschaft für Husumer Stadtgeschichte*. Die besteht aus getrennten Beiträgen von sieben Hauptautoren, die sich um unsere Geschichte verdient gemacht haben, zusammengefügt zum schweren, großformatigen 340 Seiten-Buch. Dr. Rolf Kuschert und Dr. Karl Ernst Laage als frühere Lehrer des Verfassers, Mitautoren der *Geschichte Husums*, Holger Borzikowski als Mitschüler, Mitautor und Archivar Husums, Dr. Ulf von Hielmcrone, der 2019 verstorbene Vorsitzende der Nissenstiftung, ebenfalls Mitautor und Mitglied der Husumer Stadtgeschichte und des Freundeskreises Nissenhaus, wie auch Thomas Steensen und Fiete Pingel vom Nordfriisk Instituut und viele andere, haben sich um Nordfrieslands und Husums Geschichte verdient gemacht. Unerlässliche Fundgrube und Quellensammlung war die „Sammelung einiger Husumischen Nachrichten" von Johannes Laß 1752. Die Zeitung „Husumer Nachrichten" und die Reihe „Zwischen Eider und Wiedau" gaben mit vielen Beiträgen über die Geschichte Nordfrieslands beste Hilfestellung, gleichfalls die „Nordfriesischen Jahrbücher". Dankbar nutzte der Verfasser auch die vielen Ausstellungen im Nordfrieslandmuseum Nissenhaus über *Rungholt*, über die *Sturmflut 1962*, über *Schauplatz Husum*, *Von Storm zur Republik*, *Von der Republik zur Republik*, die Ausstellungen und Vorträge im Schloss zum Thema *Gottorfer und Zaren* mit detailreichen Katalogen dazu. Auch die große Ausstellung *Gewaltig! Nordsee* im Nissenhaus 2021 eröffnete neue Blickwinkel und zeigte die heutigen medialen Möglichkeiten der Museumsarbeit und Museumspädagogik. Gute Beziehungen zum Theodor-Storm-Museum, zu den Häusern des Museumsverbundes Nordfrieslandmuseum, die Mitarbeit im Storm-Haus, in der VHS und im Museumsverbund, die Nähe zum Schifffahrtsmuseum, Weihnachtshaus und Herzogin-Augusta-Haus ermöglichten für das Recherchieren vor Ort eine originale Begegnung. Wertvoll waren Begegnungen mit Fachleuten und historischen Zeugnissen um Husum herum auf Nordstrand, Pellworm, Eiderstedt, Bredstedt, dort im Nordfriisk Instituut wie auch in Schleswig, Flensburg, Glücksburg, Sonderburg, Tondern, Sylt, Föhr, Röm bis nach Ribe und Hadersleben. Wir in Nordfriesland, im früheren Herzogtum Schleswig und in der dänischen Nachbarregion sind von Geschichte und Kultur gleichsam umarmt und reich beschenk, leben wir doch Tür an Tür damit. Hoffentlich wird das vorliegende Buch, mit diesen originalen Begegnungen erst ermöglicht, mit Interesse gelesen. Es wollte die oben erwähnte umfangreiche, gewichtige *Geschichte Husums* von 2003 aus ergänzenden Blickwinkeln betrachten und gewichten, die verschiedenen Aspekte möglichst ganzheitlich miteinander verweben und in einem übersichtlichen Taschenbuch über Husums Wirtschafts- und Sozialgeschichte bündeln.

(Redaktionsschluss für diese Arbeit war der 31.12.2023)

E Literaturverzeichnis

Appuhn, A., St. Marien ... Husum. Schriften des Nissenhauses Husum 2, 1953.

Bantelmann, A., Forschungsergebnisse der Marschenarchäologie. In: Der Küstenausschuss Nord- und Ostsee (Hg.), Die Küste. Archiv f. Forschung und Technik ... Jahrgang 8/1960; S. 45–64. Heide 1960 (Boyens).

Beccau, C. U., Geschichte Husums bis zur Ertheilung des Stadtrechts, Nachdruck v. 1840 u. 1854. St. Peter Ording 1988 (Lühr & Dircks).

Borzikowski, H., Husum in alten Bildern. Heide 1993 (Boyens).

Brockstedt, J., Husumer Eisenwerk. Schriften d. Kreisarchivs Nr. 9, Husum 1987 (HDV).

Bröndsted, J., Die große Zeit der Wikinger. Neumünster 1964 (Wachholtz).

Commerzium Husum (Hg.), Das Commerzium der Stadt Husum. Husum 2004 (HDV).

Danckwerth D.C., Neue Landesbeschreibung der ... Herzogtümer Schleswig und Holstein 1652. ND 1963. Hamburg 1963 (Heinevetter).

Danker, U./Schliesky, U., (Hg.), Schleswig-Holstein 1800 bis heute. Eine historische Landeskunde. Husum 2014 (HDV).

Deutsches Zollmuseum (Hg.), Handelswege – Grenzen – Zoll in SH. Hamburg 2002.

Enemark, P., Friesischer Handel zwischen ca. 1500 und 1700. In: Nordfriesisches Jahrbuch 1966, S. 90–100.

Friedrichsen, Th., Husumer Geschichten. Erfurt 2005 (Sutton).

Geerkens, A., (Bearb.), Die Schleswig-Holsteinische Bank und ihr Arbeitsfeld im Lichte geschichtlicher Entwicklung. Festschrift zum 50jährigen Bestehen der Bank. Husum 1927, 2. Aufl. (Selbstvlg. der SH-Bank).

Gesellschaft für Husumer Stadtgeschichte (Hg.), Beiträge zur Husumer Stadtgeschichte, Heft 1/1988 ff. bis 18/2022. Husum (HDV).

Ges. f. Husumer Stadtgeschichte (Hg.). Geschichte Husums. Husum 2003 (HDV).

Grunsky, K., (Hg.), Schloß vor Husum. Husum 1990 (HDV).

Habich , J., (Bearb.), Stadtkernatlas Schleswig-Holstein. Neumünster 1976 (Wachholtz).

Hansen, C. P., Das Schleswig'sche Wattenmeer und die friesischen Inseln. Glogau 1865, Nachdruck Amsterdam 1975 (Meridian Publishing).

Hartmann, J., Husum op Plattdüütsch. Husum 2020 (HDV).

Hartmann, J., Husum in Nordfriesland, Husum 2022 (HDV).

Haupenthal, U., (Hg.), Von Storm zur Republik. Husum in der Fotografie zwischen 1850 und 1920. Husum 2013 (HDV).

Haupenthal, U./Horschig, F., (Hg.), Von der Republik zur Republik. Husum in der Fotografie zwischen 1920 und 1970. Husum 2015 (HDV).

Heimreich, M., A., Nordfresische Chronik, 2. Aufl. 1668, neu hg. Falck, N., zwei Bde. Tondern 1819. Unveränderter Nachdruck, Leer 1982 (Verlag Schuster).

Hermann-Tast-Schule (Hg.), Festschrift 475 Jahre Husumer Gelehrtenschule 1527–2002. Husum 2002 (HDV).

Hoffmann, A., Die Tracht des Kirchspiels Ostenfeld. Heide o. J., (Boyens).

Hoffmann, H., u. a., Der Husumer Hafen, Husum 1989 (HDV).

Husumer Nachrichten, Festausgabe 350-Jahrfeier der Stadt Husum, 4.7.1953.

Iben, U., Der Husumer Hafen. Schriftenreihe des Nordfriesischen Schifffahrtsmuseums, Husum, Band 5. Husum 2004 (HDV).

IGO Interessengemeinschaft Gewerbegebiet Ost e.V. (Hrsg.), Das Magazin für Handel – Gewerbe – Dienstleistung im Husumer Gewerbegebiet Ost, Gratis-Mitteilungsblatt an Haushalte in Husum mit Schobüll und Mildstedt. Husum (erscheint halbjährlich).

Jensen, Chr., Die Nordfriesischen Inseln. 2. Aufl. Lübeck 1927 (Verlag Charles Coleman).

Jessen, W., (Bearb.), Chronik der Landschaft Stapelholm. Rendsburg 1950 (Heinrich Möller Söhne Rendsburg)

Jürgens, A., Zur Schleswig-Holsteinischen Handelsgeschichte des 16. und 17. Jahrhunderts, In: Schäfer, D., (Hg.), Abhandlungen zur Verkehrs- und Seegeschichte, i.A. des Hansischen Geschichtsvereins, Bd VIII., Berlin 1914 (K. Curtius).

Koehn, H., Die Nordfriesischen Inseln. Hamburg 1961 (Cram, De Gruyter).

Küster, H., Geschichte der Landschaft in Mitteleuropa, München 1995 (C.H. Beck)

Landesamt für Denkmalspflege Schleswig-Holstein (Hg.): Th. Möller, Stadtbilder Schleswig-Holstein. 1900–1950. Neumünster 2013 (WV).

Lange (Hg.), Geschichte Schleswig-Holsteins von den Anfängen bis zur Gegenwart. Neumünster 1996 (WV).

Langhans, V., Über den Ursprung der Nordfriesen. Wien 1879, Reprint Paderborn 2011 (Europäischer Geschichtsverlag).

Lorenzen-Schmidt, K.-J., Kleines Lexikon alter schleswig-holsteinischer Gewichte, Maße und Wähungseinheiten. Neumünster 1990 (Wachholtz).

Laß, J.,Sammelung einiger Husumischen Nachrichten. Unveränd. Nachdruck der kompletten Ausgabe Flensburg 1750 ff. St. Peter Ording 1981 (Lühr und Dircks).

Meier, D./Kühn, H. J./Borger, G. J.,Der Küstenatlas. Heide 2013 (BVH).

Mensing, O., (Hrsg.), Schlesw.-Holstein. Wörterbuch. Neumünster 1927 (Wachholtz ND 1973).

Meyer, K.H., Der Husumer Viehmarkt. Husum 1994 (HDV).

Momsen, I. E.,Die Bevölkerung de Stadt Husum von 1769 bis 1860. Schriften des Geograph. Instituts der Univ. Kiel, Bd. 31. Kiel 1969 (Universität).

Mügge, Th., Streifzüge durch Schleswig-Holstein ...Teil I u. II. Frankfurt a.M. 1846 (Literarische Anstalt).

Noll, H., (Hg.), Zwei Husumer Grenzurkunden von 1609, Husum 1946 (Fr. Petersen).

Nordfriisk Instituut ... Stiftung Nordfriesland (Hg.), Autoren Bantelmann, Kuschert, Panten, Steensen, Geschichte Nordfrieslands. Heide 1995 (BVH).

Oesau, W., Schleswig-Holsteins Grönlandfahrt auf Walfischfang und Robbenschlag. Glückstadt 1937 (Vlg. Augustin).

Pingel, F./Steensen, Th. (Hg.), Friesischer Handel im Friesischen Meer. Beiträge vom 6. Historikertreffen des Nordfriisk Instituut. Bredstedt 2008 (NFI).

Rachau, J. P., Der Rinder- und Ochsenhandel an der westlichen Nordseeküste im 18. und 19. Jahrhundert. Husum 2011 (HDV).

Riewerts, B., Die Stadt Husum in Geschichte und Gegenwart. Husum 1969 (Hansen).

Sach, A., Das Herzogtum Schleswig. Halle 1896 (Buchhandlung d. Waisenhauses).

Schmeißer, F., Alt-Husumer Bilderbuch, Husum 1939 (Fr. Petersen).

Schwetlik, L., Der hansisch-dänische Landhandel und seine Träger 1484–1519. Teil I, In: Klose, O. (Hg.), Zeitschrift d. Ges. f. Schleswig-Holsteinische Geschichte Bd. 85/86, 1961 S. 61–130; Teil II. Bd.88, 1963, S. 93–174. Neumünster 1961/63.

Seier, U., Chronik d. Husumer Fischer. Fischereiwesen in Husum seit 1916. Husum 2010.

Sievers, K. D., Ländl. Wohnkultur in Schleswig-Holstein. Heide 2001 (BVH).

Trap, J. P., Statistik-topografisk Beskrivelse af Hertugdømmet Slesvig. B. 1–3, Kjöbenhavn 1864. Reprogafisk Genudgivet ... Köbenhavn 1975.

Trömel, F., Das Buch- u. Pressewesen im alten Husum. Husum 1975 (HDV).

Universität Flensburg AG Ochsenweg e.V. (Hg.)., Von Wegen. Auf den Spuren des Ochsenweges. Flensburger Regionale Studien Bd. 12.2002.

Voß, M., Innungen und Zünfte in Husum, Husum 1896 (Selbstverlag)

Wiese, H./Bölts, J., Rinderhandel und Rinderhaltung im nordwesteuropäischen Küstengebiet vom 15. bis zum 19. Jahrhundert. Stuttgart 1966 (G. Fischer).

Zusatz: LKN-SH Nationalpark-Verwaltung (Hg.), „Mehrwert Natur", Flyer, Husum 2020.

F Abbildungsverzeichnis

Anhang

IGO Interessengemeinschaft Gewerbegebiet Ost, Firmenfinder, 2021/2022;

In der folgenden Abb. fehlen zwei schon 26.8.2022 in Bebauungsplänen B-Plan 113 und 115 vorliegende Erweiterungen. Abschnitte in türkis, ocker, lila, grün und blau bilden die Segmente, die Nummern nennen die derzeit rund 220 Husumer IGO-Betriebe, siehe Literaturliste, in 48 Bereichen nach ihren wirtschaftlichen Tätigkeiten zur Veranschaulichung der Bandbreite des „Wirtschaftszentrums Westküste" aufgelistet.
Dahinter steht die Anzahl der Betriebe als Ziffer (IGO-Jubiläums-Magazin, S. 60ff):
Arbeitsmarkt-Dienstleistung: 2; Automatenservice: 2;
Banken/Kapital: 4; Bau: 12; Baumarkt: 1;
Bekleidung/Schuhe: 4; Bestattungen: 1; Büro/IT : 4;
Caravan/Camping: 1; Elektrik: 5; Elektro-Fachmarkt: 3; Energie: 8;
Entsorgung/Recycling: 1 ; Fahrschule: 1; Fachhandel/Großhandel: 16 ;
Fitness & Freizeit: 7 ; Friseur: 1 ; Gastronomie: 8 ;
Gastro-Service, Anlagen: 1 ; Gebäudereinigung: 2; Gesundheit: 7;
Haus & Garten: 3; Immobilien: 5 ; Industrie: 6;
Ingenieurbüro: 3; Kälte- und Klimatechnik: 3; Kommunikation: 2;
Küchen/Weiße Ware: 2 ; Lackiererei/Maler: 4 ;
Metallverarbeitung: 1; Mobilität: 24; Pflege/Betreuung: 1;
Privatmitgliedschaften (z. B. frühere Firmeninhaber): 3 Mitglieder;
Recht: 3 ; Reisen: 2 ; Sanitär/Heizung/Klima: 4; Soziales: 5; Steuern: 10;
Tier: 3; Tischlerei: 5; Transport: 3; Unternehmensberatung: 6;
Veranstaltungen: 5; Vermietung: 3; Versicherung: 7; Warenhaus: 3;
Werbung: 13; Wohnen: 2.
(Obacht: Nicht alle Husumer Betriebe sind Mitglieder.)

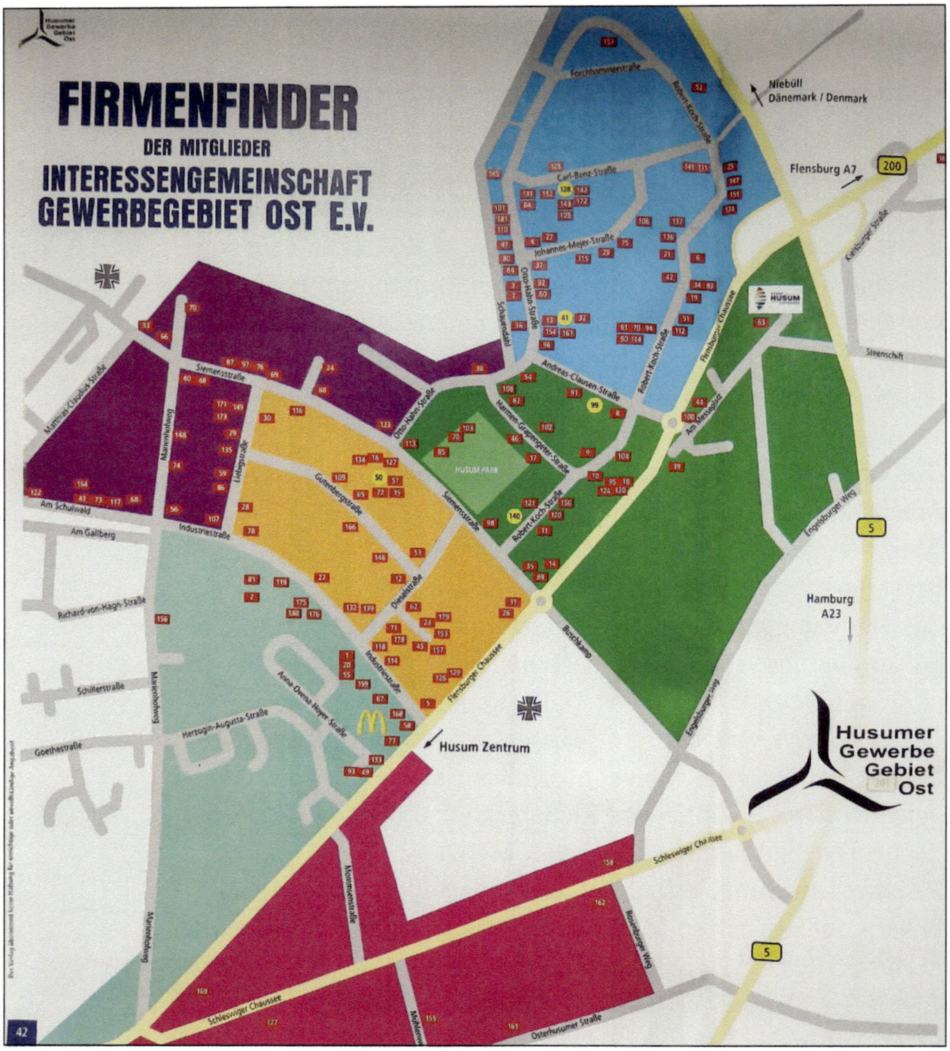
FIRMENFINDER
DER MITGLIEDER
INTERESSENGEMEINSCHAFT
GEWERBEGEBIET OST E.V.
Niebüll
Dänemark / Denmark
Flensburg A7
200
Forchhammerstraße
Robert-Koch-Straße
Carl-Benz-Straße
Johannes-Mejer-Straße
Otto-Hahn-Straße
Schauendahl
Andreas-Clausen-Straße
Harmen-Grapengeter-Straße
Flensburger Chaussee
Am Messeplatz
Steenschift
Siemensstraße
Matthias-Claudius-Straße
Marienhofweg
Liebigstraße
Gutenbergstraße
Am Schulwald
Am Gallberg
Industriestraße
Dieselstraße
HUSUM PARK
Engelsburger Weg
5
Hamburg
A23
Richard-von-Hagn-Straße
Schillerstraße
Herzogin-Augusta-Straße
Goethestraße
Anna-Ovena-Hoyer-Straße
Buschkamp
Husum Zentrum
Husumer
Gewerbe
Gebiet
Ost
Schleswiger Chaussee
Mommsenstraße
Rosenburger Weg
Osterhusumer Straße
42